Internet, Derecho y Política

Internet, Derecho y Política

Las transformaciones del Derecho y la Política en 15 artículos

Benjamin R. Barber, Albert Batlle,
Rosa Borge, Ana Sofía Cardenal,
Santiago Cavanillas, Agustí Cerrillo,
Ana María Delgado, Jean-Marc Dinant,
José Luis Martí, Ricard Martínez, Rafael Oliver,
Albert Padró, Miquel Peguera,
Yves Poullet, Josep M.ª Reniu, Stefano Rodotà,
Mònica Vilasau, Raquel Xalabarder

Diseño de la colección: Editorial UOC
Primera edición en lengua castellana: enero 2009

Realización editorial: El Ciervo 96, S.A.
Impresión: xxxxxx
ISBN: 978-84-9788-789-2
Depósito legal:

Benjamin R. Barber
Kekst Professor of Civil Society y Distinguished Professor de la Universidad de Maryland. El profesor Barber es un reputado teórico de la democracia, autor de numerosas publicaciones. Últimamente, viene reflexionando sobre la relación entre la democracia y las nuevas tecnologías de la información y la comunicación. Revolucionó la ciencia política en los años ochenta con su libro *Strong Democracy. Participatory Politics for a New Age*. Distinguished Senior Fellow, DEMOS, the New York think tank; and Walt Whitman Professor Emeritus, Rutgers University.

Rosa Borge Bravo
Profesora agregada de Ciencias Políticas de los Estudios de Derecho y Ciencias Políticas y de E-Government en el Master de Sociedad de la Información y del Conocimiento de la UOC. Doctora en Ciencias Políticas y Sociología por la Universidad de Deusto y está especializada en temas de participación electrónica, partidos y TICs. Coordina el módulo "Politics and ICTs" del Executive Master in E-Governance de la École Polytechnique Fédérale de Lausanne. Sus últimas publicaciones versan sobre los factores explicativos de la participación electrónica (Borge, Colombo y Welp -2008- Revista IDP, y Borge -2008- "An Explanatory Approach to the Political Uses of ICT Initiatives for Participation", En: C. Van Slyke, Information Communication Technologies: Concepts, Methodologies, Tools, and Applications. Hershey: IGI Global).

Ana Sofía Cardenal Izquierdo
Directora del programa de Ciencia Política y profesora en los Estudios de Derecho y Ciencia Política de la UOC. Doctora en Ciencia Política por la Universidad Autónoma de Barcelona (UAB). Ha sido *Visiting Scholar* en el Centro de Estudios de la América Latina de la Universidad de Stanford y *Fulbright Fellow* en el Departamento de Ciencia Política de la Universidad de Nueva York. Ha impartido clases y conferencias en universidades españolas, de Estados Unidos y de América Latina. Autora de varias publicaciones en revistas nacionales e internacionales sobre temas relacionados con la democracia, las transiciones, y las instituciones políticas de América Latina. Últimamente ha centrado su investigación en temas relacionados con el impacto de las Tecnologías de la Información y la Comunicación en los procesos políticos de la democracia representativa.

Albert Batlle Rubio
Profesor de los Estudios de Derecho y Ciencias Políticas y del Programa de Doctorado de la UOC, e investigador del IN3. Doctor en Ciencia Política por la Universidad Autónoma de Barcelona (1995). Ha sido *Visiting Scholar* en la 'Wilder House: Center for the Study of Politics, History and Culture' del Departamento de Ciencia Política de la University of Chicago. El ámbito de investigación en que centra sus intereses comprende el estudio de los efectos de la incorporación de las nuevas tecnologías en las instituciones y los actores políticos (fundamentalmente los partidos políticos) tanto desde un punto de vista teórico como empírico.

Santiago Cavanillas Múgica
Catedrático de Derecho Civil de la Universidad de las Islas Baleares y director del grupo de investigación CEDIB (Centro de Estudios de Derecho e Informática de Baleares) desde 1994 [más información en http://www.uib.es/cedib]). Sus principales líneas de investigación son el derecho de la informática, el derecho de daños y el derecho del consumo, campos en los que ha publicado numerosos libros y artículos científicos. Ha dirigido y participado en diversos proyectos de investigación, nacionales y europeos, especialmente en el campo del comercio electrónico.

Agustí Cerrillo i Martínez
Doctor en Derecho y licenciado en Ciencias Políticas y de la Administración. Profesor agregado de Derecho administrativo. Director de los Estudios de Derecho y Ciencia Política y del posgrado en administración electrónica de la Universitat Oberta de Catalunya.
Ha investigado y publicado artículos y monografías sobre la administración electrónica, la difusión de información pública a través de Internet y la gobernanza de la cooperación al desarrollo, entre los que se puede destacar: E-Administración. EDIUOC (2008); Qualitat i responsabilitat en la difusió d'informació pública a internet (con A. Galán Galán). EAPC (2007); Los órganos colegiados electrónicos. Aranzadi (2006).

Ana María Delgado García
Licenciada en Derecho (Universidad de Barcelona, 1992). Doctora en Derecho (Universidad de Barcelona, 1997). Profesora Agregada de Derecho Financiero y Tributario de la Universitat Oberta de Catalunya. Directora académica del Máster de Fiscalidad de la Universitat Oberta de Catalunya. Autora, entre otras publicaciones, de El deber de información y asistencia a los obligados tributarios, Tirant Lo Blanch, Valencia, 2004; y Manifestaciones de la Administración electrónica tributaria, en "Administración electrónica tributaria", Bosch, Barcelona, 2009.

Jean-Marc Dinant
Profesor en el *Computer Science Institute* y en el CRID (Universidad de Namur)

Rafael Oliver Cuello
Licenciado en Derecho (Universidad de Barcelona, 1989). Máster en Derecho Tributario (Universidad de Barcelona, 1991). Doctor en Derecho (Universidad de Barcelona, 1997). Profesor Agregado de Derecho Financiero y Tributario de la Universidad Pompeu Fabra. Consultor de Derecho Financiero y Tributario de la Universitat Oberta de Catalunya.
Autor, entre otras publicaciones, de Tributación del comercio electrónico, Tirant Lo Blanch, Valencia, 1999; y La regulación de la Administración electrónica tributaria, en "Administración electrónica tributaria", Bosch, Barcelona, 2009.

José Luis Martí
Licenciado en derecho y doctor en ciencias políticas por la Universitat Pompeu Fabra. Actualmente es Profesor de filosofía del derecho de la Universitat Pompeu Fabra, Rockefeller Visiting Fellow del Center for Human Values de la Universidad de Princeton, y consultor de la UOC. Sus linias de investigación actual son la teoría de la democracia, que incluye el uso de las nuevas tecnologías en política, el republicanismo, la filosofía del derecho penal y la filosofía del derecho. Entre sus publicaciones destacan: La republica deliberativa (Madrid: Marcial Pons 2006), La participació democràtica digital al mon. Informe 2006 (junto con Laia Bertran, Barcelona: Mediterrania, 2007), y la edición de Legal Republicanism (Oxford: Oxford University Press, 2009). Ha publicado seis libros y más de veinte artículos en más de siete países diferentes.

Ricard Martínez Martínez
Coordinador del Área de Estudios. Agencia Española de Protección de Datos. Doctor en Derecho Constitucional por la Universidad de Valencia. Premio extraordinario de doctorado. V Premio de Comunicación Científica Joan Lluís Vives de Ciencias Sociales, y de la Educación y Humanidades. Autor de tres monografías *Tecnologías de la información, policía y constitución, Una aproximación crítica a la autodeterminación informativa* y *El graduado social y la protección de datos.* Y de distintos artículos. Coordinador del Área de Estudios de la Agencia Española de Protección de Datos.

Albert Padró-Solanet
Profesor de los Estudios de Derecho y Ciencia Política de la UOC; licenciado en Filosofía, máster en Ciencia política y en Gestión pública en la UAB.

Miquel Peguera Poch
Doctor en Derecho. Profesor de Derecho Mercantil de la Universitat Oberta de Catalunya. Ha sido visiting scholar en Columbia University School of Law (New York). Ha investigado sobre la responsabilidad de los proveedores de servicios de Internet, tanto en derecho europeo como comparado. Entre sus publicaciones destacan "La exclusión de responsabilidad de los intermediarios en Internet" (Comares, 2007), o "When the Cached Link is the Weakest Link: Search Engine Caches under the Digital Millennium Copyright Act", (de próxima aparición en el Journal of the Copyright Society of the U.S.A).

Yves Poullet
Profesor de la Facultad de Derecho de Namur y Lieja (Bélgica). Licenciado en Filosofía y doctor en Derecho. Director del Centre de Recherche Informatique et Droit de las Facultés Universitaires Notre-Dame de la Paix de Namur (Bélgica). Profesor de Derecho, especialmente de la enseñanza sobre "libertades y sociedad de la información", y decano de la Facultad de Derecho de las FUNDP. Asimismo, es profesor en la Universidad de Lieja.

Josep Ma. Reniu Vilamala
Doctor en Ciencia Política y de la Administración. Profesor titular de Universidad (UB) y consultor (UOC). Miembro del Observatorio del Voto Electrónico (OVE). Su investigación se centra en el análisis de los factores sociopolíticos de la introducción del voto electrónico. Entre sus publicaciones recientes destaca la coordinación de la obra colectiva: *E-voting: the last electoral revolution*. Barcelona: ICPS, 2008.

Stefano Rodotà
Expresidente de la autoridad italiana garante de la protección de los datos personales y expresidente del Grupo del Artículo 29 sobre protección de datos de la Unión Europea.

Mònica Vilasau Solana
Licenciada en Derecho por la Universitat de Barcelona (1990) y profesora de Derecho Civil en la Universitat Oberta de Catalunya, en la actualidad su línea de investigación se centra en la protección de la intimidad en relación con el uso de las tecnologías de la información y comunicación. Entre sus publicaciones reciente cabe destacar: «El fin de la situación de transitoriedad: la Ley Orgánica 15/1999, de 13 de diciembre, de protección de datos de carácter personal ya tiene desarrollo reglamentario»; IDP. Revista de Internet, Derecho y Política, nº 7 y «¿Cómo llegar al consumidor? Entre protección de datos y legislación sobre la Sociedad de la Información», Revista Aranzadi de Derecho y Nuevas Tecnologías, nº 18.

Raquel Xalabarder Plantada
Profesora de los Estudios de Derecho y Ciencia Política de la UOC. Directora del Programa de la Licenciatura de Derecho (feb.2002-sept.2006). *Visiting Scholar* en la Columbia University Law School (2000-2001), con un proyecto de investigación sobre «Propiedad intelectual y educación a distancia», subvencionado por la Comisión Fulbright y la Generalitat de Catalunya.
Doctora en Derecho por la Universitat de Barcelona (1997), con la tesis «La protección internacional de la obra audiovisual. Cuestiones relacionadas con la autoría. Especial referencia a los sistemas jurídicos de España y los Estados Unidos de América». *Master of Laws* (LLM), Columbia University Law School, New York (1993). Licenciada en Derecho por la Universitat de Barcelona (1988). Sus ámbitos de investigación son la propiedad intelectual y en especial, las cuestiones relacionadas con la tecnología digital y el derecho internacional privado.

Índice

Presentación

La historia nos demuestra que las innovaciones tecnológicas implican a medio y largo plazo cambios profundos en las estructuras sociales. Ello es especialmente cierto en el caso de la revolución comunicativa que ha marcado la transición al siglo XXI y cuyo potencial se concentra en una sola palabra: Internet. Internet es la metáfora de esa nueva realidad emergente marcada por la simultaneidad de lo no-simultáneo, por el mito de la comunicación inmediata y permanente, así como por la convivencia de modelos sociales dispares sobre el telón de fondo de una globalización construida a partir de la ingente riqueza de flujos comunicativos que las tecnologías de red facilitan. Y, como todos los fenómenos sociales, el contenido y alcance de estos cambios muestran sin duda una doble faz, un panorama de luces y sombras que convierten en especialmente atractiva la reflexión en torno a ellos.

Los quince artículos recogidos en este volumen –aparecidos todos ellos previamente en la revista electrónica IDP-Internet, Derecho y Política (http://idp.uoc.edu), impulsada por los Estudios de Derecho y Ciencia Política de la Universitat Oberta de Catalunya– son una pequeña muestra de esa reflexión. A través de ellos podemos acercarnos a algunas de las cuestiones que centran la discusión actual en torno a las consecuencias que la revolución tecnológica y comunicativa está teniendo en la esfera jurídico-política. Su variedad temática muestra, por otro lado, la amplitud de los efectos que esta nueva realidad está teniendo tanto en el ámbito regulatorio como en el de la articulación de lo político. Y la variedad de posiciones sostenidas por sus autores es también reflejo de ese doble rostro que la revolución de las TIC todavía nos ofrece.

Pere Fabra

Barcelona, noviembre 2008

¿Hasta qué punto son democráticas las nuevas tecnologías de telecomunicación?*

*Benjamin R. Barber***

Ha habido poca interacción útil entre la teoría democrática, los técnicos que desarrollan las tecnologías de la información y la comunicación y los usuarios. De hecho, existen dos conversaciones simultáneas. Una conversación trata sobre la democracia en general y se aplica erróneamente a la tecnología por parte de personas que no comprenden la tecnología. La segunda conversación transcurre entre personas que comprenden la tecnología muy bien, pero que luego tratan de generalizar sobre la democracia de forma muy desacertada. El resultado es que estas conversaciones no se cruzan. Lo que me gustaría realizar en este artículo es tratar de aunar las dos conversaciones. Sé un poco sobre democracia y algo sobre tecnología. Así que espero poder desempeñar un papel útil.

Déjenme empezar con algunas advertencias que causan preocupación y reservas en cuanto a la tecnología en general. Resultarán familiares para muchos lectores, pero son muy importantes, ya que constituyen el trasfondo del funcionamiento de la tecnología. Hay una vieja advertencia: *Caveat emptor.* "Tened cuidado. Que el comprador esté avisado: no compres hasta que hayas visto esto." A continuación vamos y compramos, olvidándolo todo sobre las advertencias. Así pues, recordemos algunas advertencias básicas sobre tecnología.

La advertencia básica, que pienso que todos consideramos verdadera, es que la tecnología es siempre una herramienta, un instrumento, algo que utilizamos

---

* Edición del texto a cargo de la profesora Rosa Borge de los Estudios de Derecho y Ciencia Política de la UOC.

** Reproducción del artículo publicado en *IDP. Revista de Internet, Derecho y Política*, núm. 3 (2006) <http://www.uoc.edu/idp/3/dt/esp/barber.pdf>

para algo más. No tiene un fin inherente. No tiene *telos*; no tiene teleología. Puede usarse de muchas, muchas maneras diferentes. La pólvora ha sido un instrumento de guerra y un instrumento de construcción, como en la edificación de diques y ciudades. Se puede usar de ambos modos. La pólvora no tiene *telos* inherente. La nueva tecnología no tiene *telos* inherente; no es democrática, no es antidemocrática. Es simplemente otra herramienta. Ésa es la primera advertencia.

La segunda advertencia es que como la tecnología es una herramienta, tiende a reflejar y a representar fielmente la sociedad en la que está presente. Es más un reflejo de la sociedad que un determinante. A menudo hablamos sobre la nueva era digital, la nueva era de la información tecnológica, como si fuese a cambiar el mundo. "Ahora vivimos en una nueva era tecnológica; la tecnología cambiará el mundo." Quiero sugerir que eso no es así; que la nueva tecnología tenderá a reflejar la sociedad que la produce. Esto significa que la tecnología no será la panacea, una solución mágica, una respuesta mágica a todos nuestros problemas. "Anteriormente, la democracia no funcionó. Ahora, tenemos la tecnología e Internet. Ahora la democracia funcionará." Pero los valores que no podemos producir sin tecnología –democracia, tolerancia, libertad–, no los produciremos con tecnología. La tecnología no producirá esas virtudes, esos bienes sociales, esos bienes cívicos públicos que debemos crear mediante nuestras instituciones.

De hecho, como hemos visto, a pesar de las muchas capacidades de la nueva tecnología y a pesar de su arquitectura, que analizaré más tarde en este artículo, la nueva tecnología refleja básicamente la cultura actual, lo cual significa que es una cultura comercial. Sobre todo, Internet es un centro comercial electrónico para comprar y vender. Desde los inicios de Internet, aproximadamente una tercera parte de todas las búsquedas están relacionadas con la pornografía. Si bien esto no debería causar sorpresa, tampoco sugiere que la tecnología vaya a cambiar nada desde el mundo antiguo hasta la actualidad. Así que cuando pensamos que esta nueva tecnología puede crear una nueva democracia, es más probable que refleje, reproduzca y potencie la cultura comercial que ya poseemos. Cuando entramos en la web, vemos los anuncios emergentes y la publicidad desplegable y los millones de páginas en donde se venden productos. Y tanto si hablamos de Amazon, Barnes & Noble, o páginas de subastas, estamos hablando sobre una tecnología que se aplica al primer interés de nuestra era, que es el consumismo. Así pues, no debe sorprendernos que para el público –quizás no para los expertos, ni para aquellos que son especialistas, sino para el público– Internet sea una herramienta más de consumismo, una herramienta más de comercio y sólo eso.

También hace las mismas cosas que hemos hecho siempre, pero de una nueva manera. E-mail, mensajería instantánea, Google –la búsqueda en bibliotecas–, información sobre partidos políticos, recaudación de fondos para partidos políticos –sí, hace todo eso. Pero sé por mi experiencia en Estados Unidos, ya que trabajé en la campaña de Howard Dean, que fue el "candidato electrónico" porque utilizó Internet, que ello sirvió de poco para cambiar el carácter de la política americana. No le ayudó a ganar. Recaudó más dinero en Internet que ningún otro candidato, y muchos candidatos utilizarán ahora Internet para recaudar fondos. Pero recaudar fondos no es algo nuevo en política. Siempre debemos recaudar fondos para la política. Así, hasta ahora, Internet, la web, se ha utilizado para realizar cosas antiguas de nuevos modos pero no cosas nuevas. Es muy difícil encontrar cosas que sucedan que sean genuinamente nuevas. Sin embargo, hay algunas: comunidades virtuales y vídeo juegos multijugador. Tienen características especiales, pero la mayoría están relacionadas con nuevas formas de comercio, nuevas forma de consumo y no con nuevas formas de sociedad cívica o nuevas formas de política.

La tercera advertencia relacionada con la tecnología es que es muy difícil generalizar sobre ella debido a la rapidez con la que cambia. Tan pronto como realizamos una generalización, la tecnología ya ha cambiado. Explicaré un ejemplo crucial procedente de mi propia experiencia. En su era inicial, Internet, dado que era de banda estrecha, era un medio basado en la palabra. Algunas personas, incluyéndome a mí, dijeron, "Ah, Internet es bueno: nos devuelve a la lectura. La gente utiliza palabras de nuevo porque para usar Internet, para usar la web, debes escribir palabras." Por supuesto, mediante la mensajería instantánea y el correo electrónico, continuamos haciéndolo. Pero mientras decíamos eso, llegaba la banda ancha y, con la banda ancha, Internet se convierte en un medio más para dibujos y películas, no para palabras. Así, a la vez que debatimos, "Oh, es bueno, es un medio para pensar y deliberar y para las palabras," se convierte, de nuevo, en otro medio de imágenes y se parece más a Hollywood que a una biblioteca. Y eso es tan sólo un ejemplo de cambio tan rápido que hace las generalizaciones difíciles.

Una cuarta advertencia está relacionada con este cambio rápido, y es el hecho de que es una tecnología de saltos. Saltamos sobre etapas, de una etapa a la siguiente. Por ejemplo, África no ha sido nunca cableada. Eso hace a África retrasada con respecto al teléfono y al cable. Pero como nunca fue cableada, estaba abierta a la tecnología inalámbrica, y el resultado es que África –los países que lo hacen– se convertirá en el primer continente inalámbrico, sin cableado. Saltará sobre las sociedades cableadas, y saltará a la cabeza. Así que según cambia la tecnología, existe la posibilidad de que aquellos que van detrás salten a la cabeza. Ésa es una característica importante, porque significa que el desarrollo tecnológico no es lineal sino una serie de saltos. Los países y las corporaciones pueden saltar unos sobre otros, de estar detrás a estar delante, lo que de nuevo significa que es difícil para nosotros generalizar.

La quinta advertencia –reserva– también está relacionada con esto. Y, por lo que a mí respecta, es una de las advertencias más importantes pero a la que mucha gente no ha prestado atención. Yo la llamo "falacia generacional".

Lo que trato de decir es lo siguiente: aquellos que crean nuevas tecnologías provienen de una generación que conoce las viejas tecnologías, y realizan suposiciones sobre las viejas tecnologías y cómo se utilizarán, basándose en lo que conocen. Pero la próxima generación que use las nuevas tecnologías no tendrá conocimiento de las viejas tecnologías y verá la tecnología de forma muy diferente.

Déjenme que ofrezca un ejemplo basado en mi experiencia. Crecí en un mundo de investigación sobre páginas de papel, en bibliotecas, con libros y publicaciones. Luego vino Internet, después Google y el acceso instantáneo a la información. Por lo que a mí respecta, el hecho de crecer en ese entorno antiguo de investigación es una gran, gran virtud. Sé cómo realizar una investigación. Conozco la diferencia entre una investigación buena y una mala. Conozco cómo diferenciar fuentes serias de cotilleos y mentiras, así que puedo ir a Internet y realizar mucho trabajo muy, muy rápidamente, aplicando lo que conozco sobre estándares y métodos de investigación. Pero mis alumnos y mis hijos, que no han estado nunca en bibliotecas, que nunca han aprendido nada sobre estándares o criterios o edición, cuando van a Internet se encuentran con un mundo sin límites de información, conocimientos y hechos, mentiras, cotilleos y mitos, todo junto. Para ellos es todo lo mismo. Todo tiene el mismo valor.

Desconocen cómo investigar en la Red porque no pueden establecer la diferencia entre las mentiras y las verdades, los hechos y los rumores. No existen medios para aprender esto en la Red porque la gran virtud de la Red es que es una masa de información sin edición, sin estándares, sin autoridad. Su virtud es que no tiene autoridad, pero su defecto es que no tiene autoridad. Así, todo vale.

Este mismo problema lo podemos ver reflejado en el muy popular concepto de las comunidades virtuales. Aquellos que han experimentado una comunidad real, pueden construir una extensa comunidad virtual basada en una comunidad real. Pero, argumentaría, no pueden crear una comunidad virtual *ex nihilo*. Si no sabes nada de comunidades en el mundo real, no puedes crearlas en Internet. Pero uno de los mayores nuevos mitos es que quienes no tienen ni conocen comunidades pueden crear comunidades virtuales sin referencia alguna a las comunidades del mundo real. Por ejemplo, los jugadores de juegos multijugador han creado su propia comunidad virtual. Existe mucha gente que piensa que es posible crear una comunidad cívica global en la web, en ausencia de comunidades reales concretas, políticas y cívicas. Pienso que se equivocan, y pienso que caen en la falacia generacional. Provienen de un mundo donde han conocido y creado comunidades reales, y piensan que se puede realizar en la Red.

Para finalizar, la última advertencia –y es muy, muy familiar, pero es tan familiar que siempre la olvidamos– es la brecha digital: el hecho de que la tecnología cueste dinero y de que tan sólo puedan acceder a ella los que disponen de él. Pero además, no es sólo dinero, es educación, que es otra forma de dinero. Porque mucha gente piensa que la solución a la brecha digital es el ordenador de cien dólares. Y he oído a mucha gente en empresas diciendo, "Se ha acabado. La brecha digital ha finalizado. Pronto tendremos ordenadores de cien dólares, cincuenta dólares o cincuenta euros, quizás incluso ordenadores de veinticinco euros. Se los darás a todo el mundo." Puede que comprar un ordenador cueste veinticinco euros. Comprar quince años de educación para poder utilizar un ordenador razonablemente cuesta una vida de riqueza. Esa brecha, la brecha real entre norte y sur, ricos y pobres, continúa separando a aquellos que utilizan la web de aquellos que no la utilizan.

Así pues, con estas advertencias en mente, voy a analizar la arquitectura actual de Internet. ¿Hasta que punto es democrática es la arquitectura actual de Internet? En mi opinión, hay ocho características de la Red que están relacionadas con los requerimientos de la democracia. Algunas son coherentes con lo que precisa la democracia y otras no son consistentes con las necesidades de la democracia. He listado las características técnicas en la tabla siguiente.

TABLA 1. Requerimientos de la democracia y características de Internet

La democracia necesita:	Internet es:
Interacción cívica "comunicación lateral/horizontal"	**Punto a punto** (como teléfono, no como TV)
Participación ciudadana "de abajo arriba"	**Interactivo/Participativo** (no espectadores pasivos)
Pluralismo/Política de las diferencias	**Diversificado/Heterogéneo** (infinitas páginas y blogs, etc.)
¡Pero!	
La democracia también necesita:	**(sin embargo) Internet es:**
Deliberación/Lentitud Juicio prudente	**¡Rápido!** Impulsivo/juicio precipitado
Mediación/Selección Sabiduría	**Sin mediación** sin selección, "conocimiento" sin fin que lleva a sobrecarga de información
Acceso universal Igualdad	**Acceso limitado** "brecha digital", desigualdad
Espacio público/ Bases comunes "nuestro espacio"	**Privado/Segmentado** "mi espacio"
Control popular	**Monopolio** (portales bajo control privado: ej. Google, MS Explorer)

Fuente: elaboración propia

Todos sabemos que a finales de los años ochenta y principio de los noventa, muchas personas que trabajaban en los tempranos días de Internet hablaban sobre una nueva democracia electrónica. Se veían a sí mismos como pioneros democráticos, y consideraban esta tecnología como profundamente democrática. Podríamos llamarles tecno-fanáticos o tecno-entusiastas. Les encantó la idea. Por ejemplo, John Perry Barlow, que escribió la letra de algunas canciones de Grateful Dead, pero que también era un experto en ordenadores. O los fundadores del Electronic Frontier Foundation, las personas que en la actualidad escriben para la revista *Wired*. Quienes se recrean pensando sobre las posibilidades de la democracia en la red hablan de "netizens", no de ciudadanos. Conocemos ese lenguaje y realmente existen algunas bases en la arquitectura actual de la Red para ello. Siguiendo esta línea de razonamiento, las tres primeras características que examinaré describen características que son, de verdad, muy coherentes con la manera democrática de hacer sociedad y hacer política.

1. Horizontal y punto-a-punto

Quizás el aspecto más importante de Internet sea que, en su arquitectura, se parece al teléfono, no a la radio o a la televisión. Es un medio horizontal, no un medio vertical. Mediante la televisión y la radio uno transmite a muchos, y ése es un muy buen método para el control gubernamental desde arriba. Si controlas la emisora de radio o controlas la emisora de televisión: controlas la opinión pública, controlas el público. Milosevic creó la guerra civil; en Uganda y Ruanda crearon el genocidio empleando el control sobre la radio. Uno hablando a muchos, inspirando ese tipo de cosas. Pero Internet es punto-a-punto como el teléfono. No nos engancha a un líder o a un editor o a una emisión. Nos engancha unos a otros. Y eso, por supuesto, es profundamente democrático.

La relación democrática esencial no está entre líderes y ciudadanos. La relación democrática esencial está entre ciudadanos y ciudadanos. Tendemos a pensar –usamos el modelo representativo– por lo tanto pensamos, "Si hablo al alcalde, si hablo al presidente, si hablo al Rey, entonces estoy en una relación democrática." Pero las democracias reales están definidas mediante nuestra capacidad y competencia para hablar entre nosotros.

Al margen, una de las razones de que nuestras democracias modernas no estén funcionando muy bien es que no disponemos de muchas oportunidades para hablar entre nosotros. En nuestras políticas, hablamos a los editores de periódicos, hablamos al candidato, hablamos a los partidos políticos. No hablamos mucho los unos con los otros. Internet ofrece la oportunidad de hacerlo. Es un vehículo de comunicación lateral u horizontal, y ésa es una de sus mayores fortalezas. En la campaña de Howard Dean, el uso de Internet de mayor éxito fue lo que él llamó "Encuentros".[1] Reuniendo a la gente, no para hablar con Howard Dean, no para hablar con sus empleados, sino para hablar entre todos sobre los problemas Americanos, para inspirarse entre todos; para hacer trabajar a todos. Ésa fue una gran fortaleza y es una fortaleza de Internet.

2. Interactivo/participativo

Esto nos lleva a la segunda característica: específicamente, que Internet es interactivo, participativo. De nuevo, compárese a la televisión. He aquí a alguien viendo la televisión: muerto, pasivo, un espectador. Cuando estás en Internet estás activo, estás involucrado, vas de aquí para allá, estás leyendo, estás escribiendo, estás pensando. Tal interactividad es también crucial para el proceso político de la democracia. Y, de nuevo, uno de los defectos de la democracia moderna es que se ha convertido en un deporte de espectadores. ¿Qué es la democracia? Algo que vemos en la televisión como un partido de fútbol. Hay personas que dicen, "Soy muy político, veo la televisión todo el tiempo." Pero las personas que ven televisión todo el tiempo son "adictos" a la política pero no a la acción. En cambio, la interactividad de la web contraresta esta pasividad. Además no sólo es un medio participativo sino un medio ascendente. Funciona de forma ascendente: empieza con nosotros y va hacia arriba, al contrario que las emisiones de televisión, las políticas representativas o la dirección

1 "Meet-Ups".

empresarial, que funcionan de forma descendente. Otra forma de decirlo es que se trata de un medio de extracción, no un medio de empuje. La publicidad y el marketing corporativo son medios de empuje: empujan cosas hacia ti. Internet es un medio de extracción, nos permite extraer lo que queremos de él. Si no lo quieres, vas a otro sitio. Tu escoges. Es la parte de la demanda, no la parte de la oferta la que es crucial para Internet.

3. Pluralista, heterogéneo

El tercer punto profundamente democrático sobre Internet es que es infinitamente pluralista y heterogéneo. Y eso le lleva a representar muchas, muchas diferencias. Internet es adverso a la uniformidad, a la homogeneidad. No es todo igual. Puedes encontrar lo que sea, cualquier punto de vista –políticamente, estéticamente, religiosamente– todo está representado. Si buscas algo y te encuentras que no está representado, abres tu propia página, haces tu propio blog, creas lo que no está. Si vienes a Nueva York y no te gusta la televisión que se te ofrece, a menos que seas Bill Gates no puedes realmente iniciar tu propia compañía de televisión. Pero si no te gustan los blogs que lees, puedes iniciar tu propio blog, incluso reunir un grupo de personas e iniciar un blog en grupo de personas como tú. Por lo tanto, la heterogeneidad y las diferencias políticas están muy bien representadas en la arquitectura de Internet. No es monolítica, no es uniforme.

Así pues, hay al menos tres virtudes democráticas significativas. Solía poner como cuarta virtud la característica de que Internet estaba basada en la palabra pero, tal y como escribí anteriormente, la banda ancha ha variado esto. Ya no es fácil continuar hablando de Internet como un medio basado en la palabra porque, de hecho, progresivamente se usan más imágenes, vídeos, etc. Pero, aunque tenga estas tres poderosas características arquitectónicas democráticas, tiene otras características que no están tan en consonancia con la democracia, que no representan ni abarcan muy bien las características democráticas.

4. Rápido

La característica más importante entre las características problemáticas para la democracia es, de hecho, la que la mayoría de la gente considera como la gran virtud de Internet. Por encima de todo, la comunicación en Internet es rápida. De hecho, Internet se mueve literalmente a la velocidad de la luz. A la velocidad de la energía. En ese sentido es instantánea. No siempre, cuando estás en línea y tratas de trabajar, pero sí en teoría. La comunicación electrónica es instantánea.

Pero me gustaría sugerir que esta virtud aparente es, bajo el punto de vista de la democracia, un defecto. Porque la democracia es, como yo la entiendo, un proceso basado en la deliberación. Se lleva a cabo con movimientos lentos, con prudencia. Decimos, "realizó un movimiento deliberado". Esto significa a velocidad lenta, calculada, premeditada. Y es la forma en que la democracia debería funcionar. En el Parlamento Británico, para aprobar una ley, no tienes una lectura y votación, ni dos lecturas y votaciones, sino tres lecturas y votaciones. La idea es que votas y luego piensas sobre ello: "¿Era una buena idea?" Piensas sobre ello y vuelves a votar. Luego se habla algo más y votas por tercera vez. Tan sólo tras la tercera votación se convierte en ley. La democracia no se trata sólo de realizar decisiones colectivas. Se trata de realizar decisiones colectivas deliberadas. La deliberación es absolutamente esencial. La diferencia entre la tiranía de la mayoría y la democracia real es la deliberación. La diferencia entre un gobierno que tan sólo cuenta votos y un gobierno que toma decisiones sabias es, de nuevo, la deliberación. Deliberación es lentitud. Internet es rapidez. En ese sentido, Internet es un mal medio para la democracia, porque se trata de tomar decisiones con prisas, y la democracia consiste en tomar decisiones lenta y deliberadamente.

Así pues, desde el punto de vista de un demócrata como yo, uno de los proyectos a los que nos enfrentamos es cómo poner "topes a la velocidad" en la autopista electrónica. Pequeños topes que te ralenticen cuando vayas demasiado rápido. ¿Qué apariencia tienen los topes que realmente nos ralentizan en la autopista electrónica? Los ingenieros y técnicos dirán, "¡Estás loco! La velocidad es la virtud y ¿pretendes eliminar eso? Entonces mejor que te reúnas en un parlamento, en la calle o en un meeting público." Bueno eso es verdad y quizás sea un buen consejo. Quizás signifique que no siempre deberíamos tomar nuestras decisiones a través de Internet. Imaginemos un tribunal supremo, nuestro tribunal de mayor rango, donde los miembros simplemente se sientan en casa y teclean sus decisiones en lugar de escuchar evidencias, deliberar, pensar, discutir, intercambiar opiniones. Ésa es la esencia de un proceso judicial. Y esa palabra que usamos, *juicioso*, proviene de lo que los jueces hacen. Pero Internet no es un medio juicioso en la forma en que funciona.

5. Sin mediación

El segundo punto problemático sobre Internet hace referencia al hecho de que no tiene mediación, no es un medio mediado. Un aula está mediada por un profesor o maestro. Un periódico está mediado por un editor o editorial. Una religión, una iglesia, una sinagoga, una mezquita, está mediada por un imam, un rabino o un cura. Todas son formas de comunicación mediadas. Por otro lado, tal y como expliqué anteriormente, pensamos que la falta de mediación en Internet es una virtud, mientras que de hecho es un problema. Y es un problema debido a lo que podríamos llamar el problema de la "sobrecarga de información". Los ingenieros alardean una y otra vez de que, "Todos los conocimientos, todos los hechos, todo lo que sabemos y lo que no sabemos en el mundo, podemos enviártelo en un segundo." Piensan que eso es algo bueno. Pero un usuario típico de la web puede pensar: "Cuando leo un periódico puedo confiar en buenos periodistas y editores, cuando leo un libro puedo fiarme de la autoridad del autor y de las críticas, pero cuando estoy en línea y todo esta a mi disposición ¿cómo puedo valorar y juzgar?. Debido al acceso a todos los hechos, todas las mentiras, todos los conocimientos del mundo, ¿cómo pueden los usuarios llevar a cabo jucios bien fundamentados?.

El problema de la democracia no es sólo adquirir conocimientos. Es obtener juicios sobre tales conocimientos. En tiempos pasados, los filósofos hablaban sobre sabiduría en oposición a conocimiento. Todo el mundo puede obtener conocimientos, puedes obtener toneladas de hechos. Pero para obtener algún sentido de esos hechos –conocer qué es un hecho y qué no es un hecho– se requiere sabiduría, experiencia, juicio. Y ésas son las cualidades que necesita la democracia. Hablamos de juicios cívicos, capacidad cívica, competencia cívica. El conocimiento infinito ilimitado de Internet no nos ayuda a obtener un juicio cívico. Puede proporcionar muchos conocimientos, proporciona poca o ninguna sabiduría y puede que en realidad haga la sabiduría más difícil, no menos difícil.

Así que en ese sentido, de nuevo, tal y como pensamos que la velocidad es una virtud, pensamos que el conocimiento infinito es una virtud. Pero en realidad, para la democracia, no es una virtud sino un defecto, un problema. Así que de nuevo la pregunta que planteamos a los ingenieros es, "¿Cómo podéis darnos menos conocimientos? ¿Cómo podéis darnos filtros?" Ése es el otro término sobre el que hablamos, filtros. La educación es un filtro que nos permite establecer diferencias entre mentiras y hechos o verdad. Pero Internet no es un muy buen medio educativo porque no está filtrado y, mientras que el que no tenga filtro puede parecer algo bueno, resulta que, desde el punto de vista de la democracia, no es bueno.

6. Acceso limitado

El tercer punto sobre Internet vuelve sobre la brecha digital que mencioné como advertencia. La realidad es que Internet es un medio técnico que precisa de maquinaria (hardware), programas (software) y, lo más importante, educación, tanto para utilizar como para adquirir la tecnología. Eso significa que, a medida que la tecnología se convierte en crucial para la democracia, la democracia se convierte en menos igualitaria, no más igualitaria. La tecnología en realidad nos amenaza con hacernos menos democráticos de lo que éramos porque, mientras que todos pueden abrir la boca y hablar, todos pueden escuchar, todos pueden levantar la mano y votar, hay millones de personas que no tienen acceso a Internet ni capacidad –incluso si se les diese acceso– para aprovechar y desplegar los programas y el contenido de Internet. Hasta que ese problema no sea superado, la tecnología aumenta la desigualdad en lugar de reducirla.

7. Privado/Segmentado

La cuarta característica de la Red que resulta ser un problema para la democracia es que es esencialmente un medio privado, centrado en el yo más que en el nosotros. Así, MySpace es uno de los programas de "mensajería instantánea" (*i-messaging*) más populares del mundo. Por tanto, la Red es un medio narcisista, la Red como un espejo en el que mirar y verse reflejado. La Red como medio en el que, finalmente, el mundo entero mira y se ve sólo a sí mismo. Leen sus propios blogs, miran sus propias imágenes. Se segmenta en grupos personales pequeños. Internet lo usan principalmente personas para hablar a otras personas como ellos. Si eres un pescador de salmones católico homosexual, encontrarás una página para hablar con otros pescadores de salmones católicos homosexuales. Si eres un fascista protestante americano, encontrarás un medio para hablar con otros fascistas protestantes de otras partes del mundo. Si eres un hombre islámico que hace punto, encontrarás el espacio para hablar con otros hombres islámicos que hacen punto. Y ésta es una característica muy bonita de Internet, pero la democracia trata de la reunión y el trato con extraños.

La democracia consiste en encontrar a personas diferentes de nosotros. La democracia consiste en averiguar cómo convivir con personas que no nos gustan y que no son como nosotros. No personas que son como nosotros; eso es fácil. Rousseau dijo una vez que si todo el mundo fuese como nosotros y tuviese los mismos valores, no necesitaríamos política. La política trata sobre diferencias. Y el problema es que aunque la Red tiene muchos espacios diversos, no necesitamos acceder a esos espacios. Por lo que cada uno usa la Red por razones privadas: para comprar los libros que queremos, para unirnos a los grupos que queremos, para hablar con gente como nosotros, para desarrollar mi espacio, mi blog, mi cesta en Amazon, etc., mi cesta de la compra. Todo es mi, mi, yo, yo, mi espacio. La política trata sobre Nosotros, Nuestro espacio, el espacio común, *gemeinwesen* como dirían los alemanes. E Internet no es muy buena en eso. No impone eso. Porque es un medio de extracción, no un medio de empuje, no tiene manera de hacerlo. Así que, de hecho, no es un espacio político muy bueno. Incluso los partidos políticos se refieren a sus espacios. "Si tu eres socialdemócrata, ven a mi espacio. Si tú eres democratacristiano, ven a este espacio." Yo quiero un espacio donde los democratacristianos deban hablar con los socialdemócratas. Pero sus páginas no harán eso. De hecho, sus páginas tratan de hacer lo contrario: alejarte de otros espacios e ir a los suyos, para dar dinero, hablarles y compartir esos puntos de vista. Pero el espacio democrático debe tratar de ser un espacio donde exista la diferencia y el conflicto, porque en eso consiste la democracia.

8. Monopolizada

Para finalizar, la última característica que examinaré está relacionada con la difícil cuestión sobre quién es dueño del ciberespacio, quién es dueño de Internet. En teoría, por supuesto, Internet pertenece a todos nosotros. Pero en la práctica, el hardware, el software, los programas y aquellos que controlan los puntos de acceso son privados: corporaciones privadas, compañías privadas, dinero privado. Y hemos visto, por ejemplo en China, cómo Google y otros han utilizado su control sobre palabras clave para permitir a China, de hecho, censurar la autopista de la información. No sólo permitirlo, sino proporcionarles las herramientas para hacerlo. Y decimos que la propiedad no establece diferencias, pero por supuesto establece diferencias. Aquellos que controlan las plataformas y tecnologías controlan el espacio en última instancia.

Trabajé con el presidente Clinton en los años noventa. Tomó muchas decisiones buenas y realizó buenas políticas. Una de las peores cosas que hizo fue introducir la nueva ley *Federal Communications Act* en 1996 que privatizaba las nuevas tecnologías. El presidente Clinton quizás pensó que estaba dejando las comunicaciones en manos de la sociedad civil. Y en Europa cuando se piensa sobre el poder y el monopolio, se piensa en el estado. Es una tradición *étatiste*. Hay el estado y hay el individuo. Hay control público y hay privacidad, y ésa es la dialéctica. Pero existe un tercer jugador. No es sólo el estado y el individuo. Es el estado, el individuo y las corporaciones económicas privadas. Y yo argumentaría que la amenaza de mayor peligro para la privacidad, para la individualidad y la democracia, proviene no del estado sino del dinero privado, de las corporaciones privadas, del control privado. Así, la FCA quitó poder al estado para dárselo a un sector monopolista privado, mucho más peligroso aún para la libertad y el pluralismo.

Microsoft también es otro ejemplo: ganó la batalla que mantenía en Estados Unidos sobre el "*bundling*" o distribución conjunta de productos. Se salió con la suya pero no lo ha conseguido todavía en Europa. El "*bundling*" acaba por obligar a las personas a utilizar una, en lugar de otra plataforma, y esa plataforma tiene consecuencias, y el ingeniero que la construye lo sabe. Así, aunque Internet, en teoría, es abierta, en la práctica está sujeta a los mismos monopolios corporativos privados que dominan el mercado y su toma de decisiones. Y eso también es un problema fundamental.

Hay otras muchas características que podríamos examinar, pero las que ya hemos analizado indican que la arquitectura de Internet tiene sus propias vinculaciones, sus propias implicaciones y sus propias consecuencias que debemos intentar resolver. Y mientras hay modos mediante los cuales crear nuestros espacios, espacios públicos, en Internet, la tendencia es crear Mi espacio y Tu espacio. Aunque sí existen medios para hacer de Internet un medio abierto, la realidad es que está sujeto a un control monopolizado por corporaciones que controlan el contenido, la plataforma y el hardware. El hecho es que, si bien representa a muchas personas diferentes, tiene dificultades en poner en contacto a esas personas con otras, del modo como queremos que haga la democracia. La realidad es que es rápido, no lento, y todo esto son problemas para la democracia. Así que si pretendemos que la nueva tecnología sirva a la democracia, entonces retorna al viejo argumento pretecnológico sobre la política. Es la política quien hará democrática a la tecnología. La tecnología no hará democrática a la política. La política es lo primero por lo que hay que luchar para conseguir una tecnología democrática, no hay que permitir a la tecnología hacer lo que hace y asumir que obtendremos una buena democracia de ello. La lucha real, siempre, es para conseguir la democracia a través de la política y, después, una tecnología que podamos usar.

Déjenme que termine recordándoles una historia. Marconi, el inventor de la radio, estaba en un laboratorio de Nueva York en el que habían montado su sistema para poder hacer la primera transmisión inalámbrica desde Nueva York a Florida. Su ayudante estaba en la habitación contigua con el equipo, el transmisor y el receptor. Tras dos años de experimentación, el asistente corrió hacia

Marconi y dijo, "¡Sr. Marconi, Sr. Marconi! Tenemos a Florida en la línea. ¡Podemos hablar con Florida desde aquí, en Nueva York!" Al principio, Marconi sonrió pero, de repente, se paró, frunció el ceño y dijo, "Sí, pero ¿tenemos algo que decirle a Florida?" Y eso, para mí, es la esencia del problema al que nos enfrentamos con nuestra nueva tecnología. Primero debemos determinar qué queremos decir y cómo, si queremos ser democráticos y de qué forma; después podemos tratar a la tecnología como una herramienta para nuestras aspiraciones. Pero no antes.

La participación electrónica: estado de la cuestión y aproximación a su clasificación*

*Rosa Borge Bravo***

Este artículo es un intento de ordenar y clarificar el variopinto panorama de las experiencias de participación política electrónica. Existen muchos estudios sobre participación electrónica, normalmente referidos a casos concretos, y ya comenzamos a disponer de muchos datos, aunque dispersos. Resulta necesaria una reflexión más global para conseguir crear marcos generales que ordenen la cuestión y que, además, tengan una base empírica sólida.

En consecuencia, este artículo mostrará las iniciativas de participación política electrónica más importantes, principalmente las que se producen en España y Cataluña y que se desarrollan en el marco institucional político. Presentaremos una serie de esquemas clasificatorios para poder compararlas y valorarlas. De esta manera, finalmente, se podrá comenzar a evaluar su contribución al modelo de democracia representativa o a un estilo más participativo de democracia.

Los apartados del artículo son los siguientes:

1. La crisis de la democracia representativa y la irrupción de las TIC
2. Los distintos niveles de la participación política
3. Las experiencias de participación electrónica

(*) Una primera versión de este artículo se presentó en las II Jornadas InfoDIEZ. «Nuevas tecnologías como herramientas en las Administraciones Públicas». Facultad de Ciencias Económicas y Empresariales. Universidad de Zaragoza.17-3-2004. También se ha presentado este trabajo en el Taller de Sociología del Departamento de Sociología y Análisis de las Organizaciones de la Universidad de Barcelona (1-12-2004) y en el Seminario de los Estudios de Derecho y Ciencias Políticas de la UOC (18-6-2004). Se agradece a los asistentes los comentarios recibidos.

** Reproducción del artículo publicado en *IDP. Revista de Internet, Derecho y Política*, núm. 1 (2005) <http://www.uoc.edu/idp/1/dt/esp/borge.pdf>

4. Valoración de les diferentes iniciativas de participación electrónica: niveles de participación y modelos de democracia de los actores e instituciones en el uso de las TIC

1. La crisis de la democracia representativa y la irrupción de las TIC

En las últimas décadas, las nuevas tecnologías de la información y comunicación, especialmente Internet, se están empleando para establecer, mejorar o ampliar los canales de participación política, de comunicación y de información a los ciudadanos. Hay que tener presente que es clara la insatisfacción de los ciudadanos con el funcionamiento del sistema de democracia representativa, y que Internet es un instrumento que podría ayudar en la extensión y mejora de los canales de comunicación y participación de los ciudadanos y, en este sentido, podría contribuir, de alguna manera, a paliar la crisis de legitimidad que padecen nuestros actores e instituciones políticas.[1]

Por otra parte, Internet se extiende de una forma muy rápida en el ámbito personal y cotidiano, en el mercado, en las relaciones sociales, en la organización de colectivos y movimientos e incluso para la provisión de servicios y trámites en la Administración pública. No obstante, los desarrollos de Internet de cara a la participación en las instituciones políticas representativas y en la propia administración no están avanzando a la misma velocidad. Es decir, no se está produciendo por parte de los poderes públicos un despliegue sistemático de las formas de participación electrónica y las experiencias suelen acaecer principalmente en el ámbito local, son limitadas en el tiempo y muchas son iniciativas privadas y de organizaciones de ciudadanos.

1. Son numerosos los indicadores que muestran un declive de la capacidad de los sistemas políticos democráticos para mantener entre los ciudadanos la convicción de que las instituciones políticas existentes merecen aceptación y apoyo (Lipset, 1992). Entre los indicadores que vienen mostrando desde los años sesenta una cierta crisis del sistema de democracia representativa, podríamos mencionar: la creciente desconfianza hacia las principales instituciones políticas, los políticos y los partidos; la caída de la afiliación partidista y sindical; el declive de la participación electoral; y el aumento de la desafección por los asuntos políticos (Putnam, 2003; Kaase and Newton, 1995; Dalton and Watenberg, 2000).

Parece evidente que los poderes públicos no están muy dispuestos a implementar mecanismos electrónicos de participación. En cambio los medios electrónicos son bastante empleados fuera de las instituciones políticas para favorecer la organización y participación entre los propios ciudadanos, y entre colectivos y organizaciones varias de la sociedad civil. El mayor potencial de los medios electrónicos de participación parece estar en manos de los ciudadanos y sus organizaciones, que a su vez pueden presionar e influenciar a los gobernantes, tal como se ha demostrado en varias ocasiones (Castells, 1998; Rheingold, 2004). Por ejemplo, las movilizaciones organizadas por móviles e Internet, así como la información distribuida por Internet consiguieron derrocar al régimen de Estrada en Filipinas e influir en los resultados electorales en las últimas elecciones en Corea del Sur y en España. Otro ejemplo es la utilización de Internet y los móviles para organizarse, comunicarse, debatir y anunciar convocatorias por parte de movimientos alternativos, como puede ser el movimiento antiglobalización.

Por tanto, el diferente uso de las TIC por parte de las instituciones políticas y por parte de la sociedad civil debe hacernos reflexionar sobre la distinta lógica de los actores colectivos en el uso de las TIC. En general, los partidos, los parlamentos, los gobiernos e incluso la Administración buscan reforzar la democracia representativa, pero no ampliar los canales de participación. Por el contrario, un sector importante de los movimientos sociales, de organizaciones y asociaciones de la sociedad civil son más proclives a otro modelo de democracia, desde luego más participativo.

Aun así, existen iniciativas importantes de participación electrónica lideradas por los poderes públicos en Cataluña, en España, y en otros países democráticos. En este artículo, describiremos y analizaremos estas iniciativas, en concreto, las referidas al voto electrónico, a las plataformas y webs que sirven de base para que los ciudadanos puedan debatir e informarse sobre asuntos políticos o contactar con sus representantes, y a las diversas experiencias de participación electrónica que están propiciando los ayuntamientos.

2. Los distintos niveles de la participación política

Antes de comenzar a describir estas experiencias, debemos explicar qué entendemos por participación electrónica. Podemos considerar que participación electrónica es toda actividad voluntaria de los ciudadanos encaminada a influenciar en la selección de los gobernantes o en la toma de decisiones públicas (Verba, Schlozman y Brady, 1995), que se canaliza o se produce a través de medios electrónicos o telemáticos. Sin embargo, esta definición, esto es, la participación en la elección de las autoridades y en la toma de decisiones, correspondería al nivel máximo de participación. En realidad hay otros niveles de participación que suponen menor implicación por parte del ciudadano y menor impacto directo en las elecciones o en las decisiones políticas, como pueden ser la información y la comunicación, pero que son niveles necesarios para que se produzca la participación del nivel superior. Por tanto, a la hora de valorar o clasificar las distintas experiencias electrónicas de participación, resulta útil la idea de la escalera de participación (Arnstein, 1971) que consiste en 5 niveles de participación que van de menos a más:

Figura 1. La escalera de la participación

1. Información
2. Comunicación
3. Consulta
4. Deliberación
5. Participación en decisiones y elecciones

Mediante el recurso a la escalera de participación, podemos ordenar y comparar las distintas iniciativas de participación electrónica. Así, a continuación, presentamos un cuadro donde se define el contenido y los elementos característicos más habituales de cada nivel de participación electrónica.

Cuadro 1. Niveles de participación y características

Niveles de participación	Características
Información	Divulgación de información a través de las webs y de los correos electrónicos. Elementos informativos: documentos varios, enlaces web, comunicados, convocatorias, anuncios, avisos, noticias, etc.
Comunicación	Relación y contactos de manera bidireccional a través del correo electrónico y de espacios de comunicación habilitados en las webs. Elementos comunicativos: preguntas, sugerencias, demandas, quejas, comentarios, cartas, organización de convocatorias y reuniones, etc.
Consulta	Formas que emplean los gobiernos, administraciones, y organizaciones diversas para saber las opiniones de los ciudadanos o de sus miembros. Elementos consultivos: referendos, encuestas, sondeos, etc.
Deliberación	Procesos de examen, evaluación, reflexión, debate y discusión sobre las decisiones, opciones y valores que impregnan cualquier tema o problema sociopolítico. Elementos deliberativos: foros, chats, espacios de debate, etc.
Participación en decisiones y elecciones	Participación en elecciones: voto electrónico. Participación en una actividad orientada a la toma de decisiones; es decir, el resultado final es vinculante para las autoridades: referendos o encuestas vinculantes, debates o foros vinculantes, recogida de firmas para iniciativas legislativas o para iniciar consultas ciudadanas en los ayuntamientos, etc.

Fuente: Elaboración propia basada en el informe de la Fundació Bofill (2004). "La participació ciutadana a través de les noves tecnologies. Estratégies per a la utilització de Consensus" Finestra Oberta, n.º 42.

Las experiencias de participación electrónica que pasaremos a describir pueden ser evaluadas según los niveles de participación que permiten. Por ejemplo, la mayoría de las páginas web de los partidos o de los ayuntamientos sólo pretenden ofrecer más información al ciudadano, pero, en cambio, instrumentos como *democracia.web* o *candidat.net* establecen canales de comunicación con el ciudadano y plataformas municipales como *consensus* pretenden desarrollar los niveles superiores de la participación como la deliberación.

3. Las experiencias de participación electrónica

Las experiencias de participación electrónica las podemos dividir en dos grandes bloques, los sistemas de voto electrónico y las diversas formas de participación electrónica que se basan en Internet. Son dos tipos de actividades muy diferentes en cuanto a su grado de innovación en el diseño de mecanismos participativos. El voto electrónico sería simplemente emplear un nuevo canal para desarrollar la tradicional función de elección de los representantes, mientras que las nuevas experiencias de participación política vía Internet son innovaciones participativas significativas, aunque no afecten a muchos ciudadanos.

3. 1. El voto electrónico

En la actualidad, coexisten dos sistemas de voto electrónico: los sistemas presenciales y los remotos. Los sistemas presenciales son los que se desarrollan de manera muy similar al voto que denominamos *tradicional* porque los ciudadanos se desplazan a un colegio electoral para votar *in situ*. Por el contrario, el sistema remoto se basa en una red de comunicación que permite enviar el voto desde el lugar en el que está el votante hasta una urna digital remota.

El sistema de votación remoto no se está empleando actualmente en ningún país para elecciones a gran escala que comprendan todo el territorio, aunque varios países han realizado pruebas piloto al respecto y tienen en cuenta esa posibilidad para un futuro cercano (por ejemplo, el Reino Unido y Estados

Unidos). En cambio, los sistemas presenciales están siendo empleados ya para todo el territorio en países como Bélgica, Holanda, Filipinas, Brasil y la India.

A continuación pasamos a explicar brevemente cada uno de estos sistemas.

Los principales sistemas presenciales empleados tanto en España como en otros países democráticos son dos: la pantalla táctil con tarjeta magnética y la urna digital con papeleta electrónica.

El procedimiento de votación con la pantalla táctil se desarrolla en varios pasos sencillos: el elector entra en el colegio electoral y se identifica con su documento de identidad tradicional, en ese momento recibe una tarjeta electrónica con banda magnética. Después se dirige a una cabina o a al apartado donde está la pantalla táctil, que no está conectada a ningún tipo de red, y en la que introduce la tarjeta, y una vez introducida, puede seleccionar la opción electoral que desea votar. El sentido del voto queda almacenado en la memoria del aparato y el elector sólo tiene que devolver la tarjeta de banda magnética al presidente de la mesa o al técnico encargado. Véase un ejemplo de pantalla táctil y las instrucciones de voto en: <http://www.elmundo.es/elmundo/2003/graficos/nov/s2/voto_electronico.html>

Este sistema de voto presencial a través de pantalla táctil ha sido experimentado en varias pruebas piloto, no vinculantes, en países como el Reino Unido, Argentina, Francia y en cinco pueblos de Cataluña en las pasadas elecciones autonómicas del 2003. De forma vinculante se viene utilizando en varios estados de Norteamérica desde hace ya varias convocatorias electorales.

Respecto al procedimiento de la urna digital y las papeletas electrónicas, podemos afirmar que es el que más se asemeja a las votaciones tradicionales. Las papeletas electrónicas sustituyen a las papeletas tradicionales. Estas papeletas electrónicas cuentan con un dispositivo que facilita su lectura automática una vez que se ha introducido en la urna. Dicha urna dispone de un lector en la embocadura que identifica la candidatura y realiza el recuento. La información queda almacenada en la memoria y se transmite por una red de comunicaciones a donde proceda (junta electoral, centro de totalización de los datos, etc.). Véase en la misma web un ejemplo de urna electrónica y las instrucciones para votar: <www.elmundo.es/elmundo/2003/graficos/nov/s2/voto_electronico.html>

En Euskadi se han realizado ya diversas elecciones mediante este método que han alcanzado a varios miles de votantes: las elecciones a rector de la

Universidad del País Vasco y a presidente del Athletic de Bilbao. En Cataluña también se ha empleado este sistema de forma no vinculante en la prueba piloto llevada a cabo durante las elecciones autonómicas del 2003 en cinco pequeños municipios.

En cuanto a los sistemas de votación remota, el principal sistema remoto consiste en el envío del voto a través de Internet, aunque cada vez más se están empleando también las intranets. En el caso de elecciones políticas, normalmente se emplea Internet y la identificación del votante se efectúa mediante tres procedimientos: a través de una credencial enviada por la Administración que incluye un PIN o código para votar; a través de la certificación electrónica expedida por la Administración u organismos autorizados, o mediante una combinación de ambos (PIN y certificación electrónica). Una vez que se ha votado, el sistema emite un recibo de votación que confirma la emisión y almacenamiento del voto. En la web comentada anteriormente también se muestra el procedimiento del voto remoto: <www.elmundo.es/elmundo/2003/graficos/nov/s2/voto_electronico.html>

Este sistema, junto con la urna electrónica y la pantalla táctil, fue también experimentado en las últimas elecciones autonómicas catalanas (2003). Mientras que, como hemos dicho, el sistema de pantalla táctil y el de urna electrónica fue empleado en cinco pueblos pequeños, el sistema de voto remoto fue la posibilidad ofrecida a los electores catalanes residentes en México, Argentina, Estados Unidos, Bélgica y Chile.

En el resto de España el voto por Internet también se ha experimentado en las elecciones municipales del 2003 en El Hoyo de los Pinares (Avila) y en Jun (Granada) y en las elecciones generales del 2004 en Zamora, Toro (Zamora), Pol (Lugo) y en Jun otra vez. El municipio de Jun viene realizando continuadamente desde finales de los años noventa votaciones electrónicas a través de Internet y también mediante mensajes sms.

En cuanto a instituciones que en España emplean el voto remoto de forma habitual para sus elecciones internas, hay que destacar a la UOC, la cooperativa La Virtual (entidad asociada a esta Universidad) y la Guardia Civil. Estas organizaciones emplearon su intranet para ello. En la UOC las elecciones sindicales y las elecciones a diferentes comisiones representativas de los colectivos de la Universidad (alumnos, estudios, campus) se realizan mediante votaciones electrónicas empleando la intranet propia dé la UOC y los ordenadores personales de los miembros de la comunidad universitaria. El volumen de electores, dependiendo del tipo de convocatoria, puede alcanzar a decenas de miles de personas, hasta 35.000.

En la Guardia Civil se han celebrado ya dos procesos electorales (2002, 2004) para seleccionar a los miembros del Consejo Asesor de Personal, que es el instrumento de participación de los guardias civiles en determinadas decisiones del cuerpo. El censo de guardias civiles asciende a 80.000 personas, de manera que estas votaciones electrónicas son las mayores que se han dado en una organización en España. Para realizar la votación, fue necesario instalar 250 ordenadores en las comandancias repartidas por toda España.

Por tanto, en España sólo existen dos organizaciones que emplean el sistema remoto de votación electrónica de forma habitual (UOC y Guardia Civil) y dos que habitualmente emplean las urnas electrónicas (UPV y Athletic de Bilbao). Respecto a las elecciones políticas, el sistema de votación electrónica (sea remoto o presencial) sólo se ha desarrollado en pequeños municipios y siempre con carácter experimental y nunca en sustitución de la votación tradicional. En España, la Ley Orgánica del Régimen Electoral que regula los procesos electorales del año 1985 no menciona la posibilidad del voto electrónico, por lo que cualquier votación electrónica en elecciones políticas no es válida. Sólo en Euskadi existe legislación electoral que incluye la posibilidad de emplear el voto electrónico en sus distintas acepciones en las elecciones al Parlamento Vasco. El Gobierno Vasco está preparando el terreno para que las próximas elecciones autonómicas de abril del 2005 se puedan realizar mediante sistemas de votación electrónica.

A nivel estatal, también esta situación puede cambiar, ya que el Gobierno socialista español ha anunciado su intención de ofrecer a los ciudadanos la posibilidad del voto remoto a través de Internet para la convocatoria en febrero del 2005 del referendo sobre la Constitución europea. Para ello sería necesario modificar la ley orgánica[2] y, por tanto, contar con el apoyo de otros grupos parlamentarios.

2. De hecho el Gobierno también desea cambiar la ley electoral para permitir las campañas oficiales que tienen por objetivo propiciar la participación electoral y para que las campañas de los referendos se financien con dinero público.

Frente a esta situación de espera y frente a las contadas experiencias que se han dado en España, hay otros países como Estados Unidos, Venezuela, Filipinas y la India que suelen emplear el sistema de votaciones electrónicas y cuentan con una legislación al respecto. Pero los países que más emplean hoy en día este sistema son Bélgica y Brasil. Bélgica ha sido el país pionero en el uso del voto electrónico, pero es en Brasil donde se considera por ley el sistema habitual, y se emplea ya a escala nacional y para todo tipo de elecciones. En Suiza se ha aprobado recientemente la posibilidad de emitir el voto a través de Internet tanto para las elecciones como para los referendos.

En países como Brasil o la India, las ventajas sociales y políticas de estos sistemas de votación respecto a los tradicionales pueden ser mayores. Por ejemplo, ayuda a votar a los analfabetos, que en Brasil son un 20% de la población, porque se muestran las imágenes de los candidatos en pantalla. Además, al ser posible un traslado fácil de la urna electrónica o de la pantalla táctil, permite votar a los campesinos e indígenas que se encuentran dispersos en un extenso territorio. Varios países de América Latina se están planteando también la implementación del voto electrónico porque es un sistema que hace mucho más difícil el fraude electoral.

En países con democracias consolidadas, las ventajas técnicas son mucho más claras que otras ventajas de tipo sociológico o político. Entre las ventajas técnicas, hay que destacar que permite la eliminación del recuento manual del número de votos, ya que el escrutinio lo realizan las máquinas de manera instantánea o se envía por una red de comunicación cerrada o por Internet a las juntas o tribunales electorales. Por tanto, se reduce enormemente el tiempo de escrutinio, que puede llegar a ser bastante largo en los casos de sistema electoral con listas abiertas como sucede en Bélgica. Pero no sólo es una cuestión del tiempo de escrutinio, sino también del número de técnicos, interventores y ciudadanos que deben estar trabajando durante todo el día de las elecciones y cuyas horas de dedicación se reducirían drásticamente o no serían necesarias con el sistema de votaciones electrónicas. Pero además de la reducción en gastos de personal, también se recortarían los elevados gastos de papel.

También hay ventajas sociológicas como que varios colectivos de electores tendrían más facilidades para votar: por ejemplo los discapacitados o los residentes en el extranjero. No obstante, respecto al importante tema de si el voto electrónico puede favorecer la participación en general, las evidencias no son concluyentes.

Presentamos a continuación unos cuadros resumen con los niveles de participación en elecciones donde se emplearon medios electrónicos. En primer lugar se muestran los porcentajes de participación electoral en varias convocatorias electorales políticas (tablas 1 y 2) y después los porcentajes de varias elecciones en organizaciones (tablas 2 y 3).

Tabla 1. Participación presencial y electrónica en las elecciones catalanas del 2003

Elecciones catalanas 2003		**Voto remoto (SCTYL)**		**Pantalla táctil (INDRA)**	**Urna electrónica (DEMOTEK)**
Votantes piloto	Argentina	2,75%	Canyelles	33,59%	33,67%
	México	3,4%	Creixell	49,7%	39,62%
	EE.UU.	3,75%	Torres de Segre	46,39%	42,08%
	Chile	3,51%	La Fatarella	60,04%	46,15%
	Bélgica	2,93%	Llers	51,62%	57,99%
	Total	3,14% (730)	Total	46,5% (1592)	41,3% (1555)
Votantes presenciales	Argentina	28,79%	Canyelles	63,12%	61,81%
	México	1,5%	Creixell	63,42	61,77%
	EE.UU.	9,71%	Torres de Segre	70,97%	68,72%
	Chile	31,28%	La Fatarella	70,77%	73,22%
	Bélgica	33,69%	Llers	68,9%	63,88%
	Total	20,63% (4794)	Total	66,8% (2286)	65,2% (2451)
Censo		23.234		3.424	3.761

Fuente: Elaboración propia sobre informe de J. Barrat; J.M. Reniu (2004)

Tabla 2. Participación presencial y electrónica en las elecciones generales y andaluzas del 2004

	Zamora/Toro/Pol (elecciones generales)	**Jun (elecciones andaluzas)**
Electores con credenciales o certificado digital	300	800
Votantes piloto	91,3% (274)	74,62% (597)
Votantes reales	78,2%	81,2%

Fuente: Elaboración propia sobre datos de <www.localret.es>

Tabla 3. Participación en las elecciones electrónicas de la UOC

UOC	Elecciones a representantes de los trabajadores	Comisiones de estudios	Comisiones de "Centros de apoyo"
Votantes electrónicos	80% (360 de 450)	6,6% (de un total de 18.000)	5% (de un total de 16.155)
Media de participación en comicios similares	40%	Media en las elecciones a representantes estudiantiles: 3%	

Fuente: Elaboración propia sobre los resultados electorales publicados en el campus virtual de la UOC

Tabla 4. Participación en las primarias del Partido Demócrata de Arizona

1996 Votantes presenciales	12.800
2000 Votantes multicanales (correo, Internet, presencial)	86.559 (41% por Internet)

Fuente: Canals, I.; Martí, J.L. (coord.) (2003, pág. 41)

Además, las pruebas piloto realizadas en el Reino Unido indican que se produce un ligero aumento de la participación. Efectivamente, en las elecciones municipales de mayo del 2002 se permitió en el Reino Unido la realización de pruebas piloto en treinta distritos electorales y que alcanzaron a más de 2.000.000 de electores. La participación media en los distritos en los que se realizaba la prueba piloto llegó a un 38,7%, superior a la media de 32,8% que se dio en los distritos en los que no se desarrolló la prueba.[3] Algunos municipios británicos como el de Sheffield empezaron ya en el año 2003 a permitir a sus ciudadanos votar en las elecciones municipales a través de distintos medios (Internet, teléfono, sms, quioscos electrónicos con tarjeta magnética). Compruébese que la página web tiene un diseño moderno muy enfocado hacia los jóvenes y que se ofrecen regalos a los votantes. <http://www.evotesheffield.com/see_how_to_vote/how_to.html>

En el caso español las pruebas empíricas no son concluyentes y son escasas. En las elecciones catalanas se produjo una mucha menor participación por los medios electrónicos que por los medios tradicionales, salvo en el caso de los residentes en México. Y los resultados dados en los municipios españoles no pueden ser considerados como significativos por el escaso número de electores implicados y tampoco es posible reproducir, en unas elecciones para todo el territorio estatal, el entorno altamente informatizado de Jun.

En cambio, sí que se produce un aumento muy notable de la participación cuando se llevan a cabo las elecciones electrónicas en organizaciones o instituciones, que ya emplean en su trabajo cotidiano las TIC (como es el caso de la UOC) o que tienen una gran dispersión de centros de trabajo. El caso del partido demócrata de Arizona (también ocurrió en el Scotish Party) demuestra que, en situaciones concretas, en momentos de crisis o entornos muy competitivos, las vías electrónicas contribuyen, junto con otros factores, a aumentar la participación.

En todo caso, la implementación del voto electrónico no se debería basar en sus efectos participativos porque probablemente no se producirán en muchos casos. Dicha implementación se debe hacer gradualmente, poco a poco, y siempre debe ser un canal complementario a la votación tradicional para impedir que la brecha digital afecte a los resultados. Es decir, no se trata de sustituir los sistemas de votación tradicional por los sistemas electrónicos, sino ofrecer al ciudadano diferentes posibilidades de votación (no sólo sistemas electrónicos de votación, sino también telemáticos como los sms, por teléfono, por tv digital, quioscos electrónicos, etc.) que faciliten el derecho al voto y flexibilicen el

3 Informe de la Comisión Electoral, citado en Canals, I.; Martí, J.L. (2003, pág. 64).

acto de votar. Se trata de modernizar el proceso electoral de forma que las prácticas electorales sean más fáciles, flexibles, ágiles y más similares a otros procesos digitales que efectuamos diariamente. Además de esta forma, se facilitaría un aprendizaje participativo tanto por parte de los ciudadanos, como por parte de las autoridades que implementan los nuevos sistemas. De esta manera el propio proceso electoral, pero también el sistema político, queda abierto a otras experiencias de participación como los referendos, las encuestas o cualquier otro tipo de votaciones.

3. 2. La participación electrónica a través de Internet

Son extraordinariamente variadas las experiencias de participación electrónica que se están impulsando sobre todo desde la iniciativa privada y el mundo asociativo, aunque también comienzan a surgir interesantes iniciativas públicas e iniciativas fruto de la colaboración entre los dos ámbitos. Estas experiencias intentan aprovechar las principales potencialidades de este sistema, que consisten en poner a disposición de los usuarios una gran cantidad de información y permitir el diálogo y la deliberación entre un número indeterminado de personas. Estas posibilidades de Internet tienen un carácter claramente deliberativo, democratizador y participativo. Internet ofrece la posibilidad de una comunicación interactiva entre los internautas y los políticos, entre organizaciones y ciudadanos individuales.

A continuación vamos a explicar las experiencias participativas por Internet que consideramos más importantes y significativas. El muestrario es el siguiente:

- Minnesota E-Democracy
- UK Citizens Online Democracy (UKCOD)

Cataluña:

- Democracia.web
- Consensus

España:

- Candidato.Net
- Madrid participa

Comenzamos explicando en qué consiste la experiencia de **Minnesota E-Democracy**, englobada en la actualidad dentro de la organización más genérica E-Democracy.org.

Minnesota E-Democracy es una iniciativa de participación electrónica pionera y que continúa funcionando con gran éxito en la actualidad. Este proyecto, iniciado en 1994 por Steven Clift y de cara a las elecciones a gobernador de Minnesota y al senado federal de Estados Unidos, nació con el objetivo de dar a conocer a los candidatos y sus propuestas a los ciudadanos y también para promover el debate público mediante Internet. El proyecto ha ido evolucionando y se ha ampliado a la participación de cualquier estadounidense que quiera discutir de política con otros conciudadanos o con sus autoridades. En la actualidad funciona a través de los más variados foros en los que los ciudadanos se registran y entran a formar parte de listas de distribución, para poder expresar su opinión y debatir con otros ciudadanos cuestiones de política local, estatal, nacional o internacional fuera o durante los periodos electorales. En los periodos electorales se ofrecen, además, debates entre políticos y conferencias en línea de representantes políticos y de organizaciones cívicas, además del clásico seguimiento de la campaña electoral. Su página web es: <www.e-democracy.org>

En Europa podemos resaltar el proyecto **UKCOD (UK citizens online democracy)** que se creó en Gran Bretaña por iniciativa del Gobierno y el Parlamento británicos el año 1995, siguiendo el ejemplo de la experiencia de Minnesota. Resulta ser el primer proyecto de democracia electrónica a escala estatal en Gran Bretaña. Al igual que Minnesota, E-Democracy se trata de un proyecto que tiene como centro de operaciones una web que ofrece información y pretende potenciar el debate entre los ciudadanos y los políticos. Dentro de la web de la UKCOD, suelen mantenerse diferentes debates simultáneos en los que participan todos los ciudadanos que quieran debatir sobre política general británica. Antes y durante el debate, siempre se ofrece documentación sobre el tema que hay que discutir. Por ejemplo, se ha debatido sobre la posibilidad de una Constitución en Gran Bretaña o la integración de Gran Bretaña en el euro. Además, alguno de estos debates se complementa con discusiones entre políticos y representantes de organizaciones sociales. Pero además, UKCOD ofrece cobertura técnica y financiera a proyectos que buscan una comunicación más directa de los ciudadanos con las autoridades que toman las decisiones públicas. Por ejemplo, el Proyecto Have Your Say permite a los internautas participar en debates sobre proyectos de ley preparados por el Gobierno y que se están debatiendo o se debatirán en la Cámara de los Comunes (<www.foi.democracy.org.uk>). Se proporciona a los ciudadanos el texto del proyecto de ley e información sobre el tema. Los ciudadanos pueden debatir entre ellos, formular preguntas y enviar opiniones al ministro encargado de la ley, el cual se compromete a tomarlas en consideración. Además, también se ofrece al ciudadano la posibilidad de contestar encuestas del gobierno sobre el tema y votar sobre cuestiones concretas relacionadas con el mismo.

Por tanto, ambos proyectos, tanto el estadounidense como el británico, permiten a los ciudadanos informarse y debatir sobre política general, sobre temas concretos y sobre decisiones públicas, con las propias autoridades, los candidatos, representantes de organizaciones y entre los mismos ciudadanos. De todas formas, son experiencias no vinculantes, y no se dispone de análisis que comprueben su influencia en las decisiones que toman los políticos. Pero la validez y significatividad de estas experiencias son una fuente de información, de formación de opinión y de deliberación para los miles de ciudadanos que participan en ellas. Dentro de sus modestas dimensiones, son experiencias que contribuyen a mejorar la calidad democrática de un país.

En España, podemos mencionar cuatro importantes experiencias de participación electrónica. Dos de ellas se están desplegando en Cataluña: Democracia.web y el proyecto Consensus. Asimismo, es destacable la iniciativa Madrid Participa que se ha desarrollado en Madrid, y el proyecto de comunicación política virtual Candidato.Net, que se abre ya para todo tipo de convocatorias electorales y en toda España.

Democracia.web

El principal objetivo de Democracia.web es establecer un nuevo mecanismo de comunicación entre la ciudadanía y los representantes del Parlamento de Cataluña. Es, por tanto, una iniciativa que tiene su origen en la idea de crear parlamentos abiertos en línea. Estas iniciativas también se están desarrollando en Euskadi (Zabalik). El proyecto en Cataluña se originó en el año 1998, por iniciativa de la Fundació Jaume Bofill y dispone del apoyo del Parlamento de Cataluña y de la Universitat Oberta de Catalunya.

La web de Democracia.web ofrece documentación y enlaces de interés, la posibilidad de chatear y debatir con políticos, expertos y representantes de organizaciones y, sobre todo, la posibilidad de presentar enmiendas a las leyes en discusión en el Parlamento de Cataluña.[4] El funcionamiento de esta última posibilidad es el siguiente: primero, se difunde desde la página web <www.democraciaweb.org> y desde la página web del propio Parlamento, el proyecto o proposición de ley, además también se ofrece documentación sobre el tema y las posiciones de los grupos parlamentarios. Después, y hasta que se cierra el período de enmiendas, los internautas pueden enviar a los diferentes grupos parlamentarios sus propuestas concretas. Los grupos parlamentarios pueden recoger si quieren estas sugerencias en sus enmiendas al texto, como ha pasado a veces, o simplemente pueden comentarlas o pedir aclaraciones a los internautas sobre las propuestas.

Hoy en día, la gran parte de los parlamentos tienen su página web desde donde informan a los ciudadanos sobre sus actividades. Pero sólo unos cuantos –el catalán o el vasco, por ejemplo– tienen una línea abierta dentro de la web que permita la expresión de opiniones y propuestas por parte de los ciudadanos. De todas maneras, en estos mismos parlamentos es poco frecuente que los parlamentarios incluyan las propuestas de los ciudadanos en las leyes, y si lo hacen, suele ser respecto a cuestiones menores y de poco alcance. Ahora bien, la mayoría de los parlamentos están estudiando y considerando la creación de líneas de comunicación y participación ciudadana aprovechando los canales de internet.

Consensus

El proyecto Consensus nació en el año 2000 promovido por el consorcio Localret, el Insituto Catalán de Tecnología y la Fundació Jaume Bofill. Asimismo, 11 municipios importantes decidieron participar en el proyecto. El proyecto consiste en la creación y máximo desarrollo posible de un espacio virtual interactivo por Internet para que los ciudadanos de estos municipios puedan informarse, comunicarse y participar en cuestiones de interés local. Véase su página web: <http://www.e-consensus.org>

4 El número de entradas a la web durante la VI legislatura (1999-2003) fueron 77.530, y 1.167 personas están subscritas a la lista de distribución.

Consensus permite a los ciudadanos informarse de los temas, debatir a través de foros con otros ciudadanos y responsables políticos, enviar cartas a los concejales, responder cuestionarios o iniciar o adherirse a recogidas de firmas, organizarse en comunidades virtuales de interés por ciertos temas o problemáticas, participar mediante votaciones, etc. La administración y gestión de Consensus en cada municipio recae en los ayuntamientos y algunos de éstos se han atrevido a innovar más en cuanto a canales de participación. Por ejemplo, en el municipio de Rubí se inició en el año 2002 un proceso participativo para la elaboración de los presupuestos, siguiendo el modelo de Porto Alegre. Las asambleas territoriales y consejos temáticos que se crearon para debatir las distintas áreas y partidas de los presupuestos se efectuaron de forma presencial, pero se permitía participar en los debates de las asambleas y consejos por Internet gracias a la infraestructura del proyecto Consensus. Este proyecto está acabando ya su fase piloto y tiene intenciones de expandirse a más ayuntamientos a partir del 2005.

Madrid Participa

El proyecto Madrid Participa es una iniciativa del Ayuntamiento de Madrid, encargada a la empresa SCTYL, que consiste en una consulta ciudadana de tres preguntas que se ha llevado a cabo los días 28, 29 y 30 de junio del 2005 en el distrito Centro de Madrid. El número de electores fue de 120.000 y se podía participar desde los 16 años. Los ciudadanos podían votar a través de varios canales, pero todos ellos electrónicos: Internet, teléfono móvil, teléfono móvil java y wap, sms, pantallas táctiles o PC situados en los centros habilitados para la consulta. Su página web es: <www.madridparticipa.org>.

En cuanto al volumen de electores y la variedad de medios técnicos, constituye la mayor prueba piloto de consulta ciudadana llevada a cabo en España. No obstante, en la propia página web habilitada por el Ayuntamiento como centro de operaciones de la consulta no aparecían en los primeros niveles de la página las preguntas que debía contestar la ciudadanía.[5] La consulta constaba de tres preguntas cerradas y los ciudadanos debían elegir entre diversas opcio-

5 Las preguntas sólo se mostraban en la pestaña de Ciudadanos/Demostraciones, dentro de un documento pdf con las instrucciones para votar. Pero posteriormente, una vez acabadas las votaciones, las cuestiones sí que aparecieron en primera línea.

nes sobre equipamientos públicos, y acciones y actividades para mejorar la calidad de vida y dinamizar y revitalizar el distrito Centro.

A nivel técnico, la experiencia ha resultado un éxito, pero los niveles de participación han sido muy bajos, aunque hay que resaltar la destacada participación de ciudadanos latinoamericanos y comunitarios. A continuación presentamos las cifras totales de participación.

Tabla 5. Participación en la consulta Madrid Participa

Censo	Participantes	Abstención
136227 100%	882 0.65%	135345 99.35%

Fuente: <www.madridparticipa.org>

Por último, pasamos a analizar la iniciativa **Candidato.Net.**

Candidato.Net es un espacio virtual web impulsado por Europa Press con la finalidad de dotar de información al ciudadano sobre las propuestas electorales y propiciar la comunicación directa entre los candidatos y los ciudadanos. Por tanto, es un espacio que se abre cuando comienza la campaña electoral y después se cierra tras las elecciones. Aunque se había ya utilizado en algunos municipios pequeños durante las últimas municipales, su lanzamiento importante fue durante las autonómicas catalanas del 2003 y sobre todo en estas últimas elecciones generales y autonómicas andaluzas del 2004. Hay que tener en cuenta que es un espacio web independiente de los partidos (<http://congreso.candidato2004.net>), pero al que todos ellos se avienen a participar.

Las características de este canal de comunicación son las siguientes (Borge y Alvaro, 2004):

1. Permite dirigir preguntas a cada uno de los candidatos en las elecciones simplemente previa inscripción. Los partidos se comprometen a emitir una respuesta personalizada.

2. Existe un espacio propio con información detallada sobre los programas electorales, así como detalles sobre la trayectoria personal de los candidatos.

3. Se busca la máxima transparencia en las comunicaciones entre políticos y ciudadanos y por ello es posible acceder a todas las preguntas y respuestas de cada uno de los candidatos.

4. Se anima a los partidos a que incorporen en su programa electoral alguna de las propuestas o sugerencias de los ciudadanos.

Por todo ello, candidato.net es un elemento profundamente innovador para las campañas electorales y tiene unas características claramente participativas. No obstante, son muy pocos los ciudadanos que participan, es decir, que han formulado finalmente alguna pregunta a los candidatos. Tanto en las elecciones catalanas como en las generales sólo un poco más de mil ciudadanos hicieron alguna pregunta a los candidatos. En Andalucía, la participación llegó a más de dos mil personas. En cuanto al compromiso de respuesta por parte de los candidatos, en las elecciones catalanas y en las andaluzas los candidatos respondieron a más del 60% de las preguntas, mientras que en las generales se llegó a una media del 36,7%. Más problemática incluso es la posibilidad de incorporar a los programas electorales alguna de las demandas de los ciudadanos; sólo ICV incorporó en su programa de las autonómicas una petición muy concreta de un ciudadano: computar a efectos de cotización en la Seguridad Social el tiempo de prestación del servicio militar.

Como vemos, estas experiencias de participación electrónica en España son variadas e interesantes, pero no están suficientemente extendidas entre la población y no son vinculantes y, por tanto, no suelen afectar a las decisiones de los políticos. El escaso impacto de estos instrumentos participativos en las decisiones políticas puede provocar una clara desmotivación entre los ciudadanos que hayan participado o que quieran hacerlo. No obstante, la responsabilidad de la baja participación ciudadana no sólo debe achacarse a la falta de voluntad de los políticos por ampliar los canales participativos, sino también a los bajos niveles de participación política en España, claramente inferiores a la media europea. Al fin y al cabo la participación electrónica es una forma más de participación.

4. Valoración de las diferentes iniciativas de participación electrónica: niveles de participación y modelos de democracia de los actores en el uso de las TIC

Una de las hipótesis que planteábamos al principio era que, en general, los partidos, los parlamentos, los gobiernos e incluso la Administración buscaban reforzar la democracia representativa, pero no ampliar los canales de participación. Éstas son precisamente instituciones clave de la democracia representativa que canalizan la participación principalmente a través de las elecciones periódicas y limitan por tanto la participación a la selección de gobernantes. En consecuencia, recelan de otros tipos de mecanismos participativos que puedan suponerles una pérdida o cesión de poder, o que puedan complicarles la toma de decisiones.

Además, en el caso de los partidos, sus dirigentes temen que la ampliación de la participación, del pluralismo o de la discusión interna les pueda debilitar por la imagen de desunión o división que puede producir y que les podría perjudicar electoralmente (Maravall, 2003). Asimismo, en el caso de los ayuntamientos y de las administraciones públicas, existe el temor de que no haya una participación suficiente que pueda justificar todos los recursos empleados, y saben que una mayor apertura hacia la participación de los ciudadanos no tiene por qué suponer un mayor apoyo para el ayuntamiento o una nueva victoria electoral. Por tanto, los beneficios para estas instituciones no están nada claros.

Por el contrario, un sector importante de los movimientos sociales, de organizaciones y asociaciones de la sociedad civil son más proclives a un modelo de democracia más participativa. Esta preferencia por un modelo u otro de democracia debería reflejarse consecuentemente en los niveles de participación explicados anteriormente. Teniendo esto en cuenta, presentamos a continuación un esquema en el que situamos las diferentes experiencias participativas según el actor colectivo e institución que las propicia, y con relación al modelo de democracia por el que se opta y a los diferentes niveles de participación.

Cuadro 2. Experiencias de participación según los modelos de democracia, niveles de participación, e instituciones y actores promotores.

Modelos de democracia	**Democracia representativa**			**Democracia participativa**	
Niveles de participación	Información	Comunicación	Consulta	Deliberación	Participación
Actor o institución promotora					
Organizaciones privadas		Candidato.Net	Minnesota E-Democracy		
Movimientos sociales					Movilizaciones
Partidos		Webs			
Parlamentos			Democracia web Parlamentos abiertos		
Administración pública	Portales de la Administración CAT 365				
Gobiernos municipales			Madrid Participa		Consensus
Gobiernos estatales o autonómicos			UKCOD Reforma del Estatuto		

Fuente: elaboración propia

Como se comprueba, son pocas las iniciativas políticas auténticamente participativas. Como conclusión podemos afirmar que la utilización más habitual y frecuente de los sistemas de participación electrónica dependerá de los cambios en la mentalidad política y administrativa de este país. Sin voluntad política no se podrán desarrollar todas las potencialidades que las TIC ofrecen para la participación. Las instituciones políticas como los partidos, los parlamentos, las administraciones públicas, los ayuntamientos, parecen dispuestos a mejorar la información y la comunicación con los ciudadanos, pero salvo casos excepcionales –normalmente ayuntamientos (como se demuestra con la experiencia Consensus)– la utilización de las TIC para crear nuevos canales de deliberación y participación no parece entrar dentro de sus objetivos.

Bibliografía

ARNSTEIN, S. (1971). «Ladder of participation in the USA». *Journal of the Royal Town Planning Institute*, abril.

BARRAT, J.; RENIU, J. M. (2004). *Informe de las experiencias de voto electrónico empleadas en las elecciones catalanas de noviembre del 2003*. [en línea]. <http://www.ub.edu/grepa/JMReniu.htm>

BORGE, R.; ALVARO, A. (2004). *Partidos políticos e Internet en España: ¿herramienta de democratización o arma electoral?* [Ponencia en el VI Congreso Vasco de Sociología. Bilbao, 26-28 de febrero].

CANALS, I.;MARTÍ, J. L. (coord.) (2003). *L'àgora digital. Internet al servei de la participació democràtica*. Barcelona: Fundació Catalunya Segle XXI.

CASTELLS, M. (1998). *La era de la información. Vol II: El poder de la identidad*. Madrid: Alianza.

DALTON, R. J.; WATENBERG, M. P. (ed.) (2000). *Parties without Partisans. Political Change in Advanced Industrial Democracies*. Nueva York: Oxford University Press.

FUNDACIÓ JAUME BOFILL (2004). «La participació ciutadana a través de les noves tecnologies. Estratégies per a la utilització de Consensus». *Finestra Oberta*. Núm. 42.

KAASE, M.; NEWTON, K. (1995). *Beliefs in Government. Vol. V.* Nueva York: Oxford University Press.

LIPSET, S. M. (1992). «Algunos requisitos sociales de la democracia: desarrollo económico y legitimidad política». En: A. Batlle (ed.). *Diez textos básicos de Ciencia Política*. Barcelona: Ariel.

MARAVALL, J. M. (2003). *El control de los políticos*. Madrid: Taurus.

PUTNAM, R. (2003). *El declive del capital social. Un estudio internacional sobre las sociedades y el sentido comunitario*. Barcelona: Galaxia Gutenberg; Círculo de Lectores.

RHEINGOLD, H. (2004). *Multitudes inteligentes*. Barcelona: Gedisa.

VERBA, S.; SCHLOZMAN, K. L.; BRADY, H. E. (1995). *Voice and Equality. Civic Voluntarism in American Politics*. Cambridge: Harvard University Press.

La utopía virtual: Una crítica al cyberoptimismo desde la teoría de la elección racional

Ana Sofía Cardenal y *Albert Batlle*[*]

La irrupción de las nuevas tecnologías de la información y de la comunicación (TIC) ha abierto un debate sobre su impacto en los procesos políticos que caracterizan a las democracias avanzadas. En este debate, las tesis que se han abierto paso con más fuerza han defendido que las TIC transformarán aspectos fundamentales de los procesos políticos característicos de las democracias representativas.

Concretamente, la literatura más optimista ha destacado que las TIC pondrán en marcha dinámicas que facilitarán la participación plena de la ciudadanía en la toma de decisiones políticas y el establecimiento de formas directas de democracia. Aunque los más realistas de estos autores no esperan que la democracia directa sustituya completamente a la democracia representativa, sí que esperan que contribuya a mejorar la calidad de las actuales democracias (Budge, 1996).

Algunos de los aspectos vinculados con las TIC en los que se basa la tesis optimista (también denominada populista) para defender la evolución «natural» de las democracias representativas hacia formas directas de democracia son 1) las posibilidades que brindan al ciudadano de obtener información a un coste menor y 2) las posibilidades técnicas que ofrecen a los ciudadanos para la participación directa en las decisiones políticas.

En la literatura, el aumento del flujo de información que facilitan las TIC se ha vinculado directamente con un aumento de la participación política y, a su vez, este aumento de la participación se ha vinculado con la transformación del

* Reproducción del artículo publicado en *IDP. Revista de Internet, Derecho y Política*, núm. 3 (2006) <http://www.uoc.edu/idp/3/dt/esp/cardenal_batlle.pdf>

actual sistema de intermediación política, ya que hace más próximas las relaciones entre los ciudadanos y los decisores políticos.

Por otra parte, la eliminación del obstáculo técnico que hasta ahora impedía la participación directa de los ciudadanos en la de toma de decisiones se ha relacionado directamente con la articulación de formas directas de democracia.

Este artículo examina los supuestos en los que se apoyan los argumentos que defienden la evolución de la democracia representativa hacia formas de democracia directa.

Con respecto al primer argumento, que propugna que el flujo de información provocará un aumento de la participación política, se defiende que la conexión entre información-participación se basa en un supuesto erróneo: el de que la información no es costosa. Como se verá, en cuanto se introduce el supuesto de que la información es costosa, todo el edificio argumentativo en el que se apoya esta tesis se viene abajo.

Respecto al segundo argumento, que conecta automáticamente la eliminación del obstáculo técnico con la puesta en práctica de formas de democracia directa, se defiende la necesidad de tener en cuenta no sólo los aspectos técnicos, sino fundamentalmente la existencia de los costes de transacción políticos. Dicho de otro modo: ¿modifican las TIC los costes de transacción y los problemas asociados con las reglas decisionales de manera que puedan hacer posible la puesta en práctica de formas directas de democracia?

Una vez examinados los principales argumentos de la tesis «populista», el artículo concluye destacando aquellos ámbitos de la política en los que las TIC es previsible que tengan un impacto mayor.

1. TIC, información y participación

La tesis populista se construye sobre el vínculo entre el flujo de información que facilitan las TIC y la participación política. Concretamente, el argumento es que el mayor flujo de información provocará un aumento de la participación política. A su vez, este aumento de la participación política transformará las relaciones entre los ciudadanos y los decisores políticos, que tenderán a nivelarse y a hacerse más igualitarias. En el estadio final, la intensificación de las relaciones directas entre los ciudadanos y los decisores políticos implicaría la desaparición de los intermediarios políticos (Bimber, 1998).

Aunque esta tesis no especifica los mecanismos causales que vinculan el flujo informativo con un aumento de la participación (i.e. cómo, a través de qué mecanismo se pasa de la información a la acción), es relativamente sencillo deducirlos. El primero de estos mecanismos atribuye a la información poder causal sobre la participación a través del efecto que tiene sobre el interés. Dicho de otro modo, el mayor volumen de información en circulación tendría primero un efecto positivo sobre el interés por la política y después sobre la participación.

El segundo mecanismo se aparta de la dimensión de la información para poner el énfasis en el poder de comunicación que ofrecen las TIC. Este poder de comunicación, que permitiría a los ciudadanos comunicarse directamente con los decisores políticos sin necesidad de utilizar a los intermediarios políticos, aumentaría la participación a través de modificar los «incentivos» de participar para cada ciudadano.

Con ayuda de la teoría de la elección racional, se examinan los supuestos en los que se basan estos argumentos para establecer las conexiones causales entre TIC y participación.

1.1. Información-interés-participación

El primer argumento, basado en el vínculo causal información-interés-participación, podría ser cierto si la información no fuera costosa. Downs (1957) ofrece una explicación sobre los costes implicados en la obtención de información. Estos costes se podrían medir en términos de la inversión de recursos políticos limitados –mentales y de tiempo– y del coste-oportunidad (es decir, lo que dejamos de obtener poniendo estos recursos a trabajar en una actividad concreta y no en una actividad alternativa).

No hay duda de que Internet ha aumentado el volumen de información en circulación, pero esto no ha eliminado los costes de la información. Es más, se puede argumentar que las características de Internet no abaratan sino que encarecen el proceso de obtener información. Por un lado, Internet aumenta el volumen de información política en circulación, y esto complica la selección, procesamiento y asimilación de información (Downs, 1957). Por otro, los requisitos para informarse en Internet son muy exigentes debido al carácter interactivo de este medio (en contraste con el carácter pasivo de medios como la televisión y la radio).

En cuanto introducimos el supuesto –mucho más realista– de que la información es costosa y de que Internet no elimina los costes de obtener información, todo el edificio argumentativo de la tesis populista se viene abajo.

Si se asume que la información es costosa, difícilmente se puede argumentar que la acción de informarse preceda al interés en la secuencia lógica que explica el comportamiento. De hecho, la conexión causal que propone esta tesis viola dos supuestos básicos del comportamiento instrumental. En primer lugar, viola el supuesto «intencional» asociado con el comportamiento instrumental. Este supuesto está directamente conectado con la idea de que el comportamiento humano no es errático ni aleatorio, sino que se dirige a la consecución de unos fines y que las acciones son medios para satisfacer esos fines: en el comportamiento instrumental, la intención precede siempre a la acción (sin intención no hay comportamiento). Desde esta perspectiva, es difícil imaginar que la acción de informarse preceda a la intención o a la motivación para hacerlo.

En segundo lugar, la secuencia información-interés viola otro supuesto básico del comportamiento instrumental: el criterio de la «maximización de la utilidad» ¿Por qué un individuo va a asumir un coste si no espera obtener beneficios claros con su acción? Necesariamente, el orden de la secuencia debe invertirse: la acción de informarse –porque es costosa– no sólo debe estar precedida por la motivación o la intención, sino que debe ser el producto de un cálculo en el que los beneficios esperados de la acción superen los costes de la misma. Esto nos lleva a la siguiente pregunta: ¿Bajo qué condiciones los beneficios de adquirir información política serán superiores a los costes? Es decir, ¿cuándo será racional para un individuo invertir recursos en obtener información política? Downs (1957) sugiere que será racional informarse cuando el beneficio marginal de obtener una unidad adicional de información supere el coste marginal. Esto dependerá tanto de la diferencia de utilidad que el individuo obtiene tomando la decisión correcta (en contraposición con la decisión errónea) como de la probabilidad de que una unidad adicional de información contribuya a modificar su decisión. El problema es que a la diferencia de utilidades que se deriva de tomar una decisión correcta (por contraposición a equivocada) hay que descontarle el impacto que una decisión individual tiene en el resultado colectivo –ya sea a través del ejercicio del voto o de otras formas de acción colectiva. Puesto que la probabilidad de que una decisión individual sea decisiva en un resultado colectivo es próxima a cero (piénsese en la probabilidad de determinar el resultado final de unas elecciones), Downs concluye que lo racional para el ciudadano común será no informarse (conclusión que ha dado nombre a la paradoja del «ignorante racional»).

Como Downs también señala, esto no significa que todos los individuos que invierten recursos en obtener información política sean irracionales. En primer lugar, la posición y ubicación social de los individuos –es decir, la división del trabajo– explica que entre ellos haya diferencias tanto en las dificultades de acceso como en la necesidad de información política. Aunque como ciudadanos la función de utilidad de informarse sea negativa para todos, como empresarios políticos, hombres de negocios o profesores de universidad esta función de utilidad puede ser positiva. Por ejemplo, para un hombre de negocios cuyos ingresos dependan de un sector económico determinado, será altamente rentable estar informado sobre la política del gobierno en dicho sector. En estos casos informarse no sólo puede ser altamente rentable, sino que la utilidad que proporciona al individuo puede medirse en «ingresos», en «beneficios materiales».

La acción de informarse también puede proporcionar utilidad de otras formas menos materialistas. Por ejemplo, un individuo puede obtener utilidad de la acción de informarse por el placer mismo que le proporciona la acción y el fin de informarse, por el valor de entretenimiento que para él tiene esta acción. Pero, en este caso, informarse no tendría un valor instrumental sino finalista.

Hemos visto que introducir el supuesto de que la información es costosa vacía de sentido la cadena causal información-interés-participación en la que se apoya la tesis populista. Pero partir de este supuesto también invalida otra de las conclusiones de la tesis populista: la de que Internet permitirá sustituir el actual *sistema de adquisición de información* –basado en la existencia de intermediarios políticos–, que el ciudadano utiliza como «atajo» para reducir los costes de obtener información. De nuevo, si la información es costosa y los beneficios de esta inversión son imperceptibles, ¿por qué el ciudadano va a escoger sustituir un sistema de atajos informativos basado en la existencia de intermediarios políticos (diarios, agencias de noticias, partidos políticos, grupos de interés...) por otro en el que él deba asumir directamente los costes de seleccionar, procesar y asimilar la información?

El supuesto de que la información es costosa y de que hay una economía de la información nos lleva a una conclusión distinta: los principales usuarios y consumidores de información política en Internet serán aquéllos para quienes la inversión en obtención de información sea rentable; es decir, por el lado de la demanda, los individuos politizados que ya participan en política y, por el lado de la oferta, los agentes que actúan como intermediarios políticos. Para estos últimos, los beneficios que esperan obtener de mantener el control sobre la información son elevados y los costes de hacer una actividad que ya hacían son más reducidos.

El hecho de que la información sea costosa y que Internet no reduzca los costes de la información también explica que el mercado de la información política no haya dejado de ser rentable para los intermediarios políticos. De hecho, los grandes empresarios políticos (medios de comunicación y partidos políticos) siguen teniendo importantes incentivos para extender sus actividades a este dominio. Esto, unido al bajísimo coste para el gran empresario de extender sus actividades a Internet debido a las ventajas que proporciona la economía de escala, explica lo que confirman algunos estudios empíricos recientes: que por el lado de la oferta también y cada vez más el espacio virtual reproduce una situación muy similar a la que existe en el mundo real, donde el control de la información política está en manos de unos pocos agentes que coinciden con los grandes empresarios políticos en el mundo no virtual (Ward & Gibson, 1999).

Esta conclusión es consistente con los datos que proporcionan los escasos estudios empíricos que existen sobre los usos políticos de Internet y el perfil de sus usuarios. Estos estudios ponen de relieve que el perfil del usuario de Internet que consume información política coincide con el perfil de quien ya participaba en política (Norris, 1999, 2001). Después de un «boom» inicial en el que la actividad política ocupó un lugar importante, la actividad política en Internet se ha ido reduciendo, pasando a ocupar un lugar más marginal semejante al que tiene en el mundo real (Margolis & Resnick, 2000; Hill y Hughes, 1998).

1.2. TIC y comunicación

El segundo argumento que utiliza la tesis populista para defender un aumento de la participación política se refiere a las posibilidades de comunicación directa entre los ciudadanos y los gobernantes que abre Internet. Según esta tesis, la posibilidad de comunicarse directamente con los decisores políticos aumentará los incentivos de la participación ciudadana. Este argumento podría ser cierto si los ciudadanos estuvieran seguros de que su opinión va a influir en la decisión. La incertidumbre sobre la influencia de su participación en la decisión puede hacer que no sea racional participar y tampoco informarse con el fin de minimizar la probabilidad de tomar una decisión errónea. Por otro lado, la participación de un individuo dependerá también del nivel o grado de participación esperado: cuantos más individuos se espera que participen, menor será el incentivo para un individuo a participar (puesto que menor será la probabilidad de que su participación sea decisiva) y, cuanto menor sea la participación esperada, mayor el incentivo para un individuo cualquiera a participar. Pero esto último provocará lo que se llaman «*bandwagons*»: si se espera una participación reducida, aumentarán los incentivos de participar para un mayor número, pero, a su vez, un aumento efectivo de la participación reducirá los incentivos de la misma devolviendo el índice de participación a su equilibrio original. En el mejor de los casos, la posibilidad de comunicarse directamente con los decisores políticos no provocará un aumento masivo de la participación.

2. TIC y democracia directa

El segundo argumento que da contenido a las «tesis optimistas» establece una conexión causal entre las propiedades de las TIC y el impacto que éstas tienen en el ámbito político que permite a esta línea de pensamiento una aproximación al ideal de la democracia directa. Según esta perspectiva, paralelamente al aumento de la participación política por parte de unos ciudadanos cada vez más informados, las TIC propiciarán las condiciones para la democracia directa debido a la desaparición progresiva de los intermediarios políticos. Dado el nivel tecnológico alcanzado, actualmente es posible articular institucionalmente una democracia directa basada en el voto electrónico en la que los intermediarios políticos pierdan el protagonismo de la democracia representativa: los intermediarios políticos ya no serán necesarios para conseguir información política, organizarla y transmitirla a los ciudadanos.

Esta perspectiva «tecnológica» aparece en un contexto en el cual, desde mediados de los años sesenta, se habla de la crisis de la democracia representativa y de su progresiva pérdida de legitimidad a causa de los problemas derivados del principio delegativo que rige este modelo de democracia (i.e. el «problema de la agencia»): en las democracias representativas las decisiones políticas son aprobadas e implementadas por unos *agents* con una función de utilidad que muchas veces difiere de la de los ciudadanos-votantes (o *principals*). Este problema de agencia provoca la insatisfacción ciudadana con los procedimientos y resultados políticos, descrédito de los partidos políticos, distanciamiento entre los representantes y los representados... En este contexto, la perspectiva optimista considera que las TIC posibilitan la «reinvención» de los procesos democráticos, ya que proporcionan soluciones técnicas de fácil implantación con las que atacar estos problemas de carácter político.

Pese a que el modelo de democracia directa al que hace referencia el conjunto de esta literatura es ciertamente un *desideratum*, sus supuestos básicos pueden establecerse con precisión: la concepción clásica de la democracia directa se refiere a «un régimen en el que la totalidad de ciudadanos adultos debaten y votan sobre las cuestiones políticas más relevantes y en el que su voto determina la acción que hay que tomar» (Budge, 1996). Se entiende que en una democracia directa el poder de decisión está en manos de los ciudadanos sin que opere mediación alguna por parte de los intermediarios políticos: las propuestas políticas se someten a la soberanía popular para la discusión pública y la posterior toma de decisiones en una especie de «referéndum perpetuo». Como consecuencia, el gobierno pasa a tener un papel puramente administrativo, de implementación estricta de las decisiones políticas. En una democracia directa desaparece el problema de la agencia, ya que no existe diferenciación alguna entre representantes y representados, y por tanto, desaparece el principio delegativo que sustenta el edificio de la democracia representativa.

Esto es posible porque las TIC eliminan las dificultades físicas relativas al espacio y al tiempo (elementos físicos que han servido para la construcción de argumentos contra la articulación práctica de la democracia directa) y porque sus potencialidades comunicativas permiten la desaparición de la asimetría en la disponibilidad de la información política. Con la aplicación política de las TIC se cumplirá uno de los requisitos que demanda el principio democrático: la igualdad real y efectiva de todos los participantes. La generalización y la descentralización del acceso a la información política provocado por las TIC posibilitará el *empowerment* individual, la ciudadanía activa y, cosa más importante, el debate político para la definición colectiva y consensuada de las políticas fundamentales.

Resulta evidente que en la base del modelo de la democracia directa está el concepto de democracia deliberativa. En este sentido, se entiende que la democracia directa derivada de la aplicación de las TIC a los procesos políticos actuales favorecerá el intercambio de opiniones y se alejará de aquella concepción de la democracia como simple mecanismo para la agregación de los intereses individuales mediatizada por los intermediarios políticos. En definitiva, el uso de las TIC minimizará lo que Buchanan y Tullock denominan los «costes externos» de las reglas de decisión. En aquellas situaciones en que la información necesaria para tomar la decisión colectiva esté distribuida uniformemente entre los individuos (circunstancia favorecida por las TIC) una decisión centralizada en manos de un grupo seleccionado de representantes será ineficiente si se compara con una decisión tomada por la totalidad de la población, ya que desaparece el riesgo de que determinados intereses individuales queden marginados de la decisión (Buchanan & Tullock, 1980).

Según la tesis populista, el aumento de la calidad y del volumen de la información política disponible y la consiguiente participación en el debate político por parte de los individuos implicará un aumento de la calidad democrática de las decisiones colectivas y un aumento de su grado de legitimidad puesto que serán decisiones tomadas directamente por los individuos. Las TIC invalidarán la afirmación según la cual los individuos son racionalmente ignorantes en materia política porque los costes asociados a la obtención de información superan con mucho la utilidad esperada derivada de su acción política.

A continuación se ofrece una crítica a este argumento que huye de la crítica realizada desde el elitismo. La crítica elitista al modelo de la democracia directa discute la capacidad de los ciudadanos para la toma de decisiones políticas: los individuos no disponen de los recursos necesarios ni están interesados en participar en unas decisiones políticas sobre unos temas cada vez más complejos. Según la crítica elitista, la democracia directa no estaría basada en *individual reasoned choices* debido a la incapacidad de los individuos para realizar este tipo de elecciones. Desechamos la crítica elitista porque en última instancia implica un argumento contra los mecanismos democráticos basado en la presunta incompetencia política de los individuos. Los estudios empíricos demuestran que las decisiones tomadas a través de mecanismos de democracia directa no difieren demasiado de las decisiones tomadas por los representantes políticos. Además, desde un punto de vista lógico cabe preguntarse si estos mismos individuos *ill-informed* y desinteresados estarían capacitados para escoger a sus representantes.

2.1. Los intermediarios y los costes de transacción políticos

El corolario que sigue al modelo clásico de la democracia directa es la desaparición de los intermediarios políticos: gracias a las potencialidades de las TIC, en una democracia directa los intermediarios políticos pierden su razón de ser tradicional debido a que ya no son necesarios como generadores, transmisores, interpretadores y distribuidores de la información política. Según la perspectiva optimista, las TIC resultan un medio óptimo para proporcionar a los individuos toda la información necesaria para la deliberación y la toma de decisiones políticas. Sin embargo, si concebimos la democracia directa como un tipo muy especial de intercambio destinado a la adopción de decisiones colectivas (análogo al intercambio económico que se produce en el mercado), este argumento pierde toda su fuerza cuando se analizan los «costes de transacción» políticos derivados de los procesos de toma de decisiones colectivas.

Efectivamente, en la base conceptual del modelo clásico de la democracia directa que consideramos operan los mismos supuestos que caracterizaban a la economía neoclásica: racionalidad instrumental de los agentes, información completa y mercados eficientes. Si, y sólo si, se cumplieran estas condiciones sería posible la democracia directa. En una democracia directa y deliberativa en la que las decisiones se toman por consenso, «los costes de la toma de decisiones –o costes internos– resultan demasiado elevados con relación a las posibles reducciones de los costes externos que la acción colectiva podría producir» (Buchanan & Tullock, 1980). Es decir, tras la deliberación, las decisiones políticas pueden ser muy inclusivas pero los costes de adopción efectiva de estas decisiones serían tan elevados que precisamente las impedirían. Dicho en otros términos, el punto débil de la proposición optimista según la cual las TIC posibilitarán la articulación de una democracia directa es precisamente que no contempla la existencia de los costes de transacción políticos.

En términos económicos, los costes de transacción denotan los costes asociados al contacto (disponer de la información necesaria para establecer con quién y con qué objeto se pretende el intercambio), al contrato (alcanzar un acuerdo y realizar efectivamente el intercambio) y al control (asegurar que el acuerdo se hace efectivo en los términos establecidos en el contrato). Si estos costes de transacción son muy elevados, pueden impedir que el simple mecanismo del mercado actúe eficientemente y no se producirá el intercambio. Precisamente, la explicación para la existencia de muchas instituciones de carácter económico es su capacidad para reducir los costes de transacción, ya que reducen la incertidumbre en torno a estas categorías (Coase, 1937; North, 1990). En este sentido, uno de los impactos más claros de las TIC en el ámbito económico ha sido que permiten una clara reducción de los costes de transacción, ya que éstos están estrechamente asociados al entorno físico que contextualiza el intercambio. ¿Pasa lo mismo en la esfera política?

En el ámbito político, los costes de transacción son los costes asociados a la obtención de la información, a la negociación política (o procedimientos que permiten alcanzar una decisión colectiva) y a las garantías necesarias para el cumplimiento de los acuerdos políticos (o evitar la aparición de *free-riders*). En realidad, los costes de transacción en la esfera política son mucho más importantes que en el ámbito económico (Dixit, 1998).

En primer lugar, en muchas ocasiones la información disponible está lejos de ser completa: más allá de las asimetrías en la información, hay serias dificultades para comprender el alcance de los temas discutidos y para conocer las consecuencias individuales de las decisiones colectivas alcanzadas. De la misma forma, las preferencias sinceras de los individuos y su capacidad real de compromiso también pueden ser desconocidas.

En segundo lugar, el número de agentes participantes es muy elevado (en su formulación clásica el modelo de la democracia directa contempla la participación en las deliberaciones y en la toma de decisiones de toda la población adulta) con lo que aumentan las dificultades para llegar a acuerdos consensuados.

En tercer lugar, en el ámbito político existen más posibilidades para que los individuos tengan comportamientos y estrategias oportunistas (*free-riders*) que dificulten la aplicación efectiva de lo acordado.

En definitiva, la naturaleza colectiva característica de los procesos políticos (que se refleja en los «artículos» que se intercambian –por ejemplo, votos por promesas electorales) provoca que los costes de transacción de los «mercados políticos» sean especialmente elevados con lo que estos mercados resultan ser imperfectos e ineficientes. En términos económicos, los mercados políticos son situaciones de riesgo en las que no puede establecerse una relación clara entre acciones y resultados.

La idea de una democracia directa generadora de equilibrios políticos eficientes a través de la deliberación es un constructo directamente tomado de la concepción neoclásica de la economía basada en la idea de que los ciudadanos disponen de información completa sobre los temas políticos y que pueden evaluar con exactitud las distintas alternativas en relación con su bienestar particular. En realidad, el modo de representación política que caracteriza la democracia directa dificulta enormemente la posibilidad de negociación y de compromiso político (Held, 1992). Y esta afirmación resulta ser cierta pese a la aplicación extensiva de las TIC en los procesos democráticos.

Ciertamente, las TIC podrían llegar a reducir los costes de transacción asociados a la obtención de información política (argumento que ya ha sido analizado) pero esta circunstancia no se da en los costes de transacción vinculados a la negociación de las decisiones colectivas y al *enforcement* de los contratos políticos. Pese a la introducción de las TIC, los mercados políticos siguen siendo ineficientes con lo que son necesarios mecanismos correctores. Es indudable que los intermediarios políticos juegan este papel.

En primer lugar, los intermediarios políticos reducen los costes asociados a la obtención de la información política dado que ofrecen «paquetes homogéneos» de información que permiten a los individuos identificar su posición ideológica y reconocer cuáles son sus preferencias en relación con los temas presentes en la agenda. Esta información ofrece pistas a los individuos para evaluar las distintas alternativas políticas en función de las consecuencias que creen que derivarán de las diferentes acciones políticas. Como expresan Lupia y McCubbins, los intermediarios políticos son las claves que permiten una elección política razonable (*reasonable*) por parte de los individuos (Lupia & McCubbins, 1998).

En segundo lugar, la actividad de los intermediarios políticos –particularmente la de los partidos– en el seno de las instituciones facilita la coordinación y la adopción de decisiones colectivas debido a que suponen una reducción del número de individuos que protagonizan los intercambios políticos y debido a que ordenan y limitan enormemente el número de temas sobre los que es necesario llegar a acuerdos.

En tercer lugar, los intermediarios políticos pueden asegurar el cumplimiento de los contratos políticos debido a que su estructura organizativa, basada en cierto grado de disciplina interna, establece mecanismos para castigar los comportamientos oportunistas de los individuos (*free-riding*) hasta el punto de expulsarlos del mercado político, de la misma manera que los individuos informados pueden castigar electoralmente las desviaciones con respecto a la ordenación de preferencias expresada por los partidos.

En resumen, la literatura optimista preconiza la desaparición de los partidos como los principales intermediarios políticos de las democracias representativas porque atribuye a los partidos una mera función de movilización y de propagación y organización de la información política en un (supuesto) mercado político eficiente. Sin embargo, como se ha observado, los partidos políticos son esenciales porque reducen los costes de transacción asociados a la obtención de información, negociación y control de los acuerdos políticos.

Por otra parte, la democracia directa articulada a través del uso intensivo de las TIC paradójicamente transformaría los procedimientos democráticos en un simple mecanismo para agregar preferencias individuales, evitando el debate político que tiene lugar en las instituciones representativas actuales. Las TIC favorecen la comunicación binaria instantánea, no fomentan la deliberación ni la búsqueda del consenso necesarios para la democracia directa; es más, la estructura proactiva de las TIC se convierte en un serio obstáculo para fijar la atención en argumentos distintos a los propios, de manera que las TIC permiten evitar fácilmente la confrontación y el contraste de pareceres (elementos fundamentales para una verdadera discusión y deliberación). En este sentido, Sunstein (2003) destaca el efecto polarizador de unas TIC que «protegen» a los individuos de los argumentos contrarios a sus posiciones iniciales. En conclusión, las TIC no modifican las condiciones de la deliberación política de manera que permitan la práctica de la democracia directa.

Finalmente, cabe recordar que el supuesto básico que justifica la democracia directa mediante la existencia de individuos informados y participativos políticamente gracias a las TIC, es empíricamente erróneo. Como ya se ha argumentado, las TIC no aumentan las capacidades comunicativas de los individuos ni tampoco su interés por la política. Dicho en otros términos, el mero hecho de la aparición de las TIC no implica que los individuos se conviertan automáticamente en animales políticos. En realidad, como ya se ha señalado, los estudios empíricos demuestran que las TIC no generan más interés o implicación en los procesos políticos por parte de los individuos que no participaban anteriormente, sino que precisamente hacen más activos a los políticamente activos (Gibson & Ward, 1999).

3. Conclusiones

De la discusión anterior se derivan al menos tres conclusiones. Primero, las TIC no acabarán con la división del trabajo dentro de la política. Seguirá habiendo una minoría especializada en los procesos relacionados con la política y una mayoría no especializada para la cual la política será un ámbito periférico en su esfera de actividad.

Segundo, las TIC no abaratarán tanto los costes de la participación política como para diluir las diferencias entre estos dos grupos. Seguirá habiendo formas relativamente «baratas» de participación, como la participación electoral, y formas «caras» de participación, como el activismo político o la acción de los grupos.

Finalmente, de lo expuesto no debe concluirse que las TIC no tendrán efectos sobre los procesos políticos de la democracia representativa. De hecho, el ámbito en el que las TIC podrían tener un impacto más significativo afecta a las formas «caras» de participación. Como hemos señalado, Internet no elimina los costes de la información política para el ciudadano común ni disminuye las ventajas que los grandes empresarios políticos siguen teniendo en este mercado, pero podría muy bien reducir las barreras de entrada al mercado de la política para los pequeños empresarios políticos. Tanto el acceso descentralizado como la interactividad característica de Internet reducen los costes de entrada al mercado de la política para el agitador o el activista político. Este hecho puede contribuir a aumentar la oferta política y a democratizar el mercado de las elites políticas.

En la medida en que Internet también reduce los costes de coordinación de la acción política, el efecto combinado de un menor coste de entrada en el mercado político y la reducción de los costes de coordinación podría provocar una «intensificación» de la acción de los grupos. Esto daría lugar a lo que algunos autores han destacado como el rasgo que caracterizará la política en la era de Internet: un pluralismo acelerado (*accelerated pluralism*) (Bimber, 1998) Desde esta perspectiva, Internet acelerará la aparición y desaparición de los grupos y su principal efecto en la política se verá en la intensificación de la actividad de los mismos.

Bibliografía

ARROW, K. (1951). *Social choice and individual values.* New Haven: Yale University Press.

BARBER, B. (1984). *Strong democracy: participatory politics for a new age.* Berkeley: University of California Press.

BIMBER, B. (1998). «The Internet and Political Transformation: Populism, Community, and Accelerated Pluralism». *Polito.* Vol. 31, n.º 1, pág. 133-160.

BUCHANAN, J.; TULLOCK, G. (1980). *El cálculo del consenso: fundamentos lógicos de una democracia constitucional.* Madrid: Espasa-Calpe.

BUDGE, I. (1996). *The new challenge of direct democracy.* Cambridge: Polity Press.

COASE, R. H. (1937). «The nature of the firm». *Economica.* N.º 4, pág. 386-405.

COASE, R. H. (1960). «The problem of social cost». *Journal of law and economics.* N.º 3, pág. 1-44.

DIXIT, A. K. (1998). *The making of economic progress. A transaction-cost politics perspective.* Cambridge: The MIT Press.

DOWNS, A. (1973). *Teoría económica de la democracia.* Madrid. Aguilar.

GIBSON, R. K.; WARD, S. J. (1999). «Political participation and the Internet in Europe: Who wants and "wants-not" to engage in on line debate». Documento presentado en el congreso anual de la Political Science Assotiation. Nottingham.

HELD, D. (1992). *Modelos de democracia.* Madrid: Alianza.

HILL, K. A.; HUGHES, J. E. (1998). *Cyberpolitics: Citizen Activism in the Age of the Internet.* Lanhan: Rowan & Littlefield.

LUPIA, A.; McCUBBINS, M. D. (1998). *The democratic dilemma: can citizens learn what they need to know?* Cambridge: Cambridge University Press.

MARGOLIS, M.; RESNICK, D. (2000). *Politics as usual: The Cyberespace «Revolution».* Londres, Sage.

McLEAN, I. (1989). *Democracy and new technology.* Cambridge: Polity Press.

NORRIS, P. (1999). «Who Surfs Café Europa? Virtual Democracy in the US and Western Europe». Cambridge: Harvard University, J.F.K School of Government.

NORRIS, P. (2001). *Digital Divide.* Nueva York: Cambridge University Press.

NORTH, D. (1990). «A transaction cost theory of politics». *Journal of Theoretical Politics.* N.º 2, pág. 355-67.

SHEPSLE, K. A. (1989). «Studying institutions: some lessons from the rational choice approach». *Journal of Theoretical Politics.* N.º 1, pág. 131-49.

SUSTEIN, C. (2003). *Republic.Com.* Barcelona: Paidós.

WEINGAST, B.; MARSHALL, W. J. (1988). «The industrial organization of Congress; or, Why legislatures, like firms, are not organized like markets». *Journal of Political Economy.* N.º 96, pág. 132-63.

Propuestas para mejorar la protección de los consumidores en el comercio electrónico

*Santiago Cavanillas Múgica**

Introducción

Esta ponencia constituye una "carta a los reyes", término con el que se suele aludir en el sector público a la recogida por parte de los órganos decisorios de los desiderata de los órganos inferiores o administrados. El tono peyorativo que recibe alude a que normalmente no existen recursos públicos disponibles con que hacer frente a todos los deseos expresados. Esta circunstancia no empaña el valor de las "cartas a los reyes", pero a su escasa factibilidad de presente, como guías orientadoras acerca de los valores en germinación y los nuevos principios emergentes. Éste es, pues, el sentido de esta ponencia y por ello debe leerse más como un conjunto de señales y direcciones que de exigencias actuales.

Los primeros capítulos se dedicarán a recorrer el iter comercial (antes de la contratación, en la contratación, entre el pedido y la entrega, tras la entrega y en caso de reclamación o conflicto) en busca de esas necesidades o utilidades del consumidor que aún no constituyen ni regla jurídica ni práctica comercial común. Una vez expuesta esta selección nada exhaustiva de propuestas, examinaremos en un último apartado con qué herramientas de regulación y autorregulación conviene o es previsible que se satisfagan.

---

* Reproducción del artículo publicado en *IDP. Revista de Internet, Derecho y Política*, núm. 2 (2006) < http://www.uoc.edu/idp/2/dt/esp/cavanillas.pdf>

1. Algunas propuestas para el periodo previo a la contratación (publicidad y promoción)

Aunque podría pensarse que es el correo electrónico el principal canal donde cabría formular propuestas destinadas a reducir y controlar el *spam* o correo basura, voy a centrar mis comentarios en otra herramienta no menos útil para el consumidor: la navegación a través de páginas web. Podemos clasificar las propuestas en aquellas destinadas a evitar la navegación engañosa y aquellas que se orientan a las molestias en la navegación.

Como primera propuesta creo que habría que desterrar cualquier práctica que haga que el consumidor sea conducido en su navegación a donde no quiere o no espera. Es esto lo que ocurre, al menos, en los siguientes casos: a) el texto de un enlace resulta equívoco, engañoso; al hacer clic en el mismo, el consumidor se encuentra en una página distinta a la que anunciaba el texto del enlace; b) los *pop-ups* o *banners* presentan elementos de interacción engañosos; por ejemplo, presentación de falsos cuadros de cierre de una página o falsos espacios para la ejecución de una búsqueda que, en realidad, son meras zonas hiperenlazadas que dirigen al incauto consumidor a donde éste no pretendía; c) las ofertas-gancho de ciertos productos a precios de ganga, destinadas a dirigir al consumidor a una tienda virtual donde descubrirá las limitaciones esenciales que afectan a la oferta en cuestión.

No faltan elementos en nuestro derecho con los que hacer frente a dichos problemas, por lo que, en este caso, lo que propongo es exclusivamente "afilar" la instrumentación jurídica disponible para hacerla útil al consumidor.

En primer término tenemos la concepción amplia de publicidad que emplea nuestro derecho. Según la Ley General de Publicidad, es publicidad toda forma de comunicación que promueva, directa o indirectamente, la contratación de productos o servicios. Por lo tanto, el régimen de acciones y sanciones que establece la ley tanto puede aplicarse a la publicidad que engaña sobre las cualidades de un producto o servicio, como a la que engaña para acercarnos a un establecimiento comercial o, en Internet, nos engaña en la navegación. No me parece discutible que los tres ejemplos antes mencionados, en caso de emplearse con propósitos comerciales, constituyen formas de comunicación que intentan promover directamente la contratación de bienes o servicios, dirigiendo mediante engaño al consumidor a donde se considera que puede ser seducido comercialmente.

En segundo lugar, hay que recordar que no sólo la legislación general exige que la publicidad de las promociones comerciales contenga una información básica (la duración, por ejemplo, según el art. 19.2 de la Ley de Ordenación del Comercio Minorista), sino que la LSSICE incrementa los contenidos informativos al exigir, en mi opinión, que consten también los datos de la persona anunciante y el carácter de la promoción (oferta promocional, saldo, etc.).

Pasemos, entonces, del engaño en la navegación a la molestia en la navegación. La propuesta, en este caso, va orientada a la necesidad de fijar límites en la molesta interferencia en la navegación mediante *pop-ups*, páginas intersticiales, etc. Más aún, mi propuesta va aún más lejos, pues en nuestro derecho lo que creo que falta por construir, legislativa, jurisprudencial y doctrinalmente, es un principio general de prohibición de la publicidad excesivamente molesta, entrometida. Algunas manifestaciones de tal principio afloran aquí y allá: prohibición de las comunicaciones comerciales no consentidas (*spam*) o de las llamadas automatizadas, limitaciones en los tiempos y formatos de la publicidad en televisión, etc. Sin embargo, no acaba de reconocerse el derecho del consumidor a no ser molestado como uno de los intereses en juego, de importancia creciente, en muchos otros campos, como el de la venta a domicilio (regulada, pero autorizada), las llamadas telefónicas no automatizadas (sector floreciente del marketing directo y, sin embargo, especialmente incisivo y molesto para la tranquilidad doméstica de los consumidores.[1] Creo, por tanto, que el asunto merece una reflexión a fondo y que ha de ser dentro de la misma donde encuentre su justa medida la publicidad, imbricada o superpuesta, en la web.

Con lo que pasamos a la siguiente etapa: motivado o no por la comentada publicidad, el consumidor entra en una tienda virtual para hacer su pedido.

1 Entre la preparación de este texto para su presentación como conferencia y su publicación escrita, se ha aprobado el Real Decreto 424/2005, de 15 de abril, por el que se aprueba el Reglamento sobre las condiciones para la prestación de servicios de comunicaciones electrónicas, el servicio universal y la protección de los usuarios, cuyo art. 69 establece un sistema de opt-out para este tipo de llamadas), etc.

Nota del Editor: la referencia debe entenderse a su publicación en la Revista IDP en 2006.

2. Algunas propuestas para el momento de hacer el pedido en un comercio virtual

No voy a entrar en un análisis material de los derechos de que es poseedor el consumidor que ha formulado su pedido en un comercio virtual. Son bien pocos: a consecuencia del fenomenal lío que ha organizado la LSSICE en torno a la naturaleza del pedido y el acuse de recibo, ni siquiera se sabe si tiene algún derecho o si se ha limitado a dirigir una oferta al comercio, que no compromete a éste hasta que lo acepte; si resulta de aplicación la Ley de Ordenación del Comercio Minorista, parece que el consumidor ostenta un derecho a la entrega en el plazo máximo de treinta días, pero lo cierto es que el comercio puede desentenderse de su compromiso con la sola manifestación –que pocos consumidores se atreverán o tomarán el trabajo de contestar– de que se le ha agotado el producto solicitado.

Decía que el consumidor tiene poco, pero lo que es peor y en ello me voy a centrar, es que ese poco que tiene el consumidor es "calderilla probatoria", lo que hace más que comprometida la tutela judicial de ese "poco jurídico" del que disfruta el consumidor.

En efecto, por más que la LSSICE y la legislación procesal se pronuncien a favor de la admisión en juicio de pruebas en soporte electrónico, lo que debe preocupar al consumidor no es la admisión de un correo electrónico o el documento *html* de una página web sino su valoración, su apreciación por el juzgador. Y aquí es donde nos encontramos con que, por su fácil, barata e indetectable manipulabilidad, los documentos mencionados en soporte electrónico –como su impresión en papel por el propio consumidor, que no añade nada– se sitúan en el grado más bajo de la escala de la verosimilitud.

Esta debilidad probatoria resulta especialmente llamativa porque contrasta con una constante del derecho del consumo: el propósito del legislador de "armar probatoriamente" al consumidor. Cabe observar, para empezar, que la práctica totalidad de las leyes especialmente orientadas a la protección del consumidor ordenan formalizar los contratos por escrito: Ley de Viajes Combinados, Ley de Crédito al Consumo, Ley de Protección de los Consumidores en el caso de Contratos Celebrados fuera de los Establecimientos Mercantiles, Ley sobre Derechos de Aprovechamiento por Turno de Bienes

Inmuebles de Uso Turístico y Normas Tributarias, etc. Pero no sólo eso. Con carácter más general, aunque con la deficiente técnica legislativa que la caracteriza, la Ley General para la Defensa de Consumidores y Usuarios reconoce al consumidor el derecho a que se le entregue "recibo justificante, copia o documento acreditativo de la operación, o en su caso, de presupuesto debidamente explicado".

Con estos antecedentes, ¿qué escribiríamos en nuestra "carta a los reyes" para una mejor protección del consumidor en el comercio electrónico? Sencillamente, que: a) el acuse de recibo tenga un carácter recapitulatorio y recoja todos los extremos contractuales que afectan al pedido del consumidor y b) que sea firmado con firma electrónica avanzada o que, al menos, se ofrezca esta posibilidad al consumidor.

Mejorada de esta manera la posición del consumidor cuando realiza su pedido, podemos pasar al siguiente momento o etapa: la que se extiende desde la realización del pedido hasta el cumplimiento del contrato.

3. Algunas propuestas para el periodo que va desde el pedido hasta la ejecución del contrato

Como primera propuesta vaya que, aprovechando que el comercio tiene posibilidades de contactar electrónicamente con el consumidor (en la mayoría de los casos, dispondrá de su correo electrónico), se emplee esta facilidad informativa para comunicar al consumidor cuantas incidencias afecten a su pedido y, finalmente, el envío del producto o productos solicitados.

En la misma línea, considero que favorecería los intereses de los consumidores que se les reconociera el derecho a ser consultados en caso de que su pedido sufra cualquier modificación y antes de proceder al envío. No todos los productos que se incluyen en un pedido tienen la misma importancia para el consumidor. Es frecuente que su compra tenga como objetivo principal un producto determinado –pongamos, un libro– pero que, en igualdad de portes, complete su pedido con otros productos de menos interés –un par de CD, por ejemplo. Si no está disponible el producto preferido –el libro– y no se ofrece la posibilidad de rectificar o anular la compra, sino que, en el mismo mensaje en el que se le comunica la indisponibilidad temporal o definitiva, se le informa del envío de los productos restantes –los CD "de relleno"–, el consumidor se ve perjudicado: compra unos CD que nunca habría adquirido al precio resultante (el de los CD más los portes). Evidentemente, no cubre este perjuicio del consumidor el derecho de arrepentimiento, puede supone añadir el doble coste de los portes del reenvío y de la molestia de tener que proceder al mismo.

Como última propuesta, muy relacionada con la anterior, no debería procederse al cargo en la tarjeta de crédito del consumidor hasta que se esté procediendo al envío del pedido, especialmente en aquellos comercios que no garanticen la disponibilidad de su catálogo.

4. Algunas propuestas para el periodo posterior a la ejecución del contrato

La ejecución del contrato no agota la relación contractual ni los deberes del comercio virtual. Y no me refiero a la responsabilidad por cumplimiento defectuoso o al régimen de saneamiento, sino un deber de atención e información al cliente.

Un deber positivo de atención postcontractual forma parte de los contratos de prestación de servicios de tracto continuado, pero también de los contratos de tracto único, como la compraventa. De ahí, por ejemplo, que el RD 1803/2003, sobre Seguridad de Productos, establezca deberes a cargo de fabricantes y suministradores, consistentes tanto en recabar información sobre los riesgos de los productos puestos en el mercado, como en, como medida mínima, informar al consumidor acerca de los riesgos detectados; o que el art. 12.3 de la Ley de Ordenación del Comercio Minorista establezca que "el productor o, en su defecto, el importador garantizará, en todo caso, frente a los compradores la existencia de un adecuado servicio técnico para los bienes de carácter duradero que fabrica o importa, así como el suministro de piezas de repuesto durante un plazo mínimo de cinco años a contar desde la fecha en que el producto deje de fabricarse".

Pues bien, dado que en buena parte de la contratación electrónica (y muy particularmente, en la contratación electrónica de servicios de la sociedad de la información) esta fase postcontractual se desarrolla en Internet, sería preciso establecer estándares para los servicios de atención al cliente: temporales (rapidez de respuesta), cualitativos (ajuste a las necesidades del cliente), de "cortesía" (acuse de recibo automatizado de la solicitud), etc. La dificultad, complejidad y tiempo necesarios para darse de baja de un servicio no deberían ser superiores a los necesarios para darse de alta, salvo que lo justifiquen motivos razonables. ¿Cómo puede ser, por ejemplo, que el alta en un servicio de promociones comerciales –*opt-in*– no exija ninguna comprobación de la identidad del usuario y la baja del servicio se condicione al uso de una contraseña que el usuario recibió en su primera conexión y que con casi total seguridad ha olvidado?[2]

En fin, con esto termina lo que podríamos denominar, el ciclo comercial. Queda, sin embargo, un importante apartado, generalmente el más amargo para el consumidor. Me refiero a la eventualidad de que no haya acuerdo sobre la ejecución del contrato y que se produzca una solución de conflicto que sólo pueda resolver una instancia distinta de las propias partes enfrentadas.

5. Algunas propuestas sobre protección del consumidor en caso de conflicto

Solemos distinguir los civilistas tres especies de incumplimiento: el total o absoluto (no se entrega el objeto comprado), el defectuoso (se entrega, pero el objeto no es o resulta no ser conforme) y el moroso (se entrega, pero tardíamente). Naturalmente, con relación a las tres podrían hacerse propuestas, pero guiándome del carácter selectivo y ejemplificador de la presente "carta a los

1 Entre la preparación de este texto para su presentación como conferencia y su publicación escrita, se ha publicado el Real Decreto 424/2005, de 15 de abril, por el que se aprueba el Reglamento sobre las condiciones para la prestación de servicios de comunicaciones electrónicas, el servicio universal y la protección de los usuarios, cuyos art. 102 y ss. dan respuesta, en parte, a las necesidades del consumidor a que me acabo de referir.

Reyes", aludiré solamente a las dos primeras especies de incumplimiento: el incumplimiento absoluto y el cumplimiento defectuoso.

La falta de entrega del producto solicitado constituye uno de los mayores temores del consumidor electrónico, especialmente cuando se trata de un comercio no contrastado (para él, se entiende) y el pago se produce mediante cargo en la tarjeta de crédito del consumidor.

La propuesta es tan sencilla como "radical": admitir la oponibilidad de la excepción de incumplimiento contra la entidad emisora de la tarjeta de crédito. Obsérvese que la regla se limitaría al incumplimiento absoluto (no al defectuoso, que suele producirse en un momento más tardío de la relación contractual y ser además más "contestable", matizable) y que, naturalmente, el consumidor arrostraría las consecuencias de ser su pretensión infundada (en los mismos términos que ahora establece el art. 46 de la Ley de Ordenación del Comercio Minorista).

La actual legislación española (art. 46 Ley de Ordenación de Comercio Minorista) sólo admite explícitamente la oponibilidad de dos excepciones: la de no haber efectuado el pedido (en cuyo caso puede decirse que el pago ha "sido cargado fraudulenta o indebidamente utilizando el número de una tarjeta de pago") y, con menos claridad, la de haber ejercitado el derecho de arrepentimiento. Sin embargo, en ambos supuestos es posible encontrar pie (torcido en un caso, interpretativo en el otro) para permitir que el consumidor oponga a la entidad emisora de la tarjeta la excepción de incumplimiento definitivo.

La vía torcida consistiría en emplear el argumento de que el cargo ha sido fraudulento por no haberse realizado (o no, por el consumidor mismo) la pretendida operación. En todos aquellos casos en que la operación y cargo en la tarjeta no requiere ninguna identificación del consumidor, la única prueba con que cuenta el comercio es precisamente el acuse de recibo o justificante de entrega de la mercancía, que, por definición, falta en estos casos de incumplimiento absoluto. No podemos, desde aquí, recomendar una solución basada en una mentira, un fraude del consumidor defraudado, pero dicho queda.

La otra vía –ésta sí legítima– consistiría en entender que si el consumidor puede usar su derecho de arrepentimiento –y oponerlo a la entidad emisora de la tarjeta– en el plazo de siete días desde la recepción del bien comprado, a fortiori ha de poder emplearlo antes de que empiece a discurrir dicho plazo y siempre que se haya producido el incumplimiento absoluto en los plazos que fija el art. 43 de la Ley de Ordenación del Comercio Minorista.

Pasando ahora a la otra especie de incumplimiento –cumplimiento defectuoso–, hemos de partir del elevado nivel de protección que la Ley sobre Garantías en la Venta de Bienes de Consumo otorga al consumidor y del dato de que el peso principal de la regulación recae sobre las espaldas del comerciante vendedor.

Ahora bien, de poco sirven estos derechos si no van acompañados de la amenaza de una respuesta administrativa y judicial factible. En la línea de una mayor coordinación administrativa en las reclamaciones transfronterizas viene trabajando la Comisión Europea con ahínco y probablemente veamos avances consistentes en los próximos años. En cuanto a la disponibilidad por el consumidor de amparo judicial para sus derechos, me parece que, de lejos, el mayor inconveniente se encuentra en la frecuente necesidad de litigar fuera de su domicilio. Dos palabras sobre este tema, que, como es obvio, presenta su mayor conflictividad en el comercio electrónico.

Vaya por delante que creo que lo más eficaz para el consumidor es un sistema alternativo arbitral y de mediación, ágil, sencillo y operativo electrónicamente. Del mismo modo, me parece atendible el argumento de los comerciantes –de comercio electrónico en particular– acerca de la dificultad y coste que supondría la carga de litigar en el foro del domicilio de cada uno de sus compradores.

Sin embargo y desde un punto de vista de política legislativa, tal vez deba acabar replanteándose la conveniencia de otorgar estatutariamente al consumidor el derecho a litigar en el foro de su domicilio. No en el seno de un análisis de costes, sino en el de una medida dirigida a promover el mencionado sistema alternativo de mediación y arbitraje. A falta de suficientes estímulos para que los comerciantes se adhieran a dicho sistema, colocarlos en el brete de tener que litigar en el foro del consumidor añadirá un motivo consistente para dicha adhesión. Si el comerciante no ve la necesidad de incorporarse a estos sistemas alternativos por razones de imagen o competencia, la adopción de la mencionada medida sobre competencia territorial introduciría un nuevo interés: abaratar costes.

Con todo, no me parece que haya llegado el momento para ello. Durante los próximos años, los sistemas alternativos, con sus actuales estímulos, tendrán su oportunidad. De que la aprovechen, es decir, de que se generalice su uso depende, en mi opinión, que no sea preciso buscar remedios más expeditivos, como el que acabo de mencionar.

Así termina la primera parte de esta ponencia, dedicada a entresacar algunas propuestas que mejoren la posición del consumidor en el comercio electrónico. Veremos ahora con qué herramientas pueden ser atendidas dichas propuestas. Presentada la "carta a los Reyes", veamos ahora si los Reyes existen y cómo se llaman.

6. ¿Cómo? ¿Con qué herramientas atender estas propuestas?

Adelanto la idea principal: todas las propuestas mencionadas y otras tantas que han quedado en el tintero pueden y deben atenderse con una combinación de herramientas.

En primer término tenemos las herramientas tecnológicas. La tecnología, sin duda, crea problemas, pero también ayuda a resolverlos. Un ejemplo: los molestos pop-ups que hemos mencionado antes van "pereciendo" en manos de los sistemas de bloqueo que incorporan las últimas versiones de los navegadores. Un deseo respecto de las soluciones técnicas: una mayor presencia de los consumidores (es decir, de las instituciones que los defienden) en las organizaciones que definen los estándares técnicos.

En segundo término, algunas de las propuestas señaladas pueden ser recogidas por un empresario y ser presentadas como elemento diferencial frente a la competencia. La "calidad jurídica" también es un factor competitivo. De ahí que algunas tiendas ofrezcan el derecho de arrepentimiento con un plazo más amplio o sin costes de reenvío, por mencionar un ejemplo.

Existen, en mi opinión, dos obstáculos que pueden frenar una sana competencia por mejorar los derechos del consumidor.

El primero reside en la escasa formación de los consumidores (en el conocimiento de los derechos), que puede hacer que no sean sensibles a las mejoras ofrecidas. Ello se acentúa si sumamos la peculiar idiosincrasia latina que hace del consumidor un optimista inveterado, que nunca se pone en lo peor, ni previene la posibilidad de que las cosas no pasen. Un consumidor "primario", en términos psicológicos, no es el mejor mercado para mejoras "jurídico-preventivas".

El segundo obstáculo lo pone el legislador. Éste, en efecto, ha sembrado nuestro derecho y muy especialmente, el comercio electrónico, de deberes informativos, de contenidos acerca de los cuales debe informarse al consumidor. La idea es que la información, en la sociedad de la información (redundancia provocada), apenas tiene coste, lo cual es cierto. Se produce, sin embargo, el coste de que, por inflación de información, no es fácil jerarquizar adecuadamente los mensajes dirigidos al consumidor. Dicho de otra manera, que en la selva informativa es muy difícil que el consumidor perciba la mejora diferencial que le ofrece el empresario.

No quiero llevar al lector a la conclusión de que el legislador es el único responsable del marasmo informativo. La mayoría de los comercios virtuales también ponen de su parte, cumpliendo con exceso el mandato legislativo, organizando inadecuadamente la información y añadiendo información superflua. ¿Cumplen el deber de transparencia, por ejemplo, aquellas condiciones generales que contienen párrafos y párrafos dedicados, por ejemplo, a explicar la génesis de la empresa, el currículo de su fundador y las perspectivas de crecimiento de la misma?

Seguimos con la exposición de herramientas.

Una herramienta del máximo interés es la autorregulación, concretada en los códigos de conducta. De hecho podemos decir que éste es el momento de la autorregulación, que es la herramienta de moda, la que está en el candelero. Pero precisamente por esto, hemos de alertar ante el riesgo de que pierda su oportunidad.

Algunas de las ideas mencionadas en esta propuesta ya tienen acogida en códigos de conducta. Por ejemplo, el art. 11.1 del "Código ético de comercio electrónico y publicidad interactiva" de *Confianzaonline*, dispone que "la publicidad en la world wide web no podrá impedir la libre o normal navegación del usuario en Internet".

En mi opinión, la autorregulación –y los códigos, en particular– perderían su oportunidad si incurrieran en dos tipos de defectos.

El primer defecto consistiría en reducir su contenido a la mera repetición de lo que la ley ya otorga a los consumidores. La función de los códigos no es educativa –ni de los consumidores ni de los empresarios–, sino la de otorgar a los consumidores mejoras efectivas y, por supuesto, exigibles. Por eso, aplaudo que el RD 292/2004, de 20 de febrero, regulador del distintivo público "Confianza en Línea" exija que figuren con precisión, como contenido mínimo de los códigos, "las garantías concretas que ofrecen a los consumidores y usuarios que mejoren o incrementen las reconocidas por el ordenamiento jurídico", "los compromisos específicos que asumen...", etc.

El segundo defecto que neutralizaría la utilidad de los códigos de conducta consistiría en entender que la función del código es solamente recoger un catálogo de buenas e inconcretas intenciones ("se intentará enviar lo antes posible", "se atenderá cortésmente al consumidor" y fórmulas del estilo). La expresión "código ético" ayuda poco a alejar este fantasma, por lo que, en mi opinión, debería arrumbarse. Véanse los requisitos expresados en el antes mencionado RD 292/2004 para comprender que un código de conducta no es ni un plan estratégico ni un catálogo de buenas maneras.

Terminamos con la última herramienta: la regulación. Que la presente como última herramienta pretende ser significativo, porque considero que debe regularse cuando se necesite. Es decir, que es un último recurso y que, antes de regular, el legislador ha de reflexionar sobre la conveniencia y necesidad de la regulación. Así no ocurrirá, como ocurre en materia de comercio electrónico, que el legislador disponga una regulación que es demasiado protectora para el usuario cuando es un empresario (B2B) y demasiado poco protectora cuando es un consumidor (B2C).

Pero, sobre todo, hago expreso un último ruego, una posdata de la carta a los Reyes: que cuando se legisle, se haga bien; no, más aún: que no se legisle si no se hace bien. El Derecho del consumo y el naciente derecho de la sociedad de la información están plagados de normativas inadecuadas, desacertadas. El Real Decreto 1906/1999, de 17 de diciembre, por el que se regula la contratación telefónica o electrónica con condiciones generales en desarrollo del artículo 5.3 de la Ley 7/1998, de 13 de abril, de condiciones generales de la contratación, constituye un paradigma pero no es el único ejemplo de norma poco o mal meditada. Legislar mal, en este campo, genera inseguridad jurídica, lo que, como poco, resta transparencia al mercado y genera falsas expectativas al consumidor y desánimo en el empresario que desea desarrollar su actividad conforme a Derecho.

E-información: hacia una nueva regulación del acceso a la información[1]

Agustí Cerrillo i Martínez[*]

1. Introducción

La información en poder de las administraciones públicas desempeña un papel fundamental en el desarrollo de la democracia y en la realización del quehacer diario no sólo de las administraciones públicas, sino también de los ciudadanos y de las empresas.[2]

La información no ha tenido a lo largo de la historia la misma relevancia ni reconocimiento jurídico. A pesar de situar nuestro análisis de la información administrativa en el marco de la sociedad de la información, no puede olvidarse que el acceso a la información ha evolucionado intensamente en las últimas décadas desde el reconocimiento formal del secreto como principio propio de la actuación de las administraciones públicas hasta el reconocimiento de derechos subjetivos de acceso a la información en poder de los poderes públicos y la creación de servicios de información administrativa que utilizan Internet como canal de difusión.

Las nuevas tecnologías de la información y la comunicación y, en general, las transformaciones propias de la transición hacia la sociedad de la información están ampliando enormemente la información en poder de los ciudada-

* Reproducción del artículo publicado en *IDP. Revista de Internet, Derecho y Política*, núm. 1 (2005) <http://www.uoc.edu/idp/1/dt/esp/cerrillo.pdf>

1 Este artículo constituye la comunicación presentada en el VI Congreso de la Asociación Española de Ciencia Política y de la Administración celebrado en Barcelona (septiembre 2003).

2 Es ilustrativo al respecto: COMISIÓN EUROPEA (1998). «La información del sector público: un recurso clave para Europa. Libro Verde sobre la información del sector público en la sociedad de la información». *COM.* [(1998) 585].

nos y están diversificando de forma importante, tanto cuantitativa como especialmente cualitativa, los mecanismos para su transmisión.

El objetivo de esta comunicación es exponer los resultados provisionales de una investigación que tiene por objeto analizar las transformaciones que está experimentando el acceso a la información pública por los ciudadanos en las últimas décadas –especialmente a partir de la incorporación de las nuevas tecnologías de la información y la comunicación– y proponer, ante ello, las líneas por las que debe evolucionar su regulación.

2. Administración pública y ciudadanos: una aproximación histórica

Está ampliamente aceptado que las administraciones públicas tienen un carácter histórico.[3] Desde la revolución francesa hasta nuestros días, se han atribuido a la Administración pública diferentes funciones y ha sido inspirada por diferentes principios que han condicionado su conceptualización y configuración.[4]

Un aspecto de las administraciones públicas que ha experimentado una intensa evolución, especialmente en las últimas décadas, es el relativo a sus relaciones con los ciudadanos. A efectos expositivos, podemos establecer tres estadios en el proceso evolutivo de las relaciones entre administraciones públicas y los ciudadanos en función del papel más o menos activo conferido a estos últimos: la administración burocrática, la administración recepticia y la administración en red.

2.1. Administración burocrática y secreto

El tipo ideal de burocracia, siguiendo a uno de sus principales valedores, el sociólogo alemán Max Weber, se basa en un esquema de organización racional centrado en las relaciones formales que deben regir el funcionamiento de una

3 M.S. GIANNINI (1987). *Premisas históricas del Derecho Administrativo*. Madrid: INAP.

4 E. GARCÍA DE ENTERRÍA (1972). *La administración española*. 3.a ed. Madrid: Alianza.

administración para asegurar su eficacia.[5] El modelo de administración burocrática consiste en una organización basada en un conjunto de funciones formales establecidas mediante reglas legales, racionales, escritas y exhaustivas, basado en los principios de legalidad y jerarquía.

La organización burocrática respondía a un tipo de dominación legal-racional, cuya legitimidad se basaba en la creencia en la legalidad de los reglamentos promulgados y del derecho, para el detentador del poder, de dar órdenes.[6] Ello llevaba a la necesidad de defender una administración pública cerrada, una administración pública que no tenía la necesidad de escuchar a los ciudadanos, ni tampoco convencerlos de sus acciones ni, por tanto, informarles de sus acciones.[7] Por tanto, una de las características de la administración burocrática era el secreto y el distanciamiento que, en general, existía entre la Administración y los ciudadanos.[8] Tal y como afirma Fernández Ramos, "el secreto administrativo cumple una clara función de separación de la Administración en relación con la sociedad, plenamente acorde con los postulados del Estado liberal de derecho".[9]

Siguiendo a Castells Arteche, el secreto de las administraciones públicas se había legitimado por múltiples razones.[10] Así, se encontraba latente cierta idea consistente en que, por medio de la ocultación de la mayor parte de información, se podía retener en el seno de la institución burocrática el tradicional sis-

5 Para WEBER "la burocracia es el tipo de organización social y administrativa que se desarrolla cuando los fundamentos de la autoridad son la racionalidad y el respeto a la autoridad" [M. WEBER (1991). *¿Qué es la burocracia?* Buenos Aires: Leviatan].

6 J. CHEVALIER; D. LOSCHACK (1986). *Ciencia Administrativa I*. Madrid: Instituto Nacional de Administración Pública, pág. 21.

7 E. MALARET i GARCIA (2001). «La Administración abierta». U.I. Menéndez-Pelayo [mimeo]. CASSESE hace referencia al paradigma bipolar para describir este modelo de relación entre la Administración pública y los ciudadanos basado en la contraposición o el conflicto entre estado y ciudadano [S. CASSESE (2001). «L'arena pubblica. Nuovi paradigmi per lo Stato». *Rivista Trimestrale di Diritto Pubblico*. Núm. 3, pág. 602].

8 Como ha escrito GÓMEZ-REINO: "El secreto es una de las constantes que caracterizan, a través del tiempo, la acción administrativa" [E. GÓMEZ REINO Y CARNOTA (1976). «El principio de publicidad de la acción del estado y la técnica de los secretos oficiales». *Revista Española de Derecho Administrativo*. Núm. 8, pág. 120].

9 S. FERNÁNDEZ RAMOS (1997). *El derecho de acceso a los documentos administrativos*. Madrid: Marcial Pons, pág. 21.

10 J.M. CASTELLS ARTECHE (1984). «El derecho de acceso a la documentación de la administracion pública». *Revista de Administración Pública*. Núm. 103 , pág. 137.

tema de privilegios, dificultándose su control y responsabilización; también permitía, en aras de un presunto interés general, liberarse de trabas exógenas, facilitando la operatividad ordinaria del actuar público.

Esta situación fue avanzando y, en el momento en que se incrementa la actividad administrativa, nos encontramos ante una crisis o insuficiencia de la legitimidad tradicional de la Administración proveniente de la ley, por lo que es necesario buscar otros mecanismos de legitimación.[11] El modelo de administración burocrática va evolucionando y es necesario establecer nuevos mecanismos que permitan legitimar su actuación. A su vez, también se incrementan las reivindicaciones sociales en favor de la plena incorporación del principio democrático en la actuación pública, lo que supondrá la adopción de nuevos principios rectores de la actuación administrativa.

Desde el punto de vista jurídico, a pesar de la declaración de principios de la Ley de Secretos Oficiales de 1968, reconociendo el principio de publicidad como inspirador de la actuación administrativa, no es hasta la aprobación de la Constitución de 1978 cuando la transparencia administrativa adquiere carta de naturaleza en España.[12] De todas formas, la Ley de Procedimiento Administrativo de 1958 ya establecía un sistema de relación entre los ciudadanos y la Administración pública al crear, entre otros mecanismos, las oficinas de información administrativa.[13] La creación de estas oficinas supuso un primer paso en la configuración de las relaciones entre la Administración pública y los ciudadanos, pero no garantizaba la posición jurídica de éstos, que siempre quedaba a merced de la voluntad de la Administración de facilitarles la información solicitada.

En el momento de la aprobación de la Constitución en 1978 se dan las condiciones idóneas para afianzar estos mecanismos y establecer los principios

11 Igualmente pone de relieve CHEVALIER que "la rigidez del estilo de mando administrativo, a base de distancia y de autoridad, es cada vez peor soportado y su legitimidad tiende a ser replanteada" [J. CHEVALIER (1988). «Le mythe de la transparence administrative». En: AA.VV. *Information et transparence administratives*. París: Presses Universitaires de France, pág. 242].

12 Como observa MESTRE DELGADO "[e]n nuestra historia legislativa contemporánea no se ha producido el reconocimiento explícito del derecho de acceso; más bien se ha mantenido con carácter general la tónica predominante en la normativa decimonónica, aunque con alguna excepción relevante que matiza rotundamente el principio de transparencia" [J.F. MESTRE DELGADO (1998). *El derecho de acceso a archivos y registros administrativos*: [Análisis del artículo 105.b) de la Constitución]. 2.a ed. Madrid: Civitas, pág. 46].

13 Véase, art.33 y 62 LPA.

jurídicos sobre los que se deben sustentar. Y de hecho, como sostiene Mestre Delgado, la amplitud con que se configura el derecho de acceso en el texto constitucional permite sostener el principio de transparencia en la actuación administrativa.[14] El principio de transparencia que prevé la Constitución está plenamente relacionado con otros principios básicos del sistema democrático, como el de eficacia, seguridad jurídica y de legalidad. Además, otros preceptos constitucionales, como el previsto en el art.20 al reconocer y garantizar el derecho a la información, tienen incidencia en esta materia.

Con posterioridad a la Constitución, algunas normas, como la Ley de Bases del Régimen Local o la Ley de Patrimonio Histórico Español, hacen referencia al acceso a la información administrativa, aunque sin desarrollar claramente su régimen jurídico. Ello no sucede hasta la aprobación de la Ley 30/1992, de 26 de noviembre, de Régimen Jurídico de las Administraciones Públicas y del Procedimiento Administrativo Común.

2.2. Administración receptiva y comunicación pública

La crisis del modelo burocrático de Administración pública ha llevado consigo la aparición de nuevos modelos con el objetivo de reemplazarlo y superar las rigideces que le eran inherentes. La receptividad, en un principio y la orientación al cliente y la gestión de la calidad, posteriormente, han sido algunas de las respuestas del sistema a esta crisis del modelo durante los años ochenta.[15]

Como ha señalado Villoria, el concepto de administración receptiva se caracteriza, sin negar el modelo de legitimación racional-legal, por el desarrollo de la diversidad, complejidad y dinámica constante; los valores del individuo cliente y el culto al mercado, la privatización y la canonización de la mano invisible.[16] Pero además, la incorporación del concepto de administración receptiva supo-

14 J.F. MESTRE DELGADO (1998). *El derecho de acceso a archivos y registros administrativos, op.cit.*, pág. 33.

15 M. VILLORIA MENDIETA (1996). «La modernización de la Administración central en España». *Revista Vasca de Administración Pública*. Núm. 45-II , pág. 177.

16 M. VILLORIA MENDIETA (1996). «La modernización de la Administración central en España», *op.cit.* Pág. 131.

ne que la Administración dará respuestas rápidas y flexibles a las demandas de los ciudadanos, y que imprimirá calidad a los servicios que preste.[17]

El proceso de modernización de las administraciones públicas ha supuesto, entre otros extremos, una variación de la conceptualización de los administrados que han pasado a considerarse clientes de los servicios administrativos, lo que ha significado situarles en el centro de la actividad administrativa.18 Así, los ciudadanos, vistos como clientes, gozan en la actualidad de un estatus revitalizado frente a las administraciones públicas, lo que les confiere un haz de derechos y facultades para desarrollar sus necesidades, entre los que se encuentra el de obtener información de la Administración.

Desde el punto de vista jurídico, con la aprobación de la Ley 30/1992, de 26 de noviembre, de Régimen Jurídico de las Administraciones Públicas y del Procedimiento Administrativo Común (LRJPAC), se introducen novedades en los mecanismos de relación de la Administración con los ciudadanos. Las novedades introducidas por la LRJPAC quieren responder a las nuevas tendencias observadas en el ámbito de la gestión pública y sitúan a los ciudadanos-clientes en el centro de la actuación administrativa.

Éste no es un fenómeno que se haya producido exclusivamente en España. Como se puede observar en la siguiente ilustración, no ha sido hasta los años ochenta y noventa cuando los Estados miembros de la OCDE han adoptado regulaciones sobre el acceso a la información.

---

17 M. VILLORIA MENDIETA (1996). «La modernización de la Administración central en España», *op.cit.* Pág. 131;

18 OCDE. (1991). *La Administración al servicio del público.* Madrid: MAP, pág. 49. Esta conceptualización de los ciudadanos como clientes importada de la gestión privada a través de la *nueva gestión pública,* no está exenta de problemas al olvidarse de la generalidad consustancial a la idea de ciudadano. Sobre estas cuestiones véase, entre otros, Q. BRUGUÉ; M. AMORÓS Y R. GOMÀ (1994). «La administración pública y sus clientes: ¿moda organizativa u opción ideológica?». *Gestión y Análisis de Políticas Públicas.* Núm. 1, pág. 36 y ss.

Ilustración 1: Fecha de la primera introducción de regulaciones sobre acceso a la información en los países miembros de la OCDE

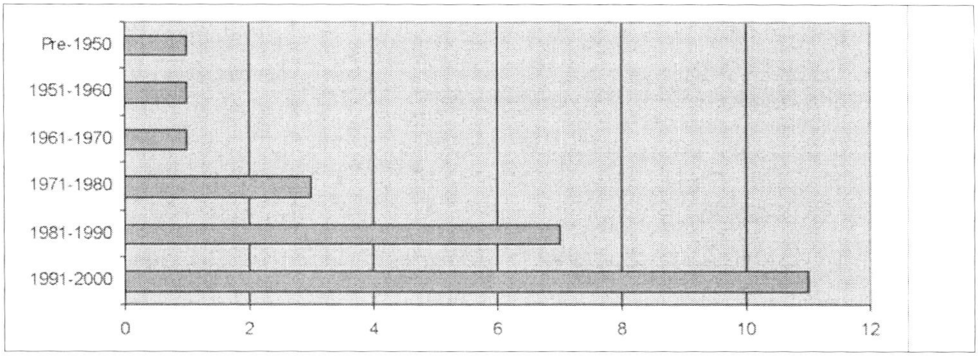

Fuente: OCDE (2001) Citizens as Partners. Information, consultation and public participation in policy-making. París: OCDE.

Con la aprobación de la LRJPAC y con más claridad en su reforma en 1999, se consolidan en el ordenamiento jurídico español algunos principios ya anunciados en la Constitución de 1978 que no habían tenido aún un desarrollo normativo, como son los principios de transparencia o participación.

La LRJPAC, superando la tradicional nominación de administrados, reconoce en su art. 35 un conjunto de derechos de los ciudadanos en sus relaciones con las administraciones públicas. Del conjunto de derechos de los ciudadanos previstos en el art. 35 LRJPAC, hay cuatro que están referidos a la información administrativa de los ciudadanos:[19]

– Derecho a conocer el estado de la tramitación de los procedimientos.
– Derecho a identificar a las autoridades y al personal al servicio de las administraciones públicas.
– Derecho a obtener información acerca de los requisitos jurídicos o técnicos.
– Derecho a acceder a los archivos y registros administrativos.

Sin entrar con detalle a valorar la extensión de estos derechos, se puede observar que nos encontramos ante auténticos derechos subjetivos.[20] El recono-

19 Véase A. CERRILLO i MARTÍNEZ (2000). «Régimen jurídico de la información administrativa». En: J. TORNOS MAS; A. GALÁN GALÁN. *La comunicación pública. La información administrativa al ciudadano.* Madrid: Marcial Pons, pág. 228 y ss.

20 A. CERRILLO i MARTÍNEZ (2000). «Régimen jurídico de la información administrativa», *op.cit.*, pág. 231.

cimiento de estos derechos a obtener información administrativa implica, por un lado, la obligación particular de facilitar información administrativa ante una solicitud en este sentido por parte de un ciudadano y, por otro, el establecimiento de un deber genérico de organizar los servicios competentes para facilitar la información a los ciudadanos.[21]

Otro aspecto sobre el que se debe centrar la atención es el relativo al diferente objeto de los derechos previstos en el art. 35 LRJPAC. Por un lado, está la información administrativa general (información sobre los requisitos jurídicos o técnicos con relación a proyectos, actuaciones o solicitudes e información sobre documentos que se encuentren en archivos y registros). Para acceder a esta información, no se requiere ninguna legitimación especial. Cualquier ciudadano puede acceder a ella. Por otro lado, para poder acceder a la información administrativa particular que se refiere a procedimientos concretos y específicos, se requiere tener la condición de interesado.[22]

En definitiva, la LRJPAC ha supuesto una consolidación del ciudadano frente a la Administración pública con relación a la actividad informativa. Ahora bien, surge como necesario el establecimiento de mecanismos idóneos para que los ciudadanos puedan ejercer los derechos previstos.[23]

Posteriormente a la aprobación de la LRJPAC, la regulación de la actividad informativa se ha visto ampliada, por un lado, con la aprobación de normativas sectoriales que inciden en esta actividad (sanidad, educación, medio ambiente, por citar unos ejemplos) y, por otro lado, con la aprobación de las normas que han establecido la infraestructura necesaria para el desarrollo de esta función.

En el ámbito estatal, el Real Decreto 208/1996, de 9 de febrero, regula los servicios de información administrativa y atención al ciudadano desarro-

21. A. CERRILLO i MARTÍNEZ (2000). «Régimen jurídico de la información administrativa», *op.cit.*, pág. 231.1

22. A. CERRILLO i MARTÍNEZ (2000). «Régimen jurídico de la información administrativa», *op.cit.*, pág. 231-232.

23. "En cuanto al derecho de acceso a los archivos y registros administrativos, la nueva Ley resulta ciertamente estrecha y restrictiva, en relación con el marco que diseña la Constitución" [J.F. MESTRE DELGADO (1998). *El derecho de acceso a archivos y registros administrativos, op.cit.*, pág. 54]. Más radical se muestra PARADA al afirmar que "para este viaje no se necesitaban las alforjas constitucionales" [R. PARADA VÁZQUEZ (1993). *Comentarios a la LRJPAC.* Madrid: Marcial Pons].

llando las previsiones establecidas en la Constitución y la LRJPAC y actualizando y potenciando la organización, el funcionamiento y la coordinación de los servicios administrativos que centran su trabajo en las tareas de información a los ciudadanos.[24] El Real Decreto 208/1996 prevé diferentes mecanismos mediante los cuales los ciudadanos podrán acceder a la información haciéndose una especial mención a los mecanismos de información presencial, como las oficinas de información y atención a los ciudadanos. Respecto a la información transmitida por medios electrónicos, telemáticos e informáticos, se hace referencia especial a los sistemas de información telefónica sin que se incorpore decididamente el uso de Internet como mecanismo de difusión de la información administrativa. Sin embargo, el Real Decreto no hace referencia a aspectos tales como la calidad de la información o del servicio prestado.

Sin embargo, esta regulación no hace referencia ni a la posición jurídica del ciudadano respecto a la actividad informativa ni a las características ni condiciones en las que las administraciones públicas deben desarrollar la actividad informativa.

2.3. Administración en red y transparencia

La administración en red describe un modelo de administración pública, propio de las sociedades pluralistas, complejas e interdependientes, que se basa en la colaboración entre administración y ciudadanos, y no sólo en la reivindicación: supone el paso de un concepto de administración de tipo jerárquico a uno de administración en forma de red, en el que se dan múltiples relaciones entre los diferentes nodos o actores representantes, todos ellos de intereses que deben integrarse en la composición del interés general debido a la interdependencia que existe entre sí.

Con la administración en red se pretende superar el modelo tradicional de administración basado en el binomio autoridad-libertad en el que la

24 Véase al respecto A. CERRILLO i MARTÍNEZ (2000). «Régimen jurídico de la información administrativa», *op.cit.*, pág. 237 y ss.

Administración usa el poder administrativo como principal instrumento de intervención, e ir hacia un modelo basado no tanto en el ejercicio del poder, como en que se desarrollen de manera imparcial y eficiente las funciones públicas de interés general.[25]

En el modelo burocrático de administración, los recursos de la sociedad eran ignorados. Los ciudadanos, destinatarios de las actuaciones públicas, eran normalmente reducidos al papel de sujetos pasivos de la acción administrativa. Posteriormente, el énfasis puesto en su condición de clientes, de meros receptores de prestaciones y beneficios públicos, no ha permitido tampoco descubrir en ellos a personas portadoras de recursos propios bajo la forma de capacidades, experiencias, ideas, tiempo, etc.

El modelo propuesto supone el reconocimiento de la existencia de redes de relaciones entre sujetos autónomos que actúan dentro de ella siguiendo una lógica de colaboración. De estas relaciones resultan beneficios o ventajas para todos los sujetos participantes. Todos ellos, aunque sea en medidas diversas, son portadores de recursos que aportan al interior de la red, combinándose e intercambiándose con los aportados por el resto de sujetos de manera que cada uno puede ver satisfechas sus propias necesidades.

La extensión de las redes es un proceso generalizado en las sociedades actuales. Castells afirma al respecto que "las redes configuran nuestras sociedades, y los procesos de producción, experiencias, poder y cultura están ampliamente determinados por la lógica de estas redes".[26]

La administración en red tiene importantes consecuencias en la manera de funcionar de los poderes públicos al suponer que numerosos actores (no sólo públicos) están implicados en la formulación e implementación de las políticas.

Para que la pluralidad de actores pueda participar en las deliberaciones y toma de decisiones que se desarrollan en las redes, es necesario que existan niveles adecuados de información y de transparencia.

La gobernanza de la administración en red tiene como requisito previo y necesario la información y la transparencia a fin de garantizar y facilitar la par-

25 G. ARENA (1996). "Ipotesi per l'applicazione del principio di sussidiarietà nella provincia autonoma di Trento". *Ius. Rivista di Diritto*. Núm. 1-2, pág. 30.

26 M. CASTELLS (2000). *La era de la información. Vol.1 La sociedad red*. 2." ed. Madrid: Alianza, pág. 469.

ticipación de todos los actores implicados. Es necesario que todos los actores que intervienen en las redes puedan participar de forma informada. Ello requiere que tengan a su disposición la información y el conocimiento adecuado y que pongan a disposición del resto de actores la información y el conocimiento de que disponen.

La información es un recurso imprescindible en los procesos de toma de decisiones. Los actores estratégicos que participen en ellos tendrán la información como un elemento sobre el que podrán articular su intervención en las redes. La información se convierte en un recurso de poder que cada actor establecerá sobre la base del resto de los recursos de que disponga y que marcará sus estrategias en el marco de las redes. Ello nos permite observar que en el seno de las redes la distribución de la información puede ser asimétrica, lo que invita a proponer la necesidad de adoptar mecanismos para hacer frente a estas asimetrías informativas. En esta tarea pueden ser de gran utilidad las tecnologías de la información y la comunicación.

3. Administración electrónica e información administrativa

3.1. Breve aproximación a la administración electrónica

La administración electrónica se basa en el uso intensivo de las nuevas tecnologías de la información y el conocimiento con el objetivo de mejorar la eficiencia interna, las relaciones interadministrativas y las relaciones de la Administración con los ciudadanos.

Desde el punto de vista de las relaciones con el ciudadano con el establecimiento de la administración electrónica, se persiguen objetivos genéricos diversos como una administración pública abierta las veinticuatro horas del día, siete días por semana, en la que el ciudadano sea el centro del proceso, que esté conectada para dar un servicio integral al ciudadano y que sea capaz de personalizar los servicios que presta. Es decir, el uso de las nuevas tecnologías por parte de las administraciones públicas persigue mejorar la calidad de las relaciones con los ciudadanos, mejorando el acceso a la información y a los servicios públicos por parte de los ciudadanos.[27]

Ahora bien, es importante poner de relieve que las TIC por sí mismas y su incorporación y uso por parte de las administraciones públicas no supone en sí mismo una modificación de las relaciones que éstas tienen con los ciudadanos. Siguiendo el informe Contract with the future elaborado por el Gobierno holandés se pueden facilitar las relaciones entre las administraciones públicas y los ciudadanos, pero no suponen una mejora que vaya más allá de que aquéllas sean más eficaces o eficientes.[28] En este sentido, son ilustrativas las palabras de la OCDE al afirmar que "la tecnología es un facilitador pero no una solución".[29]

Por ello consideramos que al hablar de la Administración electrónica no podemos considerar que estemos ante un nuevo modelo de relaciones entre administración pública y ciudadanos, sino ante un instrumento que ha de facilitar e incluso mejorar la calidad de las relaciones ya existentes basadas en la actualidad en el modelo de administración en red.[30] De hecho, la tecnología en sí misma no es un factor de cambio si no va acompañada de una decisión política que la impulse y ésta deberá venir condicionada por las circunstancias que anteriormente se han señalado como determinantes del surgimiento de un nuevo modelo de relaciones entre los ciudadanos y las administraciones públicas. En esta línea entendemos que se manifiestan Criado y Ramilo al afirmar que "[s]in embargo, estas herramientas, más que fines en sí

27 Gobierno Nueva Zelanda (2001). En: C. RAMIÓ. «E-Administració i nous models de gestió pública». (2002). I Congrés català de Gestió Pública. Por todo ello, tal y como ha observado RAMIÓ, la literatura especializada se ha dedicado a profundizar de forma prolija la perspectiva de las TIC como mecanismo para revolucionar las relaciones entre las administraciones públicas y los ciudadanos [C. RAMIÓ.«E-Administració i nous models de gestió pública», *op.cit.*, pág. 4].

28 En la misma línea, "el análisis de los usos muestra que la introducción de las tecnologías de la información y de la comunicación amplifica los defectos y las cualidades de los modos de funcionamiento de los servicios" [B. LASSERRE (2000). «L'Etat et les technologies de l'information et de la communication. Vers une administration 'à accés pluriel'», pág. 5].

29 OECD. (2003). «Engaging citizens online for better policy-making». *Policy Brief*. Núm. marzo, pág. 1.

30 En esta línea ARENA sostiene que "si se quiere que esta nueva forma de administración pueda producir todos sus efectos, es necesario ser consciente de que realizar plenamente el e-gobierno significa afrontar algunos de los problemas de fondo, teóricos y prácticos, relativos a las relaciones entre las administraciones públicas y los ciudadanos" [G. ARENA (2003). «E-government e nuovi modelli di amministrazione». En: *Observatori de l'evolució de les institucions,* pág. 2].

mismos, deben entenderse como medio para impulsar la adaptación de las estructuras, procesos y servicios de las administraciones públicas a las necesidades de cada momento".[31]

Entonces ¿qué pueden aportar las nuevas tecnologías de la información y la comunicación al buen funcionamiento de la administración en red?[32] Las nuevas tecnologías de la información y la comunicación pueden desempeñar un papel relevante en el seno de la Administración en red:[33]

> "Dentro de un gobierno en red se exige gobernar, cada vez más, al lado de las empresas, de las instituciones cívicas y ciudadanos y tener en cuenta sus necesidades, mucho más que en el pasado, para actuar. En la sociedad en red el gobierno electrónico tendrá que encontrar un equilibrio dinámico entre su papel de dirección dentro de las redes y su papel de estructurar estas redes".[34]

Desde el punto de vista jurídico, no se puede olvidar que la administración electrónica trae causa del principio de eficacia previsto en el art. 103.1 de la Constitución, que posteriormente se ha visto completado y ampliado en el marco de los principios generales de actuación de las administraciones públicas previstos en el art. 3 LRJPAC, concretados entre otros en el art. 45 LRJPAC, que prevé, entre otros extremos, que "cuando sea compatible con los medios técnicos de que dispongan las administraciones públicas, los ciudadanos podrán relacionarse con ellas para ejercer sus derechos a través de técnicas y medios electrónicos, informáticos o telemáticos con respeto de las garantías y requisitos previstos en cada caso". En el ámbito estatal, es el Real Decreto

31 J.I. CRIADO GRANDE.; M."C. RAMILO ARAUJO (2001). «e-Administración: ¿Un reto o una nueva moda? Problemas y perspectivas de futuro en torno a Internet y las tecnologías de la información y la comunicación en las Administraciones Públicas del siglo XXI». *Revista Vasca de Administración Pública*. Vol I, núm 61, pág. 14 y 17.

32 Como afirma ARENA, este nuevo modelo de relaciones entre administraciones públicas y ciudadanos no es neutra respecto a las políticas de administración electrónica [G. ARENA (2003). "E-government e nuovi modelli di amministrazione", *op.cit.*, pág. 4].

33 «Contract with the future. A vision on the electronic relationship between government and citizen» [Memorandum presented to the Lower Chamber of Dutch Parliament by the Minister for Urban Policy and the Integration of Ethnic Minorities, pág. 8].

34 RAMIÓ coincide con esta aproximación al afirmar que: "[p]ero, desde mi punto de vista, uno de los elementos clave de la NTI es que contribuye al gobierno y la gestión mediante redes [C. RAMIÓ. «E-Administració i nous models de gestió pública», *op.cit.*].

263/1996, de 16 de febrero, el que regula la utilización de técnicas electrónicas, informáticas y telemáticas.[35]

La lectura de estas normas reguladoras de la administración electrónica permiten observar que más que establecer nuevos derechos de los ciudadanos en sus relaciones con las administraciones públicas, prevén nuevos mecanismos para ejercer los derechos ya reconocidos previamente por otras normas. En otras palabras, tal y como observa Valero, no existe un derecho general por parte de los ciudadanos para relacionarse telemáticamente con la Administración pública y, en concreto, para acceder a la información administrativa mediante este sistema.[36]

3.2. Administración electrónica e información administrativa

Con la incorporación de las nuevas tecnologías de la información y la comunicación, las administraciones públicas están facilitando a los ciudadanos mucha más información que la que venían facilitando y de forma mucho más accesible.[37] La utilización de Internet ha incrementado la accesibilidad de la

35 Varias comunidades autónomas han regulado el uso de las nuevas tecnologías de la información y la comunicación por parte de las administraciones públicas: Aragón, Comunidad Valenciana, Comunidad de Madrid, Extremadura o Cataluña.

36 J. VALERO TORRIJOS (2001). «El derecho de acceso a la información administrativa mediante sistemas informáticos y telemáticos». *Cuadernos de Estudios Técnicos. Archivo General de la Región de Murcia.* Núm. 1, pág. 60.

37 "Internet es el medio escogido por los estados miembros de la OCDE al proveer a los ciudadanos de un nivel de acceso a la información gubernamental sin precedentes" [OCDE. (2003). «Engaging citizens online for better policy-making», *op.cit.,* pág. 4].
Diversos países han elaborado documentos al respecto. Así, por ejemplo, el documento elaborado por el Comité Interministerial para la sociedad de la información de 16 de enero de 1998 *Préparer l'entrée de la France dans la société de l'information* [http://archives.internet.gouv.fr/affichage.php?val=/francais//textesref/pagsi.htm] en el que se destacaba que el productor principal de información en el país era el Estado, que debía extender la distribución de información por Internet.
Otros documentos en la misma línea son el Libro blanco del Reino Unido sobre la libertad de información [http://www.archive.official-documents.co.uk/document/caboff/foi/foi.htm] y el memorando de los Países Bajos *Hacia la accesibilidad de la información pública* [http://www.elannet.net/publiekweb/literatuur/toegankelijkheid.pdf].
La relevancia del acceso y la utilización de la información del sector público ha sido ampliamente destacado en el ámbito europeo. Véase, por ejemplo, la Decisión del Consejo de 22 de diciembre de 2000 por la que se adopta un programa plurianual comunitario de estímulo al desarrollo y el uso de contenidos digitales europeos en las redes mundiales y de fomento de la diversidad lingüística en la sociedad de la información.

información de las administraciones públicas. Cualquier ciudadano, independientemente del lugar donde se encuentre, puede acceder a cualquier información en poder de las administraciones públicas con sólo acceder a la página web de la administración de que se trate y, además, puede intercambiar información con otros actores que participen en la red.

De acuerdo con lo que se ha podido observar en las páginas anteriores, la Administración pública no es en el marco de la administración en red la única usuaria y poseedora de información. Los ciudadanos y los otros actores que participan en la administración en red (empresas, ONG, otros actores de la sociedad civil) poseen y buscan información a la que pueden acceder más fácilmente a través de las nuevas tecnologías de la información y la comunicación. Precisamente, la utilización de las nuevas tecnologías enfrenta a los ciudadanos ante un nuevo espectro de información, lo que redunda positivamente en la toma de decisiones al facilitar una participación informada y un proceso de toma de decisiones más transparente. En la administración en red, la cooperación entre los actores miembros de la red para intercambiar información es un aspecto esencial.[38] De hecho, los objetivos que puedan tener difícilmente se podrán conseguir sin ese intercambio de información.

Resulta evidente que no toda la información que está en poder de las administraciones públicas, y en general de los actores en la administración en red, tiene el mismo valor desde el punto de vista de sus relaciones con los ciudadanos. Existe información cuyo conocimiento es básico para el ejercicio de derechos de los ciudadanos y también otra información necesaria para la realización de actividades de contenido económico o con consecuencias económicas al ser reusable.[39]

Ante esta diversidad de tipos de información y a efectos expositivos podemos traer a colación la clasificación de la información, desde la perspectiva del

38 Puede traerse a colación a este respecto el carácter circular de la información que destaca GALÁN GALÁN, A. 2000. "La comunicación pública". En: J. TORNOS MAS; A. GALÁN GALÁN. *Comunicación pública. La información administrativa al ciudadano*. Madrid: Marcial Pons, pág. 66.

39 "La información del sector público es muy importante para la vida cívica y democrática. Asimismo, constituye un recurso clave para la actividad económica y el funcionamiento adecuado del mercado interior" [Propuesta de Directiva relativa a la reutilización y explotación comercial de los documentos del sector público [COM(2002)207 final] de 5 de junio de 2002].

papel que juega en las relaciones entre las administraciones públicas y los ciudadanos, que adopta Galán:[40]

- información jurídico-formal, que es aquella que tiene como objeto regular jurídicamente las relaciones entre los sujetos miembros del ordenamiento, en la medida en que les suministra certezas así como la cognoscibilidad de normas y actos.
- comunicación-imagen: englobaría todas aquellas actividades públicas dirigidas a promover la imagen de la institución, legitimando de este modo su propia existencia y actividad.
- comunicación de servicio que puede ser entendida de diferentes modos. En un sentido estricto, la comunicación de servicio debe ser entendida como aquel tipo de comunicación pública que tiene como objeto suministrar información sobre los servicios prestados por la Administración. En un sentido amplio, incluiría no sólo la información administrativa sobre los servicios prestados por la Administración, sino además los servicios de información de la propia Administración (información turística, meteorología, agenda cultural, etc.).
- comunicación administrativa, que sería aquélla mediante la cual la Administración intenta convencer a los ciudadanos para que colaboren con ella en aras a la consecución de alguna finalidad de interés público.

Para que la información a la que acceden los ciudadanos pueda cumplir las funciones y los objetivos previstos, es necesario que estén asegurados algunos requisitos que serán los que, precisamente, transmitirán esa confianza al ciudadano. Agregando los requisitos que generalmente proponen las pocas regulaciones que hacen frente a este aspecto consideramos que la información debe ser completa, objetiva, confiable, fidedigna, relevante y fácil de encontrar, de entender y de usar.[41]

Veamos a continuación con mayor detalle estas características.

40 A. GALÁN GALÁN (2000). «La comunicación pública», *op.cit.*, pág. 41 y ss. Resulta de interés observar cómo el Decreto 324/2001 de la Generalitat de Cataluña prevé también cuatro tipos de información: comunicación de servicio, información sobre servicios públicos, información normativa e información de interés general.

41 OCDE. 2001. *Citizens As Partners. Information, Consultation and Public Participation in Policy-Making*, *op.cit.*, pág. 22.

La información debe ser completa. La información debe ser idónea para satisfacer las necesidades de los solicitantes. Además no debe sufrir accesos o manipulaciones no autorizados que puedan dar lugar a alteraciones o falsificaciones. La utilización de las nuevas tecnologías puede facilitar la agregación de información dispersa con un coste razonable. La complitud de la información únicamente puede limitarse en aquellos casos en que exista un bien jurídico cuya protección sea prioritaria respecto al principio de transparencia. Éste es un aspecto al que las regulaciones sobre el acceso a la información generalmente dedican cierto detalle y que es objeto de una importante situación de litigio.[42] Dejando al margen las limitaciones a acceder a documentos que puedan afectar a intereses públicos (seguridad pública o relaciones internacionales por citar dos casos), probablemente el límite que más fácilmente puede verse afectado por el acceso a la información mediante Internet es el derecho a la intimidad.[43] A estos efectos, las nuevas tecnologías ofrecen sistemas interesantes que pueden filtrar la información, a la que se puede acceder en función de que se tenga legitimidad para ello.

La información debe ser objetiva. A fin de conseguirlo, debe garantizarse que la información sea esmerada, confiable y no esté sesgada. La utilización de las nuevas tecnologías en la difusión de la información no puede convertirse únicamente en un mecanismo de propaganda institucional y que, en todo caso, debe quedar perfectamente diferenciado el contenido en función de su objetivo.

La información debe ser de calidad. Siguiendo a la OCDE, lo importante no es la cantidad sino la calidad, y a pesar de que los poderes públicos van incre-

42 Véase, por ejemplo, el art.37 LRJPAC y el comentario que del mismo se hace en A. CERRILLO i MARTÍNEZ (2000). *L'aplicació del dret d'accés a la documentació administrativa de la Generalitat de Catalunya.* Barcelona: Escola d'Administració Pública de Catalunya-Generalitat de Catalunya, pág. 119 y ss.

43 VALERO observa al respecto que "la puesta a disposición de los ciudadanos de la información administrativa mediante sistemas telemáticos conlleva irremediablemente una referencia al régimen jurídico regulador de la intimidad" considerando además que la actual regulación de esta materia contenida en la Ley Orgánica 15/1999, de 13 de diciembre, de protección de datos de carácter personal con posterioridad a la STC 292/2000, de 30 de noviembre, no es suficiente para hacer frente a este problema [J. VALERO TORRIJOS (2001). «El derecho de acceso a la información administrativa mediante sistemas informáticos y telemáticos», *op.cit.*, pág. 63].
Esta preocupación no está sólo en nuestro país. El gobierno francés presentó en febrero del 2002 un Libro blanco bajo el título *Administration électronique: un Livre blanc pour assurer la protection des données personnelles* [<http://www.fonction-publique.gouv.fr/ communications/rapports/rapport_truche/rapport_TRUCHE.pdf>].

mentando de forma paulatina el volumen de información pública en la red, su calidad, relevancia y utilidad para los ciudadanos es variable.[44] Otro aspecto relativo a la calidad es el de los propios servicios de difusión respecto a los que las administraciones públicas generalmente intentan armonizar criterios estableciendo estándares para las características técnicas.

La información debe ser accesible. Éste es un aspecto básico al analizar la incidencia de las nuevas tecnologías en el acceso a la información, puesto que, probablemente, la principal justificación para la utilización de los nuevos medios se traduzca en garantizar una mayor facilidad para poder acceder a la información de las administraciones públicas y, al fin y al cabo, incrementar la transparencia. A este respecto es importante sacar a colación el Decreto 324/2001 de la Generalitat de Cataluña que establece que "la información administrativa de la Generalitat a través de Internet ha de ser, como mínimo, la misma que se dé presencialmente o por otros medios y deberá sujetarse a los mismos principios y garantías... Los ciudadanos deberán poder recibir la información a través de Internet de la manera más accesible posible, especialmente los que sufran algún tipo de discapacidad".[45]

La información debe ser fácil de encontrar en el sentido de que el poseedor de la información la ponga a disposición de todo aquel que quiera conocer su contenido y que facilite su localización. Las nuevas tecnologías de la información y la comunicación además de mejorar la accesibilidad permiten ofrecer nuevos tipos de información que puede ser de gran utilidad para los ciudadanos y las empresas; por ejemplo, a través de la utilización de metadatos (información sobre la información disponible), información integrada (que tenga diferentes orígenes) en forma de portal, buscadores de información, etc.

La información debe ser fácil de entender, aspecto éste que está directamente relacionado con el tema de la fractura digital (*digital divide*). Para hacerle

44 La Directiva 2003/4/CE, de 28 de enero, relativa al acceso del público a la información medioambiental, establece que "los Estados miembros velarán por que, en la medida en que esté en su poder, toda información recogida por ellos o en su nombre esté actualizada y sea precisa y susceptible de comparación".

45 Art.4. En Francia se ha previsto que toda solicitud de acceso puede suponer obtener una copia: en papel, en soporte informático o por correo electrónico (Decreto 2001/493, de 6 de junio). Lo mismo sucede con la modificación de la *Freedom of Information Act* norteamericana introducida en 1996 (EFOIA).

frente, los poderes públicos deben establecer políticas que permitan superar las diferencias que puedan darse tanto desde el punto de vista del volumen de información que se pone a disposición, como de los mecanismos que han de facilitar el acceso generalizado a la misma.

La información debe ser usable. Éste es un aspecto importante, puesto que no se puede olvidar que la información no únicamente es un instrumento necesario para que los ciudadanos puedan ejercer sus derechos, sino que, además, tiene un importante valor económico, aspecto éste sobre el que la Unión Europea está trabajando últimamente.[46]

Finalmente, al plantear el papel de la información en relación con las nuevas tecnologías, debemos plantearnos cuál ha sido su repercusión hasta la actualidad. En otras palabras, ¿hasta qué punto el uso de las nuevas tecnologías ha permitido incrementar la información en disposición de los ciudadanos y su acceso? Con relación a esta cuestión, podemos hacer mención de la siguiente información.

La OCDE confirma el uso generalizado de las nuevas tecnologías de la información y la comunicación a nivel internacional, observando que las opciones más usadas por las administraciones públicas a fin de difundir la información son los websites (la proporción de unidades gubernamentales que tienen páginas web es de un 80 por ciento en los países que participaron en la encuesta del PUMA del 2000), los portales (numerosos países de la OCDE han creado puntos únicos de entrada para facilitar el acceso de los ciudadanos a la información), los buscadores, las agendas de actos, los quioscos (algunos países ofrecen la posibilidad de acceder a Internet instalando puntos de acceso en las oficinas públicas) y los CD-ROM para su consulta fuera de línea.[47]

Según este estudio, el tipo de información que se puede encontrar en línea se refiere mayoritariamente a: estructuras gubernamentales y procesos de políticas públicas, propuestas políticas y agendas, legislación en vigor, proyectos normativos, presupuestos, procedimientos administrativos y datos personales.

46 Véase la propuesta de directiva relativa a la reutilización y explotación comercial de los documentos del sector público citada *supra*, nota 40.

47 OCDE. (2001). *Citizens As Partners. Information, Consultation and Public Participation in Policy-Making, op.cit.*, pág. 52-53.

4. Hacia un nuevo régimen jurídico del acceso a la información[48]

El análisis y propuesta de un nuevo régimen jurídico del acceso a la información en el marco de la administración electrónica presenta una dificultad de partida: en la actualidad no está generalizada la adopción de una regulación sobre el acceso a la información a través de las nuevas tecnologías.[49] Ello acarrea que no exista un régimen jurídico claramente definido que permita determinar los mecanismos a través de los que se accede a la información, la información que se ofrece a los ciudadanos y sus características y condiciones de acceso y uso, los mecanismos de garantía, el precio y la responsabilidad por el contenido de la información entre otros extremos.[50]

La indefinición del régimen jurídico y la inexistencia de mecanismos adecuados de garantía de su cumplimiento puede dar lugar a ineficacias, ineficiencias y asimetrías que, al fin y al cabo, pueden impedir que cumpla con las funciones que está llamada a jugar en la administración en red.[51]

48 El análisis del régimen jurídico del acceso a la información no supone que la incorporación de las nuevas tecnologías únicamente requiera su regulación jurídica. Es necesario adoptar otras decisiones a fin de hacer frente a otros problemas, como, por ejemplo, las consecuencias o manifestaciones que la brecha digital puede tener en el acceso a la información de las administraciones públicas a través de las nuevas tecnologías.
A este respecto, es interesante sacar a colación la experiencia sueca, en particular la campaña del Gobierno sueco, *Open Sweden,* que tiene por objetivo incrementar el acceso y transparencia del sector público (<http://www.oppnasverige.nu/html/>).

49 De hecho, existen pocas regulaciones que afronten de manera completa el acceso a la información administrativa a través de las nuevas tecnologías. Tal vez la primera y más conocida es la elaborada por el Congreso de los EUA en 1996 de enmienda de la Freedom of Information Act, conocida como la Electronic Freedom of Information Act (EFOIA).

50 En la misma línea se manifiesta VALERO al afirmar que "resulta fundamental la promulgación de una normativa general aplicable a la respectiva Administración pública donde se fije de manera concreta la política institucional en relación con la información administrativa, así como las circunstancias y requisitos conforme a los cuales aquélla se pone a disposición del público [J. VALERO TORRIJOS (2001). «El derecho de acceso a la información administrativa mediante sistemas informáticos y telemáticos», *op.cit.,* pág. 63].

51 "De no establecerse con carácter vinculante estos extremos, la implantación de un sistema de información pública telemático puede llegar a convertirse en un objeto meramente secundario cuya efectiva ejecución dependerá absolutamente de motivaciones" [J. VALERO TORRIJOS (2001). «El derecho de acceso a la información administrativa mediante sistemas informáticos y telemáticos», *op.cit.,* pág. 63].
En la misma línea, OCDE. (2001). *Citizens As Partners. Information, Consultation and Public Participation in Policy-Making, op.cit.,* pág. 29.

A la vista de esta situación, de acuerdo con los propósitos de esta comunicación, nuestra atención se debe centrar en las consecuencias que el nuevo rol de la información y los nuevos mecanismos de acceso a la misma deben tener en su régimen jurídico.

Tal y como se ha podido observar en la exposición de la evolución del acceso a la información en posesión de las administraciones públicas, en los primeros momentos la información se limitaba a aquella que se refería a las concretas circunstancias de los ciudadanos y, en todo caso, requería una previa solicitud. Con el tiempo, el acceso a la información se ha ido ampliando y extendiendo llegando a la situación actual, que se caracteriza principalmente porque es la Administración pública la que ofrece o distribuye la información sin necesidad de que haya una petición o solicitud por parte de los ciudadanos.[52] En otras palabras, se está evolucionando del acceso pasivo a la información al acceso activo, entendiendo que.[53]

- el acceso pasivo es aquel que se da ante una petición por parte de un ciudadano para que las administraciones públicas le faciliten un documento o una información. El acceso pasivo requiere que las administraciones públicas tengan clasificada y archivada correctamente la información a fin de que, ante una petición, pueda ser localizada correctamente.[54]
- el acceso activo es aquel que se garantiza a través de la difusión generalizada de la información mediante la creación de sistemas de difusión de la información por parte de los poderes públicos.[55]

52 Como fácilmente puede observarse, no es éste el único aspecto derivado de la incorporación de las TIC en relación a la información a los ciudadanos. No entramos a analizar aspectos importantes también derivados por el uso de las TIC, como son los relativos a la reutilización y a la explotación comercial de la información, los problemas relacionados con la intimidad o la responsabilidad por los contenidos facilitados.

53 Esta distinción se hallaba en varias regulaciones (por ejemplo, en la Directiva 90/313 o en su transposición al ordenamiento jurídico español por la Ley 38/1995, de 12 de diciembre) pero es con la adopción de la nueva Directiva 2003/4/CE, de 28 de enero, relativa al acceso del público a la información medioambiental donde adopta carta de naturaleza y tiene consecuencias desde el punto de vista del acceso a través de Internet. Véase al respecto el art.1.

54 La Directiva 2003/4 establece que "los Estados miembros harán lo necesario para que las autoridades públicas estén obligadas, [...] a poner la información ambiental que obre en su poder ..."

55 La Directiva 2003/4 establece respecto a la difusión de la información que "los Estados miembros adoptarán las medidas necesarias para garantizar que las autoridades públicas organicen y actualicen la información sobre el medio ambiente perteneciente a sus funciones que obre en su poder o en el de otra entidad en su nombre, con vistas a su difusión activa y sistemática al público particularmente por medio de la tecnología de telecomunicación informática y/o electrónica siempre que pueda disponerse de la misma".

La transición de un tipo de acceso a la información al otro se ve hasta cierto punto motivado, y en todo caso acentuado, por la utilización generalizada por las administraciones públicas de las nuevas tecnologías de la información y la comunicación, ya que éstas ofrecen potentes mecanismos para la búsqueda, selección, integración y difusión de grandes cantidades de información en poder de las administraciones públicas, así como para facilitar la presentación de los resultados de una manera que pueda ser utilizada por los ciudadanos.[56]

Desde el punto de vista del régimen jurídico del acceso a la información, si el acceso pasivo estaba suficientemente garantizado con el reconocimiento del derecho de acceso a la información administrativa como derecho subjetivo de los ciudadanos,[57] el acceso activo requiere no sólo esto, sino que supone además el necesario establecimiento de un servicio encargado de la distribución y difusión de la información con plenas garantías para los ciudadanos que estará facilitado por el uso de las nuevas tecnologías de la información y la comunicación.

Pero el deber de crear servicios de información por parte de las administraciones públicas no es en sí mismo suficiente. Consideramos que en la actualidad el acceso activo no se puede ver garantizado exclusivamente por la creación de infraestructuras y servicios de difusión de la información (en el sentido orgánico o funcional), sino también es necesario el reconocimiento de éstos como un servicio de interés general, siguiendo la terminología de la Unión Europea.[58] De esta manera se podrá garantizar un contenido mínimo que podrí-

56 OCDE. (2001). *Citizens As Partners. Information, Consultation and Public Participation in Policy-Making, op.cit.*, pág. 52.

57 Esta afirmación debe, sin embargo, matizarse a la vista de las conclusiones a que se llegaba en el estudio que se realizó en 1998 sobre el acceso a la información en poder de la Administración de la Generalitat, donde se tuvo la oportunidad de observar que mientras el acceso pasivo era muy reducido, inexistente en muchos departamentos, el acceso activo era muy elevado. Véase en I. CERRILLO; A. MARTÍNEZ (2000). *L'aplicació del dret d'accés a la documentació administrativa de la Generalitat de Catalunya, op.cit.*

58 En la misma línea, en Francia se afirma que "lejos de ser un objetivo en sí mismo, la introducción de las tecnologías de la información y de la comunicación no tiene mayor sentido que desde la perspectiva de los objetivos de servicio público. Ello debe permitir una mejora de la calidad del servicio prestado, es decir, la puesta a disposición en la red de informaciones a los ciudadanos y a las empresas, el recursos a las nuevas formas de interactividad o la aparición, con el teleprocedimiento, de nuevos accesos del público a la Administración" [B. LASSERRE (2000). «L'Etat et les technologies de l'information et de la communication. Vers une administration 'à accés pluriel'», pág. 6].
En Francia se ha previsto que la difusión del derecho por Internet es un servicio público. Véase al respecto la Ley 2000/321, de 12 de abril, relativa a los derechos de los ciudadanos en sus relaciones con las administraciones, posteriormente desarrollada a efectos organizativos por el Decreto 2002/1064, de 7 de agosto, del Servicio Público de Difusión del Derecho por Internet.

amos sintetizar en los siguientes elementos: servicio universal, continuidad, calidad del servicio, asequibilidad y protección de los usuarios.[59] Pero principalmente permitirá garantizar que la difusión de la información cumpla determinadas características que permitan, al fin y al cabo, que los ciudadanos puedan ejercer sus derechos y las empresas realizar su actividad económica, superando, por ello, buena parte de las dificultades y limitaciones que el reconocimiento del derecho de acceso como derecho subjetivo ha tenido hasta la actualidad.

De la conclusión anterior no se deriva, sin embargo, que sea la Administración pública la única que pueda difundir la información a los ciudadanos. Si bien es cierto que la información administrativa es importante para la vida cívica y democrática, no lo es menos que ésta también tiene un potencial económico importante. Por todo ello, las administraciones públicas podrán difundir información vinculada a misiones de servicio público (información jurídico-formal o comunicación de servicio en sentido estricto),[60] pero también información de valor añadido (información meteorológica, estadística, turística, por ejemplo) en la que podrán concurrir con empresas o ciudadanos.[61]

Referencias bibliográficas

ARENA, G. (1996). «Ipotesi per l'applicazione del principio di sussidiarietà nella provincia autonoma di Trento». *Ius. Rivista di Diritto*. Pág. 1-2.

59 Véase al respecto el *Libro verde sobre los servicios de interés general* [COM (2003), pág. 270 final] de 21 de mayo del 2003. Ello supone recoger los principios propios del servicio público definidos por la doctrina. Véase al respecto I. MALARET; E. GARCIA (1998). «Servicios públicos, funciones públicas, garantías de los derechos de los ciudadanos: perennidad de las necesidades, transformación del contexto». *Revista de Administración Pública*. Núm. 145, pág. 67.

60 Expresión ésta recogida de la Propuesta de Directiva relativa a la reutilización y explotación comercial de los documentos del sector público.

61 Tal como recoge la Propuesta de Directiva relativa a la reutilización y explotación comercial de los documentos del sector público "estas últimas implican añadir valor a la información que han recogido para clientes concretos o desarrollar productos de valor añadido para un amplio mercado de consumo que se apoyan en los datos originales recopilados en el ejercicio de sus misiones de servicio público" [COM(2002)207 final de 5 de junio de 2002, pág. 8].

ARENA, G. (2003). «E-government e nuovi modelli di amministrazione». En: *Observatori de l'evolució de les institucions.*

BARATA i MIR, J. (2003). «Relacions telemàtiques i seguretat. Régim jurídic dels nous canals de comuniació administració-ciutadans». En: I. Malaret; E. Garcia. *L'Administració pública i les noves tecnologies de la informació i de la comunicació: una anàlisi jurídica.* Barcelona: Institut d'Estudis Autonòmics.

BRUGUE, Q.; AMOROS, M. y GOMA, R. (1994). «La administración pública y sus clientes: ¿moda organizativa u opción ideológica?». *Gestión y análisis de políticas públicas.* Núm. 1.

CASSESE, S. (2001). «L'arena pubblica. Nuovi paradigmi per lo Stato». *Rivista trimestrale di diritto pubblico.* Núm. 3.

CASTELLS ARTECHE, J.M. (1984). «El derecho de acceso a la documentación de la administracion pública». *Revista de Administración Pública.* Núm. 103.

CASTELLS, M. (2000). *La era de la información. Vol.1 La sociedad red.* 2." ed. Madrid: Alianza.

CERRILLO i MARTINEZ, A. (2000). «Régimen jurídico de la información administrativa». En: J. Tornos Mas; A. Galán Galán. *La comunicación pública. La información administrativa al ciudadano.* Madrid: Marcial Pons.

CERRILLO i MARTINEZ, A. (2000). *L'aplicació del dret d'accés a la documentació administrativa de la Generalitat de Catalunya.* Barcelona: Escola d'Administració Pública de Catalunya-Generalitat de Catalunya.

CHEVALIER, J. (1988). «Le mythe de la transparence administrative». En: AA.VV. *Information et transparence administratives.* París: Presses Universitaires de France.

CHEVALIER, J.; LOSCHACK, D. (1986). *Ciencia Administrativa I.* Madrid: Instituto Nacional de Administración Pública.

CRIADO GRANDE, J. I.; RAMILO ARAUJO, M." C. (2001). «e-Administración: ¿Un reto o una nueva moda? Problemas y perspectivas de futuro en torno a Internet y las tecnologías de la información y la comunicación en las Administraciones Públicas del siglo XXI». *Revista Vasca de Administración Pública.* Vol. 1, núm. 61.

FERNANDEZ RAMOS, S. (1997). *El derecho de acceso a los documentos administrativos.* Madrid: Marcial Pons.

GALAN GALAN, A. (2000). «La comunicación pública». En: J. Tornos Mas; A. Galán Galán. *Comunicación pública. La información administrativa al ciudadano*. Madrid: Marcial Pons.

GARCIA DE ENTERRIA, E. (1972). *La administración española*. 3.ª ed. Madrid: Alianza.

GIANNINI, M.S. (1987). *Premisas históricas del Derecho Administrativo*. Madrid: INAP.

GOMEZ REINO Y CARNOTA, E. (1976). «El principio de publicidad de la acción del estado y la técnica de los secretos oficiales». *Revista Española de Derecho Administrativo*. Núm. 8.

LASSERRE, B. (2000). «L'Etat et les technologies de l'information et de la communication. Vers une administration 'à accés pluriel'».

MALARET I GARCIA, E. (2001). «La Administración abierta». U.I. Menéndez-Pelayo [mimeo].

MALARET I GARCIA, E. (1998). «Servicios públicos, funciones públicas, garantías de los derechos de los ciudadanos: perennidad de las necesidades, transformación del contexto». *Revista de Administración Pública*. Núm. 145.

MESTRE DELGADO, J. F. (1998). *El derecho de acceso a archivos y registros administrativos: [Análisis del artículo 105.b) de la Constitución]*. 2.ª ed. Madrid: Civitas.

OCDE. (1991). *La Administración al servicio del público*. Madrid: MAP.

OECD. (2003). «Engaging citizens online for better policy-making». *Policy Brief*. Núm. marzo.

PARADA VAZQUEZ, R. (1993). *Comentarios a la LRJPAC*. Madrid: Marcial Pons.

RAMIO, C. (2002). «E-Administració i nous models de gestió pública». I Congrés català de Gestió Pública.

VALERO TORRIJOS, J. (2001). «El derecho de acceso a la información administrativa mediante sistemas informáticos y telemáticos». *Cuadernos de Estudios Técnicos. Archivo General de la Región de Murcia*. Núm. 1.

VILLORIA MENDIETA, M. (1996). «La modernización de la Administración central en España». *Revista Vasca de Administración Pública*. Núm. 45-II.

WEBER, M. (1991). *¿Qué es la burocracia?* Buenos Aires: Leviatan.

Principales aplicaciones de Internet en la Administración Tributaria

Ana María Delgado García y *Rafael Oliver Cuello*[*]

Introducción

La incorporación de las nuevas tecnologías en el ámbito tributario puede conseguir una Administración que cumpla los objetivos de un mayor acercamiento al ciudadano, facilitándole el acceso a la información y a sus servicios, un mayor conocimiento por parte del ciudadano de la Administración, de sus funciones y sus competencias, una mayor agilización en la tramitación de asuntos y en su notificación, así como una reducción del tiempo de respuesta, que supondría una mejora de la calidad del servicio ofrecido. En definitiva, una Administración con mayor rendimiento, que trabaje mejor y cueste menos.

La Administración tributaria española ha destacado, entre todas las administraciones, por su aplicación temprana e intensa en numerosos ámbitos relacionados especialmente con los procedimientos tributarios, que progresivamente han ido en aumento. Fruto de este proceso, incluso ha ido cambiando el papel que hasta ahora desempeñaba, pasando de ser una administración eminentemente controladora a una administración sustancialmente asistencial.

El fundamento de la aplicación de las tecnologías de la información y de la comunicación en el seno de la Administración en sus relaciones con los obligados tributarios se encuentra en el principio de eficacia en el servicio a los

* Reproducción del artículo publicado en *IDP. Revista de Internet, Derecho y Política*, núm. 2 (2006) <http://www.uoc.edu/idp/2/dt/esp/delgado_oliver.pdf>

intereses generales, consagrado en el art. 103 de la Constitución Española, según el cual, los principios básicos que deben presidir la actividad de la Administración son los de servicio, objetividad, generalidad, eficacia, jerarquía, descentralización, desconcentración y coordinación. Así, debe tenerse presente que los medios tecnológicos, sin duda alguna, permiten acelerar la tramitación de los procedimientos, a la vez que posibilitan una mayor transparencia de los mismos, al simplificar para el obligado tributario el acceso y conocimiento de su estado de tramitación.

En este sentido, la Carta de Servicios de la Agencia Estatal de Administración Tributaria (en adelante, AEAT), aprobada mediante Resolución de 26 de julio de 2001, señala los siguientes principios más relevantes que se tienen en cuenta en la actuación de la mencionada Agencia, en relación con su objetivo básico de impulsar el cumplimiento voluntario de las obligaciones tributarias: el compromiso firme de asistencia al ciudadano en el cumplimiento de sus obligaciones tributarias; la comodidad, agilidad y sencillez en los trámites derivados de las obligaciones tributarias, evitando a los ciudadanos gestiones y desplazamientos innecesarios, ofreciendo nuevas vías de relación con los contribuyentes y facilitando el pago de las deudas tributarias; una comunicación ágil y fluida con los ciudadanos, aprovechando las más modernas tecnologías; la eficacia y eficiencia en todos los procedimientos tributarios; y, finalmente, una adaptación constante al entorno económico-social y a las nuevas necesidades de los ciudadanos.

Por otro lado, la Ley 58/2003, de 17 de diciembre, General Tributaria (en adelante, LGT) introduce la regulación de la utilización de las tecnologías de la información y la comunicación en su art. 96. En particular, la aplicación de las nuevas tecnologías en las relaciones entre Administración y obligado tributario, tiene una especial trascendencia en materia del deber administrativo de información y asistencia, así como en los procedimientos tributarios, especialmente en algunos, como el de gestión. En este contexto, las principales manifestaciones de las nuevas tecnologías aplicadas a los procedimientos tributarios se dan en el seno de la presentación y pago de las declaraciones tributarias, las notificaciones tributarias y la presentación de recursos contra actos de naturaleza tributaria.

1. La información y asistencia a los obligados tributarios por medios telemáticos y la colaboración social en la aplicación de los tributos

Ante el elevado grado de dificultad del cumplimiento de las obligaciones materiales y formales que se imponen a los obligados tributarios por la normativa, que, a su vez, es excesivamente cambiante y de difícil interpretación, se hace imprescindible que la Administración les informe sobre sus derechos y deberes y les ayude en el ejercicio y cumplimiento de los mismos. Esta situación puede resultar difícil para una generalidad de contribuyentes, para quienes, además, puede ser excesivo el coste fiscal indirecto de un asesoramiento sobre la materia, el cual puede devenir, por otro lado, muy sencillo en la mayor parte de los casos. De ahí que la LGT, en su art. 85, establezca el deber de la Administración de informar y asistir a los obligados tributarios en el cumplimiento de sus deberes y en el ejercicio de sus derechos. Y, en concreto, el art. 87.3 LGT señala que las actuaciones de información a las que se refiere este precepto (comunicaciones, suministro del texto íntegro de consultas o resoluciones, información a través de oficinas abiertas al público, acceso a bases informatizadas...), "se podrán efectuar mediante el empleo y aplicación de técnicas y medios electrónicos, informáticos y telemáticos".

En consecuencia, incumbe a la Administración Tributaria el deber de auxiliar al obligado tributario en este punto, proceso en el que los recursos tecnológicos se revelan como una ayuda muy eficaz. No obstante, el apoyo tecnológico y el uso de documentos electrónicos en la asistencia al obligado tributario no deben entenderse como algo aplicable sólo al contribuyente poco versado en materias fiscales, sino también al de mayor envergadura y potencialidad, sometido a una pluralidad de obligaciones, de diversa índole. En este contexto, la Agencia Tributaria, en un afán de modernizarse para prestar una mejor información y asistencia al obligado tributario, en cumplimiento del deber recogido en el art. 85 LGT, ha puesto en marcha una página *web*, a través de la cual presta numerosos servicios, tanto de información como de asistencia.[1] En

1 Al respecto, véase DELGADO GARCÍA, A. M.; OLIVER CUELLO, R. (2004). *El deber de información y asistencia a los obligados tributarios*. Valencia: Tirant Lo Blanch. Y también *Algunas cuestiones relativas a la información y asistencia a los obligados tributarios* (Revista de información fiscal). Núm. 65, 2004, págs. 59 y ss.

este punto, la mencionada Carta de Servicios de la AEAT recoge los compromisos de calidad en su prestación.

En la actualidad, tales servicios son, entre otros, los siguientes: presentación de declaraciones tributarias telemáticas; presentación de recursos; acceso a las últimas modificaciones normativas en materia tributaria; acceso a las contestaciones a las consultas tributarias escritas emitidas básicamente por la Dirección General de Tributos; conocimiento de los criterios interpretativos de la Agencia Tributaria contenidos en el Programa INFORMA; consulta de las resoluciones del Tribunal Económico-Administrativo Central; consulta del estado de tramitación de las devoluciones del Impuesto sobre la Renta de las Personas Físicas (en adelante, IRPF); solicitud o impresión de etiquetas fiscales; obtención de certificaciones tributarias electrónicas y comprobación de la expedición de las mismas; solicitud, obtención o rectificación de datos fiscales del IRPF; solicitud del cobro anticipado de la deducción por maternidad del IRPF; obtención de modelos de declaraciones, de otros documentos tributarios y de formularios; descarga de programas de ayuda para la confección de declaraciones; así como la confirmación del borrador de declaración del IRPF o bien su rectificación.

En relación con tales actuaciones de información y asistencia, pueden realizarse dos observaciones: en primer lugar, se ha de remarcar el rápido aumento de servicios que se prestan a través de Internet. En segundo lugar, que para la recepción de la mayoría de los mismos es necesario disponer de un certificado de usuario como, por ejemplo, el suministrado por la Fábrica Nacional de Moneda y Timbre. Y en tercer lugar, que, en ocasiones, dichas actuaciones puede realizarlas una persona que no es el obligado tributario en el marco de

---

2 En cuanto a la colaboración social en la aplicación de los tributos, tema relacionado con el de la información y asistencia a los obligados tributarios, se encuentra regulado en el art. 92 LGT, adquiriendo mayor relevancia hoy día por la irrupción de las tecnologías de la información y la comunicación en el ámbito de la aplicación de los tributos, en especial, Internet y el correo electrónico, y deviene una necesidad en tanto no se generalice socialmente el uso de las tecnologías de la información. De entre los supuestos de colaboración social contemplados en el art. 92.3 LGT en los que se puede materializar el empleo de estas técnicas y medios, cabe destacar los siguientes: asistencia en la realización, presentación y remisión de autoliquidaciones, declaraciones y comunicaciones (letras *d)* y *e)*, respectivamente); información del estado de tramitación de las devoluciones y reembolsos, así como la solicitud y obtención de certificados tributarios (letras *g)* y *h)*, respectivamente). Al respecto, véase DELGADO GARCÍA, A. M.; OLIVER CUELLO, R. (2003): *La colaboración social en la gestión tributaria telemática* (Revista de información fiscal). Núm 59, págs. 11 y ss.

la colaboración social en la gestión tributaria.[2] Por otra parte, este apoyo tecnológico en la asistencia al obligado tributario supone, en la mayoría de los casos, importantes ventajas para la Administración Tributaria, por un lado, en cuanto al cumplimiento puntual y preciso de las obligaciones, puesto que un correcto conocimiento de la normativa fiscal contribuye a la eliminación de los errores que los contribuyentes, sin dicho conocimiento, podrían cometer; por el otro, respecto a la recepción de la información fiscal contenida en las declaraciones de forma mucho más útil y ágil; y, finalmente, en cuanto a la disminución de las actuaciones posteriores de comprobación.[3]

Por último, otras actuaciones que se pueden realizar a través de Internet son el pago de impuestos autoliquidados por el contribuyente o liquidados por la Administración; solicitud de aplazamiento de deudas; participación, como licitadores, en procedimientos de enajenación de bienes desarrollados en el ámbito recaudatorio; la presentación de una denuncia pública; el alta de apoderamiento para trámites tributarios por Internet; y la práctica de notificaciones por vía telemática.

2. La presentación y pago de declaraciones tributarias por Internet

Entre todas las actuaciones de asistencia por vía telemática, destaca, sin duda alguna, la presentación de declaraciones a través de la misma, a la que se

En los supuestos que conllevan la presentación de documentación tributaria, el colaborador social debe estar en posesión de un apoderamiento, en su calidad de representante voluntario del obligado tributario, a tenor de lo dispuesto en el art. 46.4 LGT. En relación con tal apoderamiento, debe tenerse presente la Resolución de 16 de febrero de 2004, de la Dirección General de la Agencia Estatal de Administración Tributaria, por la que se regula el registro y gestión de apoderamientos para la realización de trámites y actuaciones en materia tributaria por Internet.

3 Siguiendo a VALENCIA, el objeto del apoyo tecnológico en la asistencia e información al contribuyente puede resumirse en los siguientes puntos: debe permitir, en primer lugar, hacer llegar al contribuyente una información clara sobre el objeto y la forma de cumplimentar sus obligaciones fiscales; en segundo lugar, ha de permitir, asimismo, llevar a cabo los trámites necesarios con las mínimas molestias; y en tercer lugar, debe facilitar la presentación de las declaraciones. (VALENCIA ALONSO, F. (1994). "Apoyo tecnológico a la función de asistencia e información al contribuyente". En: *Factores de éxito para la Administración del sistema tributario*. XXVIII Asamblea General del CIAT. Madrid: IEF, págs. 121-122).

refiere el art. 98.4 LGT. Esta vía de comunicación con la Administración Tributaria ofrece, entre otras, las siguientes ventajas: disminución de la presión fiscal indirecta, pues para el contribuyente resulta un sistema más cómodo de tramitación de sus declaraciones; minoración de la carga de trabajo gestora de la Administración, que evita tareas de grabación, tramitación y, en general, de movimiento de papel; reducción de los tiempos de tramitación de las declaraciones, y disminución del tiempo necesario para procesar y detectar la evolución de variables económicas, lo que permite un mejor seguimiento de la recaudación global y por sectores.

En relación con las declaraciones tributarias, se permite tanto su presentación a través de Internet, como, en su caso, su pago; si bien a algunos obligados tributarios, como es el caso de las grandes empresas, la normativa les obliga a acudir a la vía telemática en el ámbito de algunos impuestos. Asimismo, no sólo es posible realizar telemáticamente el pago de deudas autoliquidadas por el obligado tributario, sino también el de deudas liquidadas por la propia Administración. Por otra parte, también es posible presentar telemáticamente la solicitud de compensación, aplazamiento o fraccionamiento del pago, así como consultar las resoluciones de aplazamientos y obtener información respecto de los vencimientos de los plazos pendientes.

En la actualidad, son siete las figuras impositivas en las que se permite la presentación telemática y, en su caso, pago de declaraciones o autoliquidaciones a través de Internet, en relación no sólo con la realización del hecho imponible, sino también con retenciones, ingresos a cuenta y pagos fraccionados, e incluso con obligaciones de información. Se trata del Impuesto sobre el Valor Añadido, el IRPF, el Impuesto sobre el Patrimonio, el Impuesto sobre Sociedades, el Impuesto sobre la Renta de los No Residentes, los Impuestos Especiales y el Impuesto sobre Actividades Económicas.

A estos efectos, es necesario estar en posesión de un certificado de usuario o firma electrónica avanzada. En el ámbito tributario, la Fábrica Nacional de Moneda y Timbre actúa, entre otras entidades, como autoridad de certificación, de acuerdo con la habilitación concedida por el artículo 81, apartado 1, letra *b)*, de la Ley 65/1997, de 30 de diciembre.

En cuanto al procedimiento para la presentación y, en su caso, pago de las declaraciones telemáticas, suele ser similar en todos los supuestos.[4] Básicamente, es el siguiente. En primer lugar, el declarante se debe poner en contacto con la entidad colaboradora, bien por vía telemática o acudiendo a sus oficinas; o bien personándose en la entidad de depósito que presta el servicio de caja en la delegación o administración de la AEAT, en cuya circunscripción se encuentre su domicilio fiscal, a los efectos de que se faciliten una serie de datos relativos a la autoliquidación.

En segundo lugar, la entidad colaboradora o la entidad de depósito asignarán al contribuyente un número de referencia completo (NRC), una vez contabilizado el importe. Asimismo, dicha entidad entregará o remitirá un recibo al declarante, que surte efectos liberatorios frente a la Administración Tributaria. El NRC se genera informáticamente mediante un sistema criptográfico que relaciona de forma unívoca el NRC con el importe a ingresar o devolver. No obstante, cuando el resultado de la autoliquidación sea negativo, con solicitud de devolución o con renuncia a la devolución, no es preciso obtener el NRC citado; sino que el presentador se pondrá directamente en comunicación con la AEAT a través de Internet para proceder a la siguiente fase del procedimiento de presentación telemática. En este punto, debe tenerse en cuenta que las autoliquidaciones tributarias telemáticas pueden presentarse por parte de los contribuyentes, al igual que en el caso de autoliquidaciones presentadas por otros medios, espontáneamente fuera del período voluntario en dos supuestos: para suplir la falta de presentación anterior o bien para modificar la autoliquidación presentada.

En tercer lugar, tras la realización de la operación anterior y la obtención del NRC correspondiente, el declarante se pondrá en comunicación con la AEAT, a través de la página web de Internet, para proceder a la presentación de la declaración en la misma fecha en que tuvo lugar el ingreso, o en su caso, la solicitud de devolución. Introducirá, en su caso, el NRC asignado por la entidad colaboradora y cumplimentará los datos incluidos en el formulario que aparecerá en

4 Para un análisis más detallado de esta materia, véase DELGADO GARCÍA, A. M.; OLIVER CUELLO, R. (2001): *Las declaraciones tributarias telemáticas* (Revista de derecho financiero y Hacienda pública). Núm. 259.

pantalla, tras la selección de la opción de presentación de declaraciones. La transmisión telemática de la declaración-liquidación deberá realizarse en la misma fecha en que tenga lugar el ingreso resultante de la misma. En consecuencia, se produce una simultaneidad en el ingreso y en la presentación de la autoliquidación, ya que ambos tienen lugar en el mismo día. Si bien en realidad, lo que se realiza en primer lugar es el ingreso y, posteriormente, la presentación. Ahora bien, si no puede realizarse la presentación el mismo día en que tenga lugar el ingreso por razones técnicas, podrá realizarse la transmisión telemática de la autoliquidación hasta el segundo día hábil siguiente al del ingreso.

En relación con este extremo, importa destacar que podría darse el caso de que, habiéndose realizado el ingreso el último día del período voluntario, no se pudiera presentar dentro de dicho plazo la autoliquidación, por encontrarse saturada la red, por problemas con el servidor o por cualquier otro problema de carácter técnico. A este respecto, consideramos que, asimismo, la declaración podría presentarse dentro de los dos días hábiles siguientes a la finalización del período voluntario, sin ninguna consecuencia jurídica para el obligado tributario, a pesar del silencio que guarda la normativa en este extremo.

No obstante, si la presentación tampoco pudiera efectuarse dentro de estos dos días, hay que plantearse qué efectos se derivarían para el obligado tributario. En estos casos, como el ingreso ya se ha producido, entendemos que no existiría omisión del ingreso, de forma que no cabría imponer ninguna sanción por la infracción tipificada en el art. 191 LGT, así como tampoco exigir intereses de demora en concepto indemnizatorio. Sin embargo, la falta de presentación de las autoliquidaciones en los plazos señalados por la normativa tributaria constituye una infracción leve tipificada en el art. 198 LGT; pues el ingreso de la deuda no exime de la obligación de presentar la declaración.[5]

El cuarto paso que debe realizar el obligado tributario que presente su declaración por vía telemática consiste en seleccionar el certificado de usuario, a los

5 A este respecto, debe tenerse en cuenta la existencia de diversas circunstancias exoneradoras de responsabilidad en materia de infracciones tributarias, reguladas en el art. 179.2 LGT. De forma que si el declarante incurre en alguna de ellas, no podría la Administración imponerle ninguna sanción por infracción leve. Así, si se destruye el ordenador del declarante en el que tiene instalado su certificado de usuario, podría aplicarse la causa de exoneración de responsabilidad consistente en la concurrencia de fuerza mayor, contemplada en la letra b) de dicho precepto. O bien podría aplicarse la circunstancia señalada en su letra d), si el declarante obra con la diligencia necesaria.

efectos de generar la firma electrónica. A continuación, el declarante transmitirá la declaración completa con la firma digital, o en su caso, firmas digitales.[6] En quinto lugar, una vez aceptada la presentación, la AEAT le devolverá en pantalla la declaración o, en su caso, el documento de ingreso o devolución, validados con un código electrónico de dieciséis caracteres, además de la fecha y hora de presentación. Finalmente, el declarante deberá imprimir y conservar la declaración o documentos aceptados y validados con el correspondiente código electrónico. Por consiguiente, el obligado tributario que realiza la presentación telemática de una declaración recibe dos recibos o justificantes: uno, correspondiente al ingreso, y otro, relativo a la presentación de la declaración. Ambos recibos poseen carácter liberatorio para el contribuyente frente a la Administración Tributaria. De ahí la importancia de su conservación.

3. Las notificaciones tributarias telemáticas

La incorporación de las técnicas telemáticas en la relación entre la Administración y el obligado tributario permite su utilización como medios idóneos para practicar las notificaciones, por la rapidez que suponen en la comunicación entre ambas partes. Sin duda alguna, los medios telemáticos, en comparación con el resto de medios de notificación, facilitan y agilizan la práctica de las notificaciones, de forma que no sólo dotan de mayor eficacia el funcionamiento de la Administración y la comunicación con el obligado tributario, sino que también permiten un mayor control administrativo en la práctica de las notificaciones. Pues, no hay que olvidar que son muchos los actos a notificar a numerosos obligados tributarios en un sistema de gestión en masa, y en poco tiempo.

En estos casos, el medio (correo electrónico) se confunde con el lugar para la práctica de notificaciones (dirección electrónica única); y, de otro lado, gene-

6 Se requiere más de una firma digital, por ejemplo, cuando se presenta una declaración conjunta del IRPF por medios telemáticos, en la que hay que hacer constar la firma de ambos cónyuges. No obstante, en el ámbito de la colaboración social en la presentación de declaraciones, sólo se hará constar la firma digital del presentador, no siendo necesaria la del obligado a quien representa.

ralmente, el sujeto receptor de la notificación será su destinatario, con las repercusiones que todo ello puede tener en cuanto a la recepción y la práctica de la notificación. Y, por otra parte, debe señalarse que se confunde el órgano que resuelve y, por lo tanto, notifica, con el agente que materialmente practica la notificación; con lo cual se agiliza la práctica de la notificación y puede evitarse la gran conflictividad existente en esta materia.

En el ámbito de la aplicación de los tributos, la LGT no regula dicha cuestión, salvo en el caso de las reclamaciones económico-administrativas. Por lo que la normativa aplicable es la Ley 30/1992, de 26 de noviembre, de Régimen Jurídico de las Administraciones Públicas y del Procedimiento Administrativo Común (en adelante, LRJPAC), cuyo art. 59.1 permite la notificación mediante cualquier medio que permita la acreditación de la recepción de la misma, de la fecha, la identidad y el contenido del acto notificado. En concreto, este mismo precepto dedica su apdo. 3 a la notificación por medios telemáticos, dadas las especialidades de este medio; norma desarrollada por el art. 12 RD 263/1996, de 16 de febrero, que regula la utilización de técnicas electrónicas, informáticas y telemáticas por la Administración General del Estado.

Para que la notificación se practique utilizando medios telemáticos, se requerirá que el interesado así lo haya señalado expresamente, bien indicando como preferente el medio telemático para recibir notificaciones (en su solicitud, escrito o comunicación) o bien consintiendo dicho medio a propuesta del correspondiente órgano administrativo (art. 59.3 LRJPAC y art. 12 RD 263/1996). Por consiguiente, la utilización de esta vía para la práctica de las notificaciones es optativa y su elección concreta siempre depende exclusivamente del obligado tributario, tanto si es persona física como jurídica, y con independencia en este último supuesto de su condición de pequeña, mediana o gran empresa.

Además, deben cumplirse una serie de condiciones generales previstas en el art. 7.1 del RD 263/1996: la garantía de su disponibilidad y acceso en las condiciones que en cada caso se establezcan; la existencia de compatibilidad entre los utilizados por el emisor y el destinatario que permita técnicamente las comunicaciones entre ambos, incluyendo la utilización de códigos y formatos o diseños de registro establecidos por la Administración General del Estado; y la existencia de medidas de seguridad tendentes a evitar la interceptación y alteración de las comunicaciones, así como los accesos no autorizados.[7] El interesado deberá disponer de una dirección electrónica habilitada para ello, que será única para todas las posibles notificaciones a practicar por las administraciones (art. 12.3 RD 263/1996).[8]

En nuestra opinión, la dirección electrónica única se convierte, de esta manera, en el domicilio electrónico del interesado, a efectos de notificaciones. Ahora bien, la regulación de la dirección electrónica única es excesivamente rígida, pues obliga al interesado a disponer de una cuenta de correo electrónica exclusiva para notificaciones, que será diferente de las cuentas que utilice habitualmente. De forma que esta regulación aporta muchas ventajas para la Administración (facilitación y agilización de la práctica de las notificaciones), pero pocas para el ciudadano, ya que, como se verá, transcurridos diez días desde la recepción de la notificación sin que se acceda a su contenido, se entiende por practicada. Con lo cual, los obligados tributarios en escasas ocasiones se verán motivados a señalar como preferente este medio de notificación.

Según el art. 12.4 del RD 263/1996, la notificación no se practicará por medios telemáticos en todos los procedimientos, sino sólo en aquellos expresamente señalados por el interesado. Durante la tramitación del procedimiento, y sólo si concurren causas técnicas justificadas, el interesado puede requerir al órgano que las notificaciones sucesivas no se practiquen por medios telemáticos. El sistema de notificación deberá acreditar las fechas y horas en que tiene lugar la recepción de la notificación y el acceso de éste al contenido del men-

7 Por su parte, el art. 7.2 de la citada norma establece que las notificaciones telemáticas serán válidas cuando cumplan los siguientes requisitos: constancia de la transmisión y recepción, de sus fechas y del contenido íntegro de las comunicaciones; identificación fidedigna del remitente y del destinatario de la comunicación; y que los particulares hayan señalado el soporte, medio o aplicación como preferente para sus comunicaciones con la Administración General del Estado en cualquier momento de la iniciación o tramitación del procedimiento o del desarrollo de la actuación administrativa.

8 La dirección electrónica única debe cumplir los siguientes requisitos: poseer identificadores de usuario y claves de acceso para garantizar la exclusividad de su uso; contar con mecanismos de autenticación que garanticen la identidad del usuario; contener mecanismos de cifrado para proteger la confidencialidad de los datos; y cualquier otro que se fije legal o reglamentariamente. La vigencia de la dirección electrónica única es indefinida, salvo cuando se solicite su revocación, por fallecimiento o extinción de la personalidad jurídica, cuando una resolución administrativa así lo ordene, o por el transcurso de tres años sin que se utilice para la práctica de notificaciones (supuesto en el que se inhabilitará la dirección electrónica única, comunicándose así al interesado).

saje, así como cualquier causa técnica que impida cualquiera de ambas circunstancias (art. 12.5 RD 263/1996).

De conformidad con el art. 59.3 LRJPAC, la notificación se entenderá practicada a todos los efectos legales "en el momento en que se produzca el acceso a su contenido en la dirección electrónica", es decir, desde que se abre el mensaje de correo. En cambio, el RD 263/1993 no contiene ninguna previsión similar, si bien se refiere a que debe quedar constancia de la fecha y hora en que tiene lugar el acceso al contenido de la notificación. De entrada, este criterio del art. 59.3 LRJPAC parece ir en contra del principio de recepción que impera en toda la regulación de las notificaciones. En relación con las telemáticas, en cambio, parece que se acoge el principio de cognición. Aunque, como se verá, queda muy matizado por la previsión de que pasados diez días desde la recepción sin que se acceda a su contenido, se entiende rechazada. En efecto, de conformidad con el citado art. 59.3 LRJPAC, "cuando, existiendo constancia de la recepción de la notificación en la dirección electrónica, transcurrieran diez días naturales sin que se acceda a su contenido, se entenderá que la notificación ha sido rechazada", en cuyo caso la notificación se considera practicada, a tenor del art. 111.2 LGT.

Por consiguiente, a nuestro juicio, el legislador podría haberse ahorrado las menciones al "acceso" al contenido de la notificación y al rechazo de la misma, y haber establecido simplemente que, transcurridos diez días naturales desde la recepción de la notificación por el servidor correspondiente, se tuviera por efectuada la notificación a todos los efectos legales. Máxime cuando la consecuencia que se contempla de forma expresa es el rechazo, mientras que en las notificaciones tributarias practicadas por otros medios, según dispone el art. 112.1 LGT, se acude a la notificación por comparecencia mediante anuncios.

Ahora bien, como es lógico, el art. 59.3 LRJPAC exceptúa de este efecto la imposibilidad técnica o material del acceso, tanto si se comprueba de oficio como a instancia del destinatario. El problema que se puede plantear, en este caso, consiste en determinar cuándo concurre una circunstancia que impida técnica o materialmente el acceso, como puede ser el caso del corte del suministro eléctrico, una avería del equipo informático o una avería del servidor del correo electrónico. Por ello, para que una de estas causas opere como determinante de la imposibilidad técnica o material y, por ende, como salvedad a la consideración de rechazo de la notificación, será preciso probar estas circunstancias, tarea que en ocasiones puede ser bastante compleja.

4. Presentación telemática de recursos

El tema del empleo de la vía telemática en la presentación del recurso de reposición y otras solicitudes de carácter tributario (como la de devolución de ingresos indebidos, de rectificación de autoliquidaciones y de iniciación del procedimiento de rectificación de errores materiales, de hecho o aritméticos) es objeto de regulación por parte de la Resolución de 11 de diciembre de 2001, de la Dirección General de la Agencia Estatal de Administración Tributaria. Por otro lado, la LGT, en su Disposición adicional decimosexta, se refiere a la utilización de medios electrónicos, informáticos o telemáticos en las reclamaciones económico-administrativas.

En cuanto al procedimiento de presentación telemática del recurso de reposición y de las mencionadas solicitudes, en primer lugar, el solicitante o, en su caso, su representante, debe ponerse en comunicación con la Agencia Tributaria, a través de su página web. Seguidamente, debe seleccionar el tipo de solicitud que se desea presentar, si bien la calificación no es obligatoria. En función de la opción elegida, cumplimentará los datos incluidos en el formulario que aparecerá en la pantalla.

Las alegaciones se podrán incorporar a través de la recuperación de un fichero en formato HTML o crearlo en el mismo momento de la interposición. Si se desea aportar documentación anexa a la solicitud, el interesado o su representante deberán realizarlo en cualquiera de los registros previstos en la norma administrativa. En dicha documentación se hará mención del código electrónico de validación devuelto por la Agencia Tributaria. Una vez introducidos todos los datos, si conforme a la aplicación informática son validados, se mostrará el escrito de presentación de la solicitud. En caso contrario, se indicarán los errores para que el interesado o, en su caso, su representante proceda a su subsanación. A continuación, se debe seleccionar un certificado de usuario, previamente instalado en el navegador para generar la firma digital. Después, se transmitirá a la Agencia Tributaria el escrito de presentación de la solicitud con la firma digital. Si la solicitud es aceptada, la Agencia Tributaria le devolverá en pantalla el escrito de presentación de la solicitud validado con un código electrónico de dieciséis caracteres, además de la fecha y hora de presentación.

Asimismo, si la solicitud se presentó a través de un representante voluntario, tanto en el ámbito de las personas físicas como jurídicas, la aplicación señalará, mediante un mensaje al respecto, la necesidad de que en el plazo de los diez días siguientes a la presentación de la solicitud se acredite la representación a favor de aquél. Es posible acreditar por Internet el otorgamiento, aceptación y revocación de la representación en la tramitación de recursos. El solicitante o, en su caso, su representante deberá imprimir y conservar el escrito de presentación de la solicitud una vez aceptado y validado con el correspondiente código electrónico.

Alguna precisión sobre las nuevas tecnologías y la democracia deliberativa y participativa

*José Luis Martí**

Son muchas las confusiones que rodean el campo de la democracia digital, democracia electrónica o e-democracia. Además de los desacuerdos conceptuales, completamente normales en un ámbito y una disciplina que todavía se encuentra en una fase muy incipiente y en permanente transformación, nos encontramos con un gran número de desacuerdos sustantivos sobre la finalidad a la que deben servir las nuevas tecnologías, sobre de qué manera pueden ser útiles a la mejora de la gobernancia y la democracia, y sobre cuál es la mejor forma de articular su aplicación. Pero no se acaba aquí el origen de los problemas. Existe también una creencia generalizada entre los llamados "expertos" de la democracia digital, a menudo técnicos de participación o expertos en tecnología, de que lo que importa para el desarrollo de este ámbito es la práctica misma, el diseño de mecanismos de participación digital, y que la teoría no hace sino confundir todavía más la situación. Pero lo que produce este desprecio por la reflexión teórica es un aumento de la incertidumbre y de los desacuerdos conceptuales, la falta de un canon de prioridades y de principios de diseño institucional, y una cierta anarquía práctica en el desarrollo de las experiencias de democracia digital.

Si añadimos, aún, el hecho de que la mayoría de las instituciones políticas que se encuentran detrás de gran parte de las experiencias que se realizan se suman al movimiento global en favor de este tipo de mecanismos más por una obligación

* Reproducción del artículo publicado en *IDP. Revista de Internet, Derecho y Política*, núm. 6 (2008) <http://www.uoc.edu/idp/6/dt/esp/marti.pdf>

mediática que por genuino convencimiento, y que cuando lo hacen su apoyo es, en el mejor de los casos, ambiguo, entenderemos que el análisis riguroso del estado de la democracia digital en el mundo nos lleve a resultados bastante decepcionantes.[1] Esta falta de compromiso político hace que las experiencias se acaben diseñando de una manera que afecta poco a las instituciones y procesos ordinarios, y que se opte generalmente por pequeñas intervenciones más que por grandes transformaciones sociopolíticas. Hecho éste que pocas veces es criticado porque, entre otras razones, la mayor parte de los expertos que estudian este ámbito trabajan directamente, o mediante consultoría, para la Administración pública.

De todas estas consideraciones, la que me interesa especialmente ahora es la falta de reflexión teórica, porque en algún sentido es previa a todas las demás cuestiones. Como se dice a menudo, la aplicación de las nuevas tecnologías (TIC) en el ámbito de la política o, concretamente, de la democracia, en sí misma no es ni buena ni mala, dado que la tecnología no es intrínsecamente valiosa. Si nos importa este terreno de aplicación es por lo que ins-trumentalmente pueden aportar las TIC para conseguir o mejorar los objetivos u horizontes que nos hemos marcado.[2] Y eso presupone, obviamente, que conocemos cuáles son dichos horizontes. Si lo que queremos es una democracia representativa como la que ya tenemos actualmente en los países desarrollados, entonces el tipo de TIC y de mecanismos y experiencias que debemos promover es uno determinado. Si, en cambio, queremos construir una democracia participativa y deliberativa, como otros señalan, entonces tendremos que favorecer sin duda otro tipo de TIC y de mecanismos. El debate teórico normativo es, en este sentido, previo. Y por supuesto mucho más complejo de lo que acabo de mencionar. Dentro de cada una de estas dos opciones hay muchas consideraciones normativas importantes, y todas y cada una de ellas tienen implicaciones relevantes para el diseño de mecanismos de aplicación de las TIC en el ámbito democrático. No es posible hacer un diseño institucional en el aire. Y, contra lo que muchos políticos de nuestro tiempo afirman orgullosos, las actitudes pragmáticas que ignoran la reflexión teórica no harán

1 Puede verse una panorámica de las experiencias de democracia participativa digital del ámbito local en el mundo en MARTI y BELTRÁN (2007).

2 SUBIRATS (2002); PEREZ LUÑO (2004); CANALS y MARTÍ (2003).

más que incrementar las incongruencias e ineficiencias de nuestras instituciones políticas.

Uno de los resultados evidentes de la indefinición teórica, de la falta de acuerdo en estas cuestiones, y directamente del desprecio por la teoría, es que muchas de las experiencias de participación que, con grandes costes económicos y personales, se llevan a cabo en diferentes lugares del planeta fracasan o no sacan el provecho que podrían y, lo que es peor, en vez de colaborar en el desarrollo de la democracia digital contribuyen a la confusión y a su desprestigio. En la última parte de este artículo describiré una de estas experiencias que desde mi punto de vista es parcialmente errónea: la que ha llevado a cabo recientemente el Ayuntamiento de Barcelona permitiendo y canalizando la participación ciudadana para configurar el Plan de Actuación Municiapal (PAM).

Democracia y participación

Los últimos 200 años han sido un largo camino de consolidación de la democracia representativa, básicamente en Europa y en Estados Unidos. A menudo se olvida que en este proceso algunas de las conquistas se han alcanzado hace relativamente poco tiempo. La democracia ha estado siempre en evolución permanente. Y algunos de los rasgos fundamentales de las democracias contemporáneas que ahora parecen más esenciales de la misma idea de democracia se alcanzaron en realidad hace pocas décadas. Así, el sufragio universal, con el voto de las mujeres, no llegó a la mayoría de los países hasta el siglo XX. Y, de hecho, algunos estados muy desarrollados tardaron todavía muchos años a incorporar este voto. Es el caso de Suiza, que no lo hizo hasta 1971. La democracia tal como la conocemos actualmente es una construcción reciente resultado de una serie interminable de transformaciones, siempre dirigidas a aumentar la legitimidad democrática de los sistemas de gobierno. Por ello resultaría muy extraño afirmar que esta democracia ya no puede continuar evolucionando hacia formas todavía más legítimas de gobierno, especialmente en el momento actual, en el que los conocimientos científicos y tecnológicos han prosperado tanto que se han producido profundos cambios sociales y culturales. El ámbito político no es un reducto aislado y protegido del impacto de este motor de cambio social que llamamos "tecnología".

En este contexto es donde se puede afirmar que hoy en día estamos viviendo una nueva transformación, un proceso de progresiva implantación de mecanismos partici-pativos que, al menos en un futuro inmediato, no aspiran a sustituir por completo el sistema representativo existente, heredado de las estructuras del siglo XIX, sino a complementarlo y enriquecerlo con una fuente mayor de legitimidad. Los espacios de participación democrática todavía son pocos, y tienen un impacto relativo. Pero actualmente no hay ninguna administración estatal, autonómica, provincial, o local suficientemente significativa que no haya puesto en marcha, o prevea hacerlo en un plazo próximo, o detecte al menos la necesidad de hacerlo, programas de participación democrática. La democracia participativa se puede ver, por lo tanto, como una evolución de las democracias representativas de partidos desarrolladas a lo largo del siglo xx. El principio de fondo es que la legitimidad política mayor que puede recibir una decisión pública es la que el conjunto de la ciudadanía, después de una participación racional y esmerada, puede conferir mediante su voluntad soberana. En la medida en la que pueda garantizarse una participación democrática de calidad, ya no queda ninguna excusa para no abrir los espacios complementarios necesarios de participación.

Hecho histórico, cantidad y calidad

Por primera vez en la historia reciente, y gracias al desarrollo de las TIC, se ha producido un hecho histórico que revoluciona alguna de las tesis centrales de la teoría de la democracia moderna. Desde que la democracia fuera inventada en la Atenas clásica y aplicada de una manera más o menos directa hasta la actualidad, la representación política siempre ha sido considerada necesaria.[3] Los ciudada-

3 En Atenas y otras ciudades griegas de la época clásica había diversas estructuras representativas que coexistían con la asamblea, que era el órgano de participación directa. De hecho, la asamblea misma era muchas veces inoperativa, y la mayoría de las decisiones importantes a menudo eran tomadas por otros órganos, que eran en algunos casos representativos, y en otros directa¬mente no democráticos.

nos, por pocos que fueran, siempre han necesitado de personas encargadas especialmente de tomar las decisiones y ejecutarlas. A ojos de muchos pensadores conservadores, esta representación hacía posible el objetivo de "filtrar" las preferencias desnudas de la ciudadanía, así como frenar las pasiones y las irracionalidades del pueblo. Pero con independencia de este otro argumento, lo cierto es que los teóricos modernos y contemporáneos de la democracia han coincidido siempre en la idea de la necesidad de la representación. La representación era, si se quiere, un mal necesario, inevitable. Así que, para bien o para mal, la participación democrática ciudadana no se ha podido plantear nunca como otra cosa que como complemento de las estructuras de gobierno representativas. Sin embargo, por primera vez en la historia, todo eso ha dejado de ser verdad. Por primera vez, la democracia directa ya es física y tecnológicamente posible. Y, de hecho, ni siquiera sería más cara que el actual sistema representativo.

El presupuesto que actualmente gastamos en España en mantener las estructuras representativas (Cortes Generales, parlamentos autonómicos y consistorios municipales), en caso de ahorrarlo, sería suficiente para cubrir el coste de proporcionar a cada ciudadano un aparato de comunicación similar a un teléfono móvil, mediante el cual cada día se podría realizar consultas o referendos diarios al conjunto de la ciudadanía, que aprobaría o rechazaría una propuesta legislativa. Pronunciarse sobre las 62 leyes que durante el 2007 se aprobaron en el Congreso de los Diputados, las 15 leyes aprobadas por el Parlamento de Cataluña (datos de principios de diciembre) y las decenas de acuerdos y ordenanzas de un pleno municipal, es decir, pronunciarse sobre no más de 200 decisiones, que equivalen a una consulta diaria con excepción de los fines de semana y festivos, es un coste de tiempo perfectamente asumible. Es probable que la participación fuera suficientemente alta, al menos en un principio. Se podría instaurar, por lo tanto, una auténtica democracia directa.

Es evidente que una organización política como ésta es indeseable. Un modelo de democracia como éste no lo defendería a nadie, porque es evidente que la participación política que conseguiríamos sería, en general, de muy baja calidad. La mayoría de los ciudadanos no tienen por qué tener los conocimientos suficientes de todos los temas complejos y muy variados sobre los cuales una asamblea legislativa toma decisiones continuamente. El coste de participación sería bajo pero el de información altísimo. En definitiva, lo que la ciudadanía pudiera establecer mediante su participación tendría muy poco o ningún valor, y las probabilidades de tomar decisiones erróneas serian elevadísi-mas. Pero pongo este ejemplo porque este hecho histórico, el hecho de que la democracia directa ya sea posible, muestra una conclusión que resulta absolutamente crucial para la forma en que pensamos la democracia y, por lo tanto, para el diseño institucional que debe derivarse de ella: la participación democrática no nos importa en sí misma, desvinculada de unas mínimas condiciones de ejercicio racional de la autonomía pública; lo que nos importa no es única ni primordialmente la cantidad de la participación democrática, sino sobre todo su calidad.

Si nuestro modelo de democracia tuviera por objetivo incentivar la mera participación cuantitativa de la ciudadanía en la toma de decisiones, nada sería más fácil que imponer normas de participación obligatoria. Haciendo, como se hace en otros países, que el voto en las elecciones fuera obligatorio. O aún más: que los ciudadanos estuvieran obligados a invertir un día al mes en votar los referendos que hiciera falta. Al fin y al cabo, el Estado ya obliga a los ciudadanos a concurrir como miembros de los jurados populares cuando les toca por sorteo. Pero a diferencia de otros deberes y obligaciones de los ciudadanos para con el Estado, generalmente consideramos que la participación política debe reunir ciertas condiciones y garantías de calidad que son contradictorias con la obligatoriedad de su ejercicio. La gente debe tener el derecho efectivo a participar si así lo desea, y debe tener el tiempo necesario para examinar con rigor la información relevante para tomar la decisión. Lo que hemos de conseguir es generar espacios de participación en los que la ciudadanía pueda hacer contribuciones de calidad, y por lo tanto pueda haber deliberación y reflexión suficientes que garanticen la calidad de la participación. Y éste es el objetivo de algunos modelos de democracia que se han preocupado especialmente por lo que llamo la "calidad reflexiva de la participación democrática". El gran reto que plantea el hecho histórico mencionado es el de saber qué tipo de participación queremos y cuál es el objetivo concreto que imponemos a las TIC al servicio de la democracia.

Democracia deliberativa y TIC

La democracia deliberativa es uno de los modelos teóricos de democracia que más impacto ha tenido en las últimas décadas tanto en el ámbito anglosajón como de manera creciente en el europeo continental. Filósofos como Jürgen Habermas, Joshua Cohen, Philip Pettit, Bernard Manden, Amy Gutmann o Dennis Thompson, e indirectamente John Rawls, han sido vinculados a esta teoría. Pero son sólo la punta de lanza de un conjunto inacabable de teóricos, politólogos y técnicos que han mostrado su apoyo a esta forma de plantear la democracia.[4] La idea central de la democracia deliberativa es que las decisiones políticas sólo son legítimas cuando son el resultado de una amplía deliberación democrática que implica, por una parte, la participación de todos los potenciales afectados y, por otra, la posibilidad de presentar, discutir y aceptar o rebatir los argumentos que cada uno pueda presentar en favor y en contra de las diferentes alternativas de decisión.

Esta deliberación democrática se articula en una estructura doble: en primer lugar, debe producirse en un nivel institucional, haciendo que los órganos representativos actuales y los procedimientos decisorios existentes sean lo más democráticos y deliberativos que se pueda, y creando, cuando eso sea posible, nuevos espacios y mecanismos de participación y deliberación democrática complementarios; y, en segundo lugar, la deliberación pública debe poder desarrollarse libre e informalmente en la esfera pública no institucional, la compuesta por los medios de comunicación, por la acción de la sociedad civil organizada o no organizada, las escuelas, las iglesias o los sindicatos, así como por los debates y discusiones que los ciudadanos llevan a cabo en cualquier escenario público.

Es evidente que, si adoptamos un modelo como éste, las TIC pueden ser muy útiles para fomentar la deliberación democrática tanto en el ámbito institucional como en la esfera pública no institucional, como de hecho ya está sucediendo. La deliberación o argumentación se basa en la idea de que cada

4 Un panorama casi completo de la teoría puede verse en las siguientes compilaciones de artículos: BOHMAN y REHG (1997); ELSTER (1998); MACEDO (1999); FISHKIN y LASLETT (2003); BESSON y MARTÍ (2006).

cuestión política sobre la que debe tomarse una decisión es susceptible de ser analizada racionalmente y de que se pueden presentar razones o argumentos en favor de una decisión o de otra que la hagan objetivamente mejor. Por lo tanto, conviene distinguir cuidadosamente la deliberación tanto de la negociación política como del simple voto emitido por la ciudadanía. No hay duda de que la negociación tiene un lugar en la democracia, dado que no siempre es fácil encontrar una decisión consensuada racionalmente. Pero el lugar que ocupa actualmente, tan central, es sin duda excesivo, y tendría que dar prioridad a la deliberación. En la negociación, los poderosos tienen una mayor facilidad para imponer su voluntad, porque todo se reduce a una cuestión de equilibrios y de fuerzas negociales. En la negociación cada uno defiende su autointerés, sin un compromiso con el bien común o el interés general. Cada negociador se fija unos objetivos que le interesan, y trata por todos los medios de conseguir estratégicamente estos objetivos. No se trata, por lo tanto, de buscar la mejor decisión, de dar argumentos, sino de ganar en la estrategia.

La deliberación también es diferente del simple voto. Cuando la ciudadanía vota, no tiene por qué haber discutido previamente de forma colectiva el contenido de su voto ni las alternativas que tenía disponibles. Cuando un ciudadano va a votar, no existe la finalidad de buscar consensos, de convencer a los demás de la plausibilidad o conveniencia de una posición, no se trata de hacer pedagogía ni de ejercer la cultura política democrática. Se trata simplemente de expresar una preferencia personal, a fin de que después, una vez contadas las expresiones de voluntad de todo el mundo, se puedan sumar y se escoja una como vencedora. De nuevo, la lógica agregativa es una lógica de vencedores y vencidos, de mayorías y minorías, y de intereses y preferencias individuales. La deliberación, en cambio, pretende el intercambio de las razones y argumentos imparciales que derivan de la protección del bien común y el interés general. Está orientada al consenso racional y cuenta con una ciudadanía comprometida y racional.

No es nada sencillo conseguir que la ciudadanía se comprometa con unos objetivos de deliberación pública y democrática que dejen de lado la negociación y el voto. Por eso, para un sistema como éste la cultura política y cívica de la ciudadanía es absolutamente crucial. También por eso, la democracia deliberativa encaja mejor con un modelo republicano de la ciudadanía que con un modelo liberal preocupado sólo por agrandar la esfera privada del individuo y reducir la acción estatal a su mínima expresión.[5] Las precondiciones de la democracia deliberativa son muy exigentes y empiezan por tener una ciudadanía informada y a la que interesa la política, respetuosa con las leyes y los procedimientos de decisiones políticas, y dispuesta a dejarse guiar por las consideraciones del bien común y el interés general. Unos elementos, todos ellos, que nos muestran la gran complejidad de las prioridades políticas en materia de legitimidad democrática.

Los defensores de la democracia deliberativa no dicen, sin embargo, que el voto y la negociación se tengan que eliminar. Seguramente eso no sería posible. Cuando hemos intentado deliberar y no hemos llegado al consenso, no queda más remedio que negociar una solución de compromiso o simplemente votar y decidir por mayoría. Pero éstas son estrategias de consolación, que llevamos a cabo porque la deliberación no ha tenido éxito. Por lo tanto, nuestro objetivo en el diseño institucional tiene que ser, igualmente, tratar de implementar procesos decisorios deliberativos que, en primer término, promuevan la deliberación pública o democrática. Y eso afecta tanto al diseño de mecanismos tradicionales como al de aquellos que utilizan las nuevas tecnologías.

En virtud de lo que hemos dicho, podemos realizar las siguientes reflexiones, que en mi opinión son algunas de las que deberían guiar el diseño institucional de una democracia legítima:

1) Los mecanismos participativos no deben buscar la cantidad en la participación a toda costa, sino la calidad. En este sentido, facilitar excesivamente la participación puede tener el efecto perverso de un bajón en la calidad de la decisión.

2) La cantidad en la participación sólo es efectiva cuando se trata de recaudar el voto o la opinión de la ciudadanía respecto de un asunto muy concreto, fácilmente identificable, sobre el que se haya ya informado y debatido previamente, y en lo que no quede más que conocer la opinión de la ciudadanía. Los sistemas cuantitativos, como el voto electrónico, son un punto de llegada. Pero lo que resulta crucial es lo que se haya producido antes.

3) Toda participación de calidad en la toma de decisiones políticas empieza por tener disponible información fiel y suficiente. Por lo tanto, no puede tener

5 Se puede ver el argumento de interpretar la democracia deliberativa como una teoría republicana de la democracia en MARTÍ (2006).

éxito un mecanismo de participación democrática que no apueste previamente por la transparencia informativa institucional. Un ciudadano no puede participar correctamente si no conoce el trasfondo y el contexto institucional en el que la decisión tiene que insertarse, las alternativas de que dispone, los intereses principales en juego, etc.

4) Tampoco puede tener éxito un mecanismo de participación democrática que, siendo costoso para el ciudadano que participa en él, no tenga algún resultado visible, que no afecte de ninguna manera al proceso ordinario de decisiones representativas. El mecanismo por el cual la participación desencadena un cambio en las cosas debe ser ostensible.

5) Si el compromiso lo tenemos con la calidad de la participación, todo mecanismo de participación debe estar basado en la idea de deliberación pública y democrática. Tiene que potenciar y hacer posible el diálogo entre la propia ciudadanía y entre la ciudadanía y la Administración.

6) La tecnología no es nunca un fin, sino sólo un medio al servicio de las anteriores consideraciones.

7) Los mecanismos tienen que perdurar en el tiempo. Todo ejercicio de la participación política requiere un tiempo para que la ciudadanía lo conozca y saque el máximo provecho. Por lo tanto, no puede ser sólo una experiencia puntual que no tenga precedentes, referentes, ni continuación.

Estas siete reflexiones pueden resultar muy obvias, pero a menudo no son tenidas en cuenta a la hora de diseñar mecanismos participativos en todas partes. Olvidarse de ellas ocasiona, como se ha dicho, que muchas de las experiencias que se llevan a cabo fracasen parcialmente desde un inicio. En lo que queda de artículo analizaré muy brevemente el ejemplo de la campaña de participación del Ayuntamiento de Barcelona con ocasión de la definición del próximo PAM municipal.

La campaña "¿Y tú que harías?" del Ayuntamiento de Barcelona

La ciudad de Barcelona debe aprobar un nuevo Plan de Actuación Municipal (PAM) para la ciudad para el período que va del año 2008 al 2011 y el Ayuntamiento decidió impulsar una campaña de participación democrática previa con el lema "¿Y tú que harías?". Mediante esta campaña, el Ayuntamiento pretendía recoger ideas e iniciativas de la ciudadanía respecto del contenido del PAM general para la ciudad y para los distintos Planes de Actuación de Distrito (PAD). Pero, cuando todavía no tenemos los resultados finales de la campaña, ya es el momento de valorar la planificación de este mecanismo de participación a la luz de las consideraciones anteriores.

En primer lugar, se trata de una campaña dirigida a conseguir una mayor cantidad de participación, a facilitar el que el ciudadano envíe algo al Ayuntamiento que pueda ser contabilizado como participación democrática (vulnerando las reflexiones 1 y 2 anteriores), como muestran los diferentes canales de participación escogidos por el Ayuntamiento, que eran cinco:

a) Un *cuestionario electrónico* que el Ayuntamiento ofrece en la web del PAM y que permite a los ciudadanos opinar sobre las cinco líneas de actuación estratégica previamente definidas por el propio Ayuntamiento. El cuestionario se estructura en forma de encuesta, con espacios reducidos y/o respuestas cerradas.

b) El *Blog de los ciudadanos*, abierto en la propia web del PAM, donde se podían hacer pequeñas aportaciones limitadas por el espacio y por el contexto de un blog con poca información colgada y con una esperable tendencia a canalizar opiniones apresuradas e inconexas.

c) Un *Teléfono del civismo,* afortunadamente gratuito, donde atendía un contestador automático.

d) Un número para enviar *mensajes SMS,* con la palabra clave PAM o PAD y la propuesta en un espacio máximo de 160 caracteres.

e) Por *correo ordinario* o dejando en los buzones habilitados en las sedes del Ayuntamiento, bibliotecas o centros cívicos un folleto ya predeterminado que se podía encontrar en estas mismas sedes o que se recibía en casa con la revista de publicidad institucional del Ayuntamiento. Estos folletos tenían todos espacios cerrados, en algunos casos de siete líneas estrechas, y siempre limitados a uno de los cinco objetivos estratégicos previamente delimitados por el Ayuntamiento y que ya he mencionado.

Estos cinco mecanismos de participación evidencian la imposibilidad total de utilizar la campaña para iniciar una deliberación democrática o para que los ciudadanos puedan expresar las razones de sus propuestas (vulneración de la reflexión 5). Es evidente que un SMS de 160 caracteres, siete líneas de papel en un folleto tipo tríptico, un pequeño espacio de blog o un frío mensaje de contestador no favorecen la presentación de propuestas argumentadas que vayan acompañadas de razones y consideraciones complementarias. Y todavía menos que incentiven la deliberación entre ciudadanos o entre los ciudadanos y la Administración. Pero lo más sorprendente es que en esta lista de cinco mecanismos no figure la forma de comunicación más fácil y habitual entre la mayor parte de la ciudadanía de la ciudad de Barcelona, la que sí permitiría una argumentación suficiente libre de restricciones de espacio: el correo electrónico. La única interpretación posible es que se trata de una acción deliberada del Ayuntamiento o de las personas que hayan diseñado la campaña de participación de impedir las argumentaciones largas y los documentos cargados de razonamientos. En otras palabras, implica precisamente lo que debe intentar evitarse en todo diseño de un mecanismo participativo: privilegiar el aspecto cuantitativo por encima del cualitativo (vulneración de las reflexiones 1, 2 y 3).

No es de extrañar, pues, que un primer resultado hecho público por el Ayuntamiento (el día 14 de diciembre del 2007) muestre que se han recibido 77.733 aportaciones proviniendo de 26.281 ciudadanos, casi un 2% de la población de la ciudad. La cantidad de la participación ha sido considerable. Tampoco es extraño que los ciudadanos hayan preferido mayoritariamente y con mucha diferencia el folleto que se envía por correo ordinario o se deposita personalmente (67% de las aportaciones). El cuestionario fue utilizado por un 19% de las personas, el teléfono por un 10% y el blog por un 4%. Es decir, se prefirió en gran medida el único mecanismo tradicional frente a los cuatro que implicaban el uso de las TIC. Eso nos habla de la irracionalidad de introducir mecanismos tecnológicos a los que no se les da la publicidad y el apoyo necesario (vulneración de la reflexión 6).

Alguien podría defender esta campaña argumentando que no se trataba de crear debate y potenciar la deliberación, sino de hacer una consulta, es decir, optar justamente por los sistemas cuantitativos que lleguen al mayor número de personas posible. Pero entonces deberíamos concluir que los medios utilizados para hacerlo tampoco eran los idóneos. La consulta cuantitativa debe realizarse sobre el tema más cerrado posible. En este caso, es cierto que el Ayuntamiento definía unas líneas estratégicas, pero éstas eran la cohesión social, la economía y la ocupación, la proximidad al ciudadano, el medioambiente y la sos-tenibilidad y Barcelona, capital de Cataluña, donde cabía prácticamente todo y donde no había ninguna definición concreta (vulneración de la reflexión 1). Y lo peor de todo, eso permitía que se utilizara este mecanismo de participación para las pequeñas reivindicaciones cotidianas que no tienen nada a ver con un PAM. Así lo recogen los primeros resultados publicados por el propio Ayuntamiento. Habría que decir que, si lo que se trataba era de apostar por los mecanismos de participación cuantitativa, más hubiera valido convocar una consulta popular ordinaria para que la ciudadanía se hubiera pronunciado sobre un texto ya cerrado, aprobándolo o desaprobándolo, que no está prevista celebrar.

La campaña no iba tampoco acompañada de una mayor transparencia informativa. Más allá del documento base que el Ayuntamiento había redactado, no había información detallada sobre el tipo de cuestiones que podían figurar en el PAM, sobre el PAM aprobado por otras ciudades, sobre los presupuestos previstos para los años respectivos, etc. Y todavía menos se ha aprovechado esta campaña para mejorar los sistemas de transparencia institucional de la ciudad, que, como los de la mayoría de las ciudades de nuestro contexto, son más bien escasos y pobres (vulneración de la reflexión 3). Y finalmente tampoco podemos decir que se muestre con claridad el impacto o el resultado final de esta inmensa campaña de participación. Los resultados ahora obtenidos son miles de propuestas difíciles de clasificar y agregar, imposibles de trasladar a un documento, y de las que no es fácil ver qué se hará con ellas. Se ha generado un enorme movimiento de participación ciudadana, se han empleado unos grandes recursos económicos (aunque no se ha hecho público el coste global de la campaña) y personales, y el resultado es, en el mejor de los casos, incierto. Todo hace pensar que el Ayuntamiento seguirá el proceso de definición del PAM sin que toda esta campaña de participación tenga una repercusión apreciable (vulneración de la reflexión 4), y sin que la iniciativa tenga continuidad o permanencia de ningún tipo (vulneración de la reflexión 7).

En definitiva, no se trata de hacer una valoración concreta y precisa de esta campaña particular, cosa que requeriría de mayor detalle y extensión, sino que lo que he intentado poner de relieve es que a menudo el diseño de las campañas y mecanismos de participación no tiene en cuenta los objetivos y finalidades centrales de la democracia deliberativa y de la participación democrática. Fruto de las confusiones teóricas, del desinterés o de las carencias en el desarrollo de los estudios de democracia digital, lo cierto es que lamentablemente el caso de Barcelona es bastante común en muchos lugares del planeta. Y los que tenemos mucho que perder somos los propios ciudadanos. Mi propuesta es empezar, pues, por nuestra reflexión sobre la propia democracia. Es la manera de tomárnosla en serio.

Bibliografía

BESSON, Samantha; MARTÍ, José Luis (eds.) (2006). *Deliberative Democracy and Its Discontents. Nati-onal and Post-national Challenges.* Londres: Ashgate.

BOHMAN, James; REHG, William (eds.) (1997). *Deliberative Democracy. Essays on Reason and Politics.* Cambridge (Mass.): MIT Press.

CANALS, Isidre; MARTÍ, José Luis (2003). *L'Ágora digital. Internet al servei de la participació ciutadana.* Barcelona: Editorial Mediterr‡nia / Fundació Catalunya Segle XXI.

ELSTER, Jon (ed.) (1998). *Deliberative Democracy.* Cambridge: Cambridge University Press.

FISHKIN, James; LASLETT, Peter (eds.) (2003). *Debating Deliberative Democracy.* Oxford: Blackwell.

MACEDO, Stephen (ed.) (1999). *Deliberative Politics: Essays on Democracy and Disagreement.* Oxford: Oxford University Press.

MARTÍ, José Luis (2006). *La república deliberativa: una teoría de la democracia.* Madrid: Marcial Pons.

MARTÍ, José Luis; BELTRÁN, Laia (2007). *La participació democràtica digital al món.* Informe 2006. Barcelona: Editorial Mediterrània / Fundació Catalunya Segle XXI.

PÉREZ LUÑO, Enrique (2004) *¿Ciberciudadanía o ciudadanía.com?* Barcelona: Gedisa.

SUBIRATS, Joan (2002). "Los dilemas de una relación inevitable. Innovación democrática y tecnologías de la información y de la comunicación". En: Heriberto CAIRO-CAROU (ed.) (2002). *Democracia digital. Límites y oportunidades.* Madrid: Trotta.

El derecho fundamental a la protección de datos: perspectivas

Ricard Martínez Martínez[*]

1. Consideraciones previas: la consolidación del derecho fundamental a la protección de datos

El objeto de este trabajo no es otro que realizar un breve juicio crítico sobre la historia reciente del derecho fundamental a la protección de datos apuntando elementos relevantes desde el punto de vista de la situación actual. Este derecho se ha asentado en nuestro ordenamiento con una rapidez inusitada teniendo en cuenta sus especiales características morfológicas y la técnica jurisprudencial que ha determinado su nacimiento.[1]

Como resulta sobradamente conocido –y sin perjuicio de iniciativas legislativas de muy diversa índole, cuyo objetivo era regular el uso de la informática–, el llamado derecho a la autodeterminación informativa nace en la República Federal Alemana con la sentencia dictada por el Tribunal Constitucional Federal Alemán (TCFA) en la sentencia sobre la Ley del Censo.[2] El TCFA afirma en la sentencia que el derecho general de la personalidad comporta la atribución al individuo de la capacidad de decidir, en el ejercicio de su autodeterminación, qué extremos desea revelar de su propia vida. Para el TCFA:

---

* Reproducción del artículo publicado en *IDP. Revista de Internet, Derecho y Política,* núm. 5 (2007) <http://www.uoc.edu/idp/5/dt/esp/martinez.pdf>

1 La protección de la vida privada ha visto transcurrir un periodo de casi tres cuartos de siglo desde su primera formulación teórica por Warren y Brandeis hasta su reconocimiento jurisdiccional en Estados Unidos o para su aparición en nuestro Ordenamiento con la Constitución española de 1978. Samuel D. WARREN; Louis D. BRANDEIS (dic., 1890). «The right to privacy». *Harvard Law Review.* Vol. IV, n.º. 5.

2 Traducida por Manuel DARANAS (enero, 1984). BJC. N.º 33. Véase Manuel HEREDERO HIGUERAS (1983). «La sentencia del Tribu¬nal Constitucional de la República Federal Alemana relativa al censo de población de 1983». *Documentación Administrativa.* N.º 198, pág. 139-158.

"la autodeterminación del individuo presupone –también en las condiciones de las técnicas modernas de tratamiento de la información– que se conceda al individuo la libertad de decisión sobre las acciones que vaya a realizar o, en su caso, a omitir, incluyendo la posibilidad de obrar de hecho en forma consecuente con la decisión adoptada.

"Esta libertad de decisión, de control, supone además que el individuo tenga la posibilidad de acceder a sus datos personales, que pueda, no sólo tener conocimiento de que otros procesan informaciones relativas a su persona, sino también someter el uso de éstas a un control, ya que, de lo contrario, se limitará su libertad de decidir por autodeterminación".

La consecuencia de este razonamiento es el reconocimiento jurisprudencial de un derecho fundamental a la autodeterminación informativa basado en el derecho general de la personalidad y que ofrece protección frente a la recogida, el almacenamiento, la utilización y la transmisión ilimitada de los datos de carácter personal y "garantiza la facultad del individuo de decidir básicamente por sí mismo sobre la difusión y la utilización de sus datos personales".[3]

En España la construcción doctrinal más relevante ha sido formulada por los profesores Pérez Luño[4] y Lucas Murillo de la Cueva.[5] Para el profesor Lucas Murillo, la autodeterminación informativa:

"en cuanto que posición jurídica subjetiva correspondiente al status de habeas data", pretende satisfacer la necesidad, sentida por las personas en las condiciones actuales de la vida social, de preservar su identidad controlando la revelación y el uso de los datos que les conciernen y protegiéndose frente a la ilimitada capacidad de archivar-

---

3 Respecto del significado de la autodeterminación informativa en la Constitución alemana, véase Antonio Enrique PÉREZ LUÑO (1989). «Libertad informática y derecho a la autodeterminación informativa». *I Congreso sobre Derecho Informático*. Facultad de Derecho de la Universidad de Zaragoza. Págs. 359-375. Y citado por Adalbert PODLECH (1984). «Art. 2 Abs. 1». *Kommentar zum Grundgesetz für die Bundesrepublik Deustchland (Reihe Alternativkommentare)*. Luchterhand, Neuwied-Darmstadt. Págs. 341 y ss.

4 PÉREZ LUÑO plantea la necesidad, en la era informática, de la existencia de un *habeas data* que se erija, del mismo modo que en su día hizo el *habeas corpus*, en cauce procesal que salvaguarde la libertad de la persona en la esfera de la informática, y entiende que el surgimiento de este derecho, que se integraría en los derechos de tercera generación, supone la necesidad de incorporar a la teoría de los estatus de Jellinek un nuevo estatus, el de *habeas data*. El autor identifica este concepto con el de «libertad informática» que define como «un nuevo derecho de autotutela de la propia identidad informática: o sea, el derecho de controlar (conocer, corregir, quitar o agregar) los datos personales inscritos en un programa electrónico».
A. E. PÉREZ LUÑO (1996). *Manual de informática y derecho*. Barcelona: Ariel. Pág. 43.

5 Pablo LUCAS MURILLO DE LA CUEVA (1990). *El derecho a la autodeterminación informativa*. Madrid: Tecnos. Temas clave.

los, relacionarlos y transmitirlos propia de la informática, y de los peligros que esto supone.

"Ese objetivo se consigue por medio de lo que se denomina técnica de protección de datos, 'integrada por un conjunto de derechos subjetivos, deberes, procedimientos, instituciones y reglas objetivas'".[6]

En una obra posterior, Lucas Murillo ha definido la autodeterminación informativa como:

"el control que a cada uno de nosotros nos corresponde sobre la información que nos concierne personalmente, sea íntima o no, para preservar de este modo y en último extremo la propia identidad, nuestra dignidad y libertad. En su formulación como derecho, implica necesariamente poderes que permitan a su titular definir los aspectos de su vida que no sean públicos, que desea que no se conozcan, así como facultades que le aseguren que los datos que de su persona manejan terceros informáticamente son exactos, completos y actuales, y que se han obtenido de modo leal y lícito".[7]

Este planteamiento doctrinal ha sido acogido finalmente por la jurisprudencia del Tribunal Constitucional, que ha alumbrado el derecho fundamental a la protección de datos a través de un conjunto de sentencias dictadas en el periodo que va de 1993 al 2000. Debe señalarse que la primera sentencia, la número 254/1993[8] recoge el derecho, –al que denomina libertad informática–, de un modo ciertamente confuso, para después ir poco a poco perfilando el contorno del nuevo derecho.[9] Será en la STC 292/2000 donde el Alto Tribunal diseñe

6 Pablo LUCAS MURILLO DE LA CUEVA (1990). *El derecho a la autodeterminación informativa.* Madrid: Tecnos. Temas clave. Págs. 173-174.

7. Pablo LUCAS MURILLO DE LA CUEVA (1993). *Informática y protección de datos personales (estudios sobre la Ley Orgánica 5/1992 de Regulación del Tratamiento Automatizado de los Datos de Carácter Personal).* Cuadernos y Debates. Madrid: Centro de Estudios Constitucionales. Págs. 32 y 51. Existen posturas similares en torno a la categoría de la autodeterminación informativa. Así, puede consultarse M. HEREDERO HIGUERAS (1996). *La Ley Orgánica 5/1992 de Regulación del Tratamiento Automatizado de los Datos de carácter Personal: comentario y textos.* Madrid: Tecnos.

8 Véase Ignacio VILLAVERDE MENENDEZ (mayo, agosto, 1994). «Protección de datos personales, derecho a ser informado, y autodeterminación informativa del individuo. A propósito de la STC 254/1993.» *Revista Española de Derecho Constitucional.* Año 14, n.º 1.

9. Véase Pablo LUCAS MURILLO DE LA CUEVA (2000). "Las vicisitudes del derecho de la protección de datos personales" en Revista Vasca de Administración Pública. Vol. 2, n.º 58, pág. 211-242; Pablo LUCAS MURILLO DE LA CUEVA (2003). "La primera jurisprudencia sobre el derecho a la autodeterminación informativa". *Datospersonales.org: La revista de la Agencia de Protección de Datos de la Comunidad de Madrid.* N.º 1.

con nitidez el contenido del derecho fundamental a la protección de datos. El fundamento jurídico quinto de la sentencia confirma la interpretación conforme a la cual el art. 18.4 CE incorpora un nuevo derecho fundamental dotándolo de plena autonomía respecto del derecho a la intimidad:[10]

> "Este derecho fundamental a la protección de datos, a diferencia del derecho a la intimidad del art. 18.1 CE, con quien comparte el objetivo de ofrecer una eficaz protección constitucional de la vida privada personal y familiar, atribuye a su titular un haz de facultades que consiste en su mayor parte en el poder jurídico de imponer a terceros la realización u omisión de determinados comportamientos, cuya concreta regulación debe establecer la ley, aquella que conforme al art. 18.4 CE debe limitar el uso de la informática, bien desarrollando el derecho fundamental a la protección de datos (art. 81.1 CE), bien regulando su ejercicio (art. 53.1 CE). La peculiaridad de este derecho fundamental a la protección de datos respecto de aquel derecho fundamental tan afín como es el de la intimidad radica, pues, en su distinta función, lo que apareja, por consiguiente, que también su objeto y contenido difieran".

A continuación, el fundamento jurídico sexto de la sentencia define el objeto de protección del derecho que alcanza:

> "a cualquier tipo de dato personal, sea o no íntimo, cuyo conocimiento o empleo por terceros pueda afectar a sus derechos, sean o no fundamentales, porque su objeto no es sólo la intimidad individual, que para ello está la protección que el art. 18.1 CE otorga, sino los datos de carácter personal. Por consiguiente, también alcanza a aquellos datos personales públicos, que por el hecho de serlo, de ser accesibles al conocimiento de cualquiera, no escapan al poder de disposición del afectado porque así lo garantiza su derecho a la protección de datos. También por ello, el que los datos sean de carácter personal no significa que sólo tengan protección los relativos a la vida privada o íntima de la persona, sino que los datos amparados son todos aquellos que identifiquen o permitan la identificación de la persona, pudiendo servir para la confección de su perfil ideológico, racial, sexual, económico o de cualquier otra índole, o que sirvan para cualquier otra utilidad que en determinadas circunstancias constituya una amenaza para el individuo".

10. Esta interpretación se encuentra presente, ya de modo muy claro, en el conjunto de sentencias dictadas con motivo del caso RENFE sobre uso indebido de datos sobre afiliación sindical. El supuesto recogido en la sentencia, en tanto que afectaba a un colectivo de trabajadores, ha generado un conjunto de sentencias coincidentes tanto en los antecedentes como en los fundamentos jurídicos y el fallo. SSTC 11/1998, 33/1998, 35/1998, 45/1998, 60/1998, 77/1998, 94/1998, 104/1998, 105/1998, 106/1998, 123/1998, 124/1998, 126/1998, 158/1998, 198/1998, 223/1998, 30/1999, 44/1999 y 45/1999.

En el mismo fundamento se describe el contenido del derecho fundamental a la protección de datos, que incluye un haz de garantías y facultades que se traducen en determinadas obligaciones de hacer. Se trata del derecho a que se requiera el previo consentimiento para la recogida y uso de los datos personales, el derecho a saber y ser informado sobre el destino y uso de esos datos y el derecho a acceder, rectificar y cancelarlos.

Pese a que este planteamiento pueda ser criticable desde un punto de vista dogmático,[11] y tanto en lo relativo al contenido del derecho, como a la técnica empleada por el Tribunal Constitucional y a su anclaje constitucional,[12] lo cierto es que cierra de modo definitivo cualquier atisbo de debate si se tienen en cuenta distintos factores añadidos, coetáneos y posteriores a la sentencia.

El más evidente resulta de la proyección de la misma respecto del Ordenamiento español, y en particular respecto de la Ley Orgánica 15/1999, de 13 de diciembre de Protección de los Datos de Carácter Personal, conformando un bloque normativo cuya interpretación queda claramente definida a partir de la STC 292/2000.

Junto a ello, la evolución del derecho en la Unión Europea –a pesar de la fallida Constitución o tratado constitucional– ha tomado un camino que conduce irremediablemente al reconocimiento de este derecho. En efecto, más allá de la sucesión de directivas[13] dictadas y de las constantes exigencias en esta materia contenidas por distintos convenios,[14] la Carta Europea de Derechos

11 Véase Carlos RUIZ MIGUEL (1995). *La Configuración Constitucional del Derecho a la Intimidad.* Madrid: Tecnos.

12 Véase Ricard MARTÍNEZ MARTÍNEZ. (2004). *Una aproximación crítica a la autodeterminación informativa.* Madrid: APDCM-Thom-son-Civitas.

13 Se han dictado distintas directivas como la Directiva 95/46/CE del Parlamento Europeo y del Consejo, de 24 de julio de 1995, relativa a la protección de las personas físicas en lo que respecta al tratamiento de datos personales y a la libre circulación de estos datos, la Directiva 97/66/CE del Parlamento Europeo y del Consejo, de 15 de diciembre de 1997, relativa al tratamiento de los datos personales y a la protección de la intimidad en el sector de las telecomunicaciones, la Directiva 2002/58/CE del Parlamento Europeo y del Consejo, de 12 de julio de 2002 relativa al tratamiento de los datos personales y a la protección de la intimidad en el sector de las comunicaciones electrónicas o directiva sobre la privacidad y las comunicaciones electrónicas y la Directiva 2006/ 24/CE sobre conservación de datos generados o tratados en relación con la prestación de servicios de comunicaciones electrónicas de acceso público o de redes públicas de comunicaciones.

14 Así por ejemplo, puede verse el Convenio de Schengen, de 19 de junio de 1990, de aplicación del Acuerdo de Schengen de 14 de junio de 1985, entre los Gobiernos de los Estados de la Unión Económica Benelux, de la República Federal de Alemania y de la República Francesa relativo a la supresión gradual de los controles en las fronteras comunes y el Protocolo núm. 2 por el que se integra el Acervo de Schengen en el marco de la Unión Europea. En el mismo contexto, hay que incluir el Convenio basado

Fundamentales incorpora de modo expreso el derecho a la protección de datos. Con posterioridad, este derecho se incorporó al artículo II-68 de la non nata Constitución europea cuyo tenor literal decía:

> "1. Toda persona tiene derecho a la protección de los datos de carácter personal que le conciernan.
>
> 2. Estos datos se tratarán de modo leal, para fines concretos y sobre la base del consentimiento de la persona afectada o en virtud de otro fundamento legítimo previsto por la ley. Toda persona tiene derecho a acceder a los datos recogidos que la conciernan y a obtener su rectificación.
>
> 3. El respeto de estas normas estará sujeto al control de una autoridad independiente".

Por tanto, la línea de tendencia es clara y apunta a la consolidación de la categoría del derecho fundamental a la protección de datos. Por ello, y con independencia del juicio crítico que ello deba merecer para un jurista, nuestro primer referente debe ser siempre el derecho positivo y a su análisis se dedica este trabajo desde una perspectiva crítica y constructiva a la vez.

El conjunto de consideraciones que a continuación se exponen en relación con las perspectivas actuales del derecho fundamental a la protección de datos resultan de dos cuestiones de naturaleza diversa. En primer lugar, se pondrá de manifiesto cómo la propia definición constitucional del derecho fundamental influye de manera decisiva en el modo de actuar de los operadores jurídicos a la vez que ejerce una fuerte atracción sobre el ámbito tutelado por los derechos del artículo 18 de la Constitución española. Por otra parte, se planteará, desde un punto de vista puramente material, cómo la evolución de la realidad social y técnica sitúa a este derecho frente a un conjunto de retos ciertamente determinantes para su tutela y la de otros valores constitucionales relevantes.

en el artículo K.3 del Tratado de la Unión Europea por el que se crea una Oficina Europea de Policía o Convenio Europol.

2. Un derecho con perfiles muy definidos: protección de datos y conflicto de derechos

Desde el punto de vista de la concepción del derecho fundamental a la protección de datos, en nuestro sistema deben destacarse algunos elementos determinantes. En primer lugar, el Tribunal Constitucional, la Directiva 95/46/CE, y la LOPD acotan el concepto de dato personal de modo muy preciso: se trata de una información relativa a persona identificada o identificable careciendo de relevancia su naturaleza pública o privada. Pueden encontrarse elementos adicionales para establecer cuando existe un dato personal en la directiva, cuyo artículo 2 considera identificable a "toda persona cuya identidad pueda determinarse, directa o indirectamente, en particular mediante un número de identificación o uno o varios elementos específicos, característicos de su identidad física, fisiológica, psíquica, económica, cultural o social".[15] No obstante, desde el punto de vista de la aplicación de las normas sobre protección de datos, el elemento nuclear reside en un concepto determinante: el tratamiento. Sobre esta definición pivota la construcción de la Directiva 95/46/CE. El tratamiento aporta el elemento cualitativo que permite obtener información personal de un sujeto a partir de datos aparentemente irrelevantes. En este sentido, se recordará que este concepto es amplísimo, ya que, conforme al artículo 3 LOPD que transpone de modo prácticamente literal la directiva, un tratamiento abarca "operaciones y procedimientos técnicos de carácter automatizado o no, que permitan la recogida, grabación, conservación, elaboración, modificación, bloqueo y cancelación, así como las cesiones de datos que resulten de comunicaciones, consultas, interconexiones y transferencias".

Por tanto, cualquier actividad que pueda concebirse en relación con un dato personal constituirá un tratamiento. Como más arriba se señaló, el Tribunal Constitucional proyecta el derecho fundamental a la protección de datos sobre

15 En la misma dirección apunta el Real Decreto 1332/1994, que en su artículo 1 define el dato de carácter personal como "toda información numérica, alfabética, gráfica, fotográfica, acústica o de cualquier otro tipo, susceptible de recogida, registro, tratamiento o transmisión concerniente a una persona física identificada o identificable". Asimismo, considera que la identificación del titular de los datos podrá realizarse mediante "cualquier elemento que permita determinar directa o indirectamente la identidad física, fisiológica, psíquica, económica, cultural o social de la persona física afectada".

estos dos elementos de modo que en presencia de un dato personal la Corte advierte que, con independencia de su naturaleza pública o privada, éste puede servir para la confección de perfiles, –ideológicos, raciales, sexuales, económicos o de cualquier otra índole etc.–, subrayando que tal actividad podría constituir una amenaza para el individuo.

Por ello, los conceptos de dato y tratamiento se proyectan sobre el derecho fundamental a la protección de datos hasta conseguir cerrar una tipología muy definida. Ambos conceptos, desde el punto de vista de la aplicación de la norma ofrecen una ventaja innegable, ya que permiten emplear el mecanismo de la subsunción de modo prácticamente automático: cuando se ha identificado un dato personal que es objeto de tratamiento, el silogismo interpretativo resulta más bien sencillo y la prevalencia de lo dispuesto por la LOPD resulta prácticamente asegurada.[16]

Esta sencillez aplicativa podría estar conduciendo de hecho a una reinterpretación del conjunto del Ordenamiento jurídico en clave de protección de datos y esta técnica, aliada al ya antiguo fenómeno de la superproducción normativa, no está exenta de peligro. El problema no encuentra su origen tanto en el derecho fundamental a la protección de datos, como en el hecho de que el legislador sólo recientemente ha tenido en cuenta esta materia. Por esto, no es infrecuente que allí donde el derecho fundamental a la protección de datos debería ceder ante intereses más dignos de protección, la ley no diga absolutamente nada y ello obligue a complejos esfuerzos de interpretación normativa. La STC 292/2000, tantas veces citada, declara precisamente la inconstitucionalidad del artículo 20 LOPD en la medida en que permitía establecer comunicaciones de datos mediante disposiciones de carácter general de rango inferior a la ley. Puesto que ni antes, ni en muchas ocasiones después,[17] este hecho ha sido teni-

16 No se pretende obviar con esta afirmación principios tan fundamentales como el del consentimiento o el de calidad de los datos y, muy particularmente, una de sus manifestaciones: la finalidad. En este sentido, el análisis de cualquier problema relacionado con la protección de datos debe tener en cuenta estos elementos. No obstante, la simple concurrencia de un dato personal y de un tratamiento pone en marcha el procedimiento interpretativo al que se alude en el texto. Sobre los principios de protección de datos, y en particular sobre la importancia del principio de finalidad véase Emilio Guichot (2005). *Datos personales y Administración Pública*. Madrid: APDCM-Thomson-Civitas. Pág. 230-234.

17 De hecho, el único esfuerzo coherente con lo señalado en la sentencia es el de la Ley 10/2001, de 22 de noviembre, de Cortes de Castilla-La Mancha, de adecuación de procedimientos administrativos de la Junta de Comunidades de Castilla-La Mancha y de cesión de datos personales (DOCM n.º 127 de 07/12/2001, pág. 14039).

do en cuenta por el legislador. Existen ejemplos más que ilustrativos de la anterior afirmación que dan lugar a conflictos que a continuación se examinan.

2.1. Derecho de información en la recogida frente a derecho a la tutela judicial efectiva

Ni en la Ley Orgánica 15/1999 ni en las normas que regulan el ejercicio de la abogacía existe una exención del deber de información en la recogida de datos personales establecido por el artículo 5 LOPD. Por tanto, cuando un abogado proceda a la inclusión en sus ficheros de los datos de un potencial demandado proporcionados por su cliente, debería informar a éste en un plazo no superior a tres meses.[18] Sin embargo, es obvio que esta solución resulta manifiestamente inadecuada y ello ha obligado a la Agencia Española de Protección de Datos a fundamentar una excepción directamente en el derecho a la tutela judicial efectiva.[19] En tal sentido, la argumentación de la Agencia se estructura en torno a dos planteamientos. En primer lugar, la Constitución legitima el tratamiento sin consentimiento de tales datos:

> "En este caso, como se dijo, el tratamiento por los abogados y procuradores de los datos referidos a la contraparte de sus clientes en los litigios en que aquéllos ejerzan la postulación procesal trae su causa, directamente, del derecho de todos los ciudadanos a la asistencia letrada, consagrado por el artículo 24.2 del Texto Constitucional.
>
> "En efecto, la exigibilidad del consentimiento del oponente para el tratamiento de sus datos por el abogado o procurador supondría dejar a disposición de aquél el almacenamiento de la información necesaria para que el cliente pueda ejercer, en plenitud, su derecho a la tutela judicial efectiva. Así, la falta de estos datos puede implicar, lógicamente, una merma en la posibilidad de aportación por el interesado de ìlos medios de prueba pertinentes para su defensaî, vulnerándose otra de las

18. En efecto el artículo 5.4 LOPD dispone: "Cuando los datos de carácter personal no hayan sido recabados del interesado, éste deberá ser informado de forma expresa, precisa e inequívoca, por el responsable del fichero o su representante dentro de los tres meses siguientes al momento del registro de los datos, salvo que ya hubiera sido informado con anterioridad del contenido del tratamiento de la procedencia de los datos, así como de lo previsto en las letras a), d) y e) del apartado 1 del presente artículo".

19. Informe sobre tratamiento por abogados y procuradores de los datos de las partes en un proceso.

garantías derivadas del citado derecho a la tutela efectiva y coartándose la posibilidad de obtener el pleno desenvolvimiento de este derecho".

A continuación, situando su argumentación en el plano del conflicto de derechos, considera que la información exigible conforme al artículo 5.4 LOPD afectaría al derecho a la tutela judicial efectiva de los demandantes:

"Siguiendo esta premisa, en nuestra opinión debería darse una prevalencia al derecho consagrado por el artículo 24 de la Constitución, garantizando a su vez las medidas que evitarán un mayor perjuicio a los afectados (en este caso, los oponentes de los clientes cuyos datos son objeto de tratamiento).

"Ello se funda en que la comunicación a los afectados de las informaciones de que los abogados o procuradores puedan disponer, procedentes de sus clientes, podrían perjudicar, como ya se indicó, el adecuado ejercicio por el propio interesado de las facultades vinculadas con su derecho a obtener la tutela efectiva de los jueces y tribunales (al quedar en conocimiento de la otra parte los datos que pudieran ser aportados a juicio en defensa de su derecho)".

En esencia, la solución aportada es la correcta y, desde un enfoque optimista, podría llevar a pensar que no existe ningún fallo en el sistema. Sin embargo, la realidad es muy distinta. El operador jurídico se encuentra ante lo que de modo un tanto exagerado podríamos denominar "un caso difícil", en el que la aplicación mecánica de la Ley Orgánica de Protección de Datos conduce a un resultado insatisfactorio. Ante la manifiesta falta de respuestas y la inactividad del legislador, se ve obligado a recurrir a elevar una consulta ante la Agencia Española de Protección de Datos. Pero ¿qué hubiera ocurrido de actuarse aplicando de modo literal lo dispuesto en la norma?

2.2. Comunicación de datos de los trabajadores frente a libertad sindical

Otro tanto sucede en el ámbito de las comunicaciones de datos personales sin consentimiento.

Un ejemplo de ello se encuentra en la sentencia dictada por el Tribunal Constitucional español en el caso COMFIA-CC.OO contra el Banco Bilbao

Vizcaya Argentaria S. A. (BBVA), que constituye una interesante aproximación del Alto Tribunal a la fijación de criterios de uso de las tecnologías de la información y las comunicaciones en el ámbito laboral. En resumen, la sentencia considera que, la libertad sindical, –que se manifiesta en el caso enjuiciado en el derecho a remitir información sindical a los trabajadores–, comporta que bajo ciertas condiciones de proporcionalidad, el empresario deba soportar el envío de mensajes de correo electrónico dirigidos a las cuentas de correo corporativo asignadas a los trabajadores.[20]

Ahora bien, si el Tribunal Constitucional ha reconocido el derecho de las organizaciones sindicales a remitir a los trabajadores información sindical mediante el correo electrónico (STC 281/2005): ¿supone esto un paralelo derecho a que les sean cedidas sus direcciones electrónicas?; ¿legitimaría por tanto el ejercicio de la libertad sindical esta comunicación de datos?; teniendo en cuenta el régimen específico previsto en el artículo 7 LOPD, ¿sería necesario el consentimiento expreso de cada trabajador?[21]

Lo cierto es que, desde el punto de vista de la Ley Orgánica 15/1999, cabrían dos soluciones. La primera supone que necesariamente se exige el consentimiento expreso de cada trabajador, lo que vaciaría completamente de contenido la sentencia del Alto Tribunal. Otra posibilidad consiste en entender que cabe

20 La Corte constata el hecho de la ausencia de una obligación legal de facilitar la transmisión de información sindical a los trabajadores, afiliados o no, a través de un sistema de correo electrónico con cargo al empleador, y subraya que las empresas "no están obligadas a dotarse de esa infraestructura informática para uso sindical". Ahora bien, esto no significa a juicio del Tribunal que no exista este derecho allí donde sí existen medios informáticos. Atendido el hecho de que la difusión de información sindical forma parte del contenido esencial del derecho fundamental, el Tribunal fija distintos criterios aplicables al caso y concluye que: "sobre el empresario pesa el deber de mantener al sindicato en el goce pacífico de los instrumentos aptos para su acción sindical siempre que tales medios existan, su utilización no perjudique la finalidad para la que fueron creados por la empresa y se respeten los límites y reglas de uso que a continuación enunciaremos, cuyo cumplimiento deberá examinarse en cada caso. En tales condiciones no puede negarse la puesta a disposición, ni puede unilateralmente privarse a los sindicatos de su empleo, debiendo acu-dirse al auxilio judicial si con ocasión de su utilización el sindicato llega a incurrir en excesos u ocasionar perjuicios, a fin de que aquéllos sean atajados y éstos, en su caso, compensados".

21. ...Éste dispone:
"Artículo 7. Datos especialmente protegidos.
1. De acuerdo con lo establecido en el apartado 2 del artículo 16 de la Constitución, nadie podrá ser obligado a declarar sobre su ideología, religión o creencias. Cuando en relación con estos datos se proceda a recabar el consentimiento a que se refiere el apartado siguiente, se advertirá al interesado acerca de su derecho a no prestarlo.
2. Sólo con el consentimiento expreso y por escrito del afectado podrán ser objeto de tratamiento los datos de carácter personal que revelen la ideología, afiliación sindical, religión y creencias. (...)"

una comunicación de datos sin consentimiento amparada en la libertad sindical, pero con un estricto reconocimiento del derecho de oposición al tratamiento a cada destinatario de la información sindical, considerando que la alegación de la propia libertad ideológica o sindical de cada trabajador individualmente considerado constituyen los "motivos fundados y legítimos relativos a una concreta situación personal" a los que se refiere el artículo 6.4 LOPD. Ahora bien, teniendo en cuenta el efecto disuasorio del régimen sancionador de nuestra ley al que posteriormente se alude, no es muy aventurado plantearse por cuál de las dos soluciones se apostaría aplicando un mínimo de prudencia.

2.3. Derecho a la información frente a derecho fundamental a la protección de datos

En la práctica, el operador jurídico se ve abocado en multitud de ocasiones a afrontar conflictos de derechos, bienes o valores constitucionalmente relevantes y debe hacerlo con el bagaje del procedimiento de ponderación que reiteradamente ha subrayado la jurisprudencia del Tribunal Europeo de Derechos Humanos y el propio Tribunal Constitucional.[22]

22 El Tribunal Europeo de Derechos Humanos ha afrontado la aplicación del artículo 8 CEDH desarrollando un método interpretativoque se articula en tres etapas de análisis netamente diferenciadas. En primer lugar, se trata de determinar si realmente se ha producido una injerencia en el derecho al respeto de la vida privada y familiar, de su domicilio o de su correspondencia, para a continuación verificar si dicha intromisión se halla prevista por ley y si es legítima y necesaria de acuerdo con las excepciones del párrafo segundo. En esta primera fase, la Corte no prejuzga en absoluto la licitud de la medida, únicamente constata si se trata o no de un supuesto que interfiere o vulnera el bien jurídico protegido por el precepto. La segunda y tercera secuencia del análisis se basan en el contraste del caso con lo dispuesto por el segundo párrafo del precepto. En primer lugar, se trata de considerar si la medida adoptada por el Estado demandado resulta amparada por el derecho. La ley además ha de ser accesible y previsible. Esto es, un ciudadano medio debería estar de algún modo en disposición de conocer la existencia de la norma o localizarla en caso de resultarle necesaria y además debería poder ajustar su conducta a las previsiones de la misma.
Una vez superado el test de legalidad, el Tribunal Europeo de Derechos Humanos finaliza su análisis emitiendo un juicio de proporcionalidad al amparo del principio de necesidad de la medida en una sociedad democrática. Véase Malone vs. the United Kingdom (1984); Carlos Ruiz Miguel (1994). *El derecho a la protección de la vida privada en la jurisprudencia del Tribunal Europeo de Derechos Humanos*. Madrid: Civitas.
La doctrina del Tribunal Constitucional al respecto de los límites a los derechos fundamentales posee un largo recorrido y arranca prácticamente con la tarea del propio Tribunal en la STC 11/1981. Muy sintéticamente expresada, la doctrina sobre las limitaciones a los derechos fundamentales exige la presencia de un fundamento constitucional de la medida, –que no puede ser otro que tratarse de un derecho o bien jurídico constitucionalizado–, cuyos límites deben estar expresamente formulados o habilitados por el

Esta cuestión se agudiza muy particularmente, y tenderá a crecer, en los supuestos de ejercicio del derecho a la información y de la libertad de expresión. En efecto, los medios que la informática e Internet ponen a disposición de los individuos han minorado extraordinariamente los costes de edición de las publicaciones tradicionales. Internet pone al alcance de cualquier ciudadano la posible apertura de un blog.[23]

Por otra parte, nada obsta en nuestro sistema para que un partido político, un sindicato o un ciudadano particular ejerzan estos derechos. Es más, en distintas ocasiones el Tribunal Constitucional ha subrayado el papel relevan-

constituyente, y se interpretan restrictivamente. Además, la medida limitadora debe superar un doble juicio de congruencia y proporcionalidad, ya que debe existir una mínima congruencia entre la medida restrictiva, el objetivo perseguido y el derecho limitado, y una proporcionalidad de la misma en términos de idoneidad e intervención mínima. El fundamento jurídico sexto de la STC 57/1994 sintetiza esta doctrina:

"no es ocioso recordar aquí que los derechos fundamentales reconocidos por la Constitución sólo pueden ceder ante los límites que la propia Constitución expresamente imponga, o ante los que de manera mediata o indirecta se infieran de la misma al resultar justificados por la necesidad de preservar otros derechos o bienes jurídicamente protegidos (SSTC 11/1981, fundamento jurídico 7, y 2/1982, fundamento jurídico 5, entre otras). Y tampoco que, en todo caso, las limitaciones que se establezcan no pueden obstruir el derecho fundamental más allá de lo razonable (STC 53/1986, fundamento jurídico 3). De donde se desprende que todo acto o resolución que limite derechos fundamentales ha de asegurar que las medidas limitadoras sean necesarias para conseguir el fin perseguido (SSTC 62/1982, fundamento jurídico 5, y 13/1985, fundamento jurídico 2), ha de atender a la proporcionalidad entre el sacrificio del derecho y la situación en la que se halla aquél a quien se le impone (STC 37/1989, fundamento jurídico 7) y, en todo caso, ha de respetar su contenido esencial (SSTC 11/1981, fundamento jurídico 10; 196/1987, fundamentos jurídicos 4 a 6; 120/1990, fundamento jurídico 8, y 137/1990, fundamento jurídico 6). Por lo que ha de analizarse, a la luz de esta doctrina, si una medida como la impugnada en el presente caso se halla justificada en la protección de exigencias públicas y si, en su caso, cumple la condición de ser proporcionada en atención a la situación de aquél al que se le impone".

Véase Luis Aguiar (verano-otoño, 1983). "Dogmática y teoría j urídica de los derechos fundamen tales en la interpretación de estos por el Tribunal Constitucional español". *Revista de Derecho Político*. N. 18-19.

23. "Un blog, o en español también una bitácora, es un sitio web periódicamente actualizado que recopila cronológicamente textos o artículos de uno o varios autores, apareciendo primero el más reciente, donde el autor conserva siempre la libertad de dejar publicado lo que crea pertinente. El término *blog* proviene de las palabras *web* y *log* (*log* en inglés 'diario'). El término bitácora, en referencia a los antiguos cuadernos de bitácora de los barcos, se utiliza preferentemente cuando el autor escribe sobre su vida propia como si fuese un diario, pero publicado en Internet en línea".

En este sentido, y en la medida en el que el desarrollo de Internet en Estados Unidos ha venido anticipando problemas, no está de más recordar la sentencia dictada en el caso ACLU vs. Reno al señalar, en una afortunada frase, que en Internet un ciudadano tiene los mismos derechos que cualquier medio de comunicación.

"Some of the dialogue on the Internet surely tests the limits of conventional discourse. Speech on the Internet can be unfiltered, unpolished, and unconventional, even emotionally charged, sexually explicit, and vulgar in a word, "indecent" in many communities. But we should expect such speech to occur in a medium in which citizens from all walks of life have a voice. We should also protect the autonomy that such a medium confers to ordinary people as well as media magnates".

United States District Court for the Eastern District Of Pennsylvania, American Civil Liberties Union, et al. vs. Janet Reno, Attorney General of the United States, Civil Action n.º 96-963.

te que este tipo de agentes juega en la conformación de una opinión pública libre.[24]

Ahora bien, en la transposición de la Directiva 95/46/CE no se ha utilizado la habilitación que concede su artículo 9 para fijar condiciones de ejercicio de la libertad de expresión respetuosas con la intimidad.[25] Ello conduce a situaciones complejas, ya que no parece existir ninguna duda sobre la prevalencia del derecho a la información cuando, con motivo de la difusión de una información por un medio de comunicación social, exista un tratamiento de datos personales. Sin embargo, ¿qué ocurrirá cuando el ejercicio de este derecho se produzca en un boletín de información sindical o en el blog de un ciudadano?

---

24 Así, en el caso de los partidos políticos la STC 48/2003 dice que el artículo 6 de la Constitución señala que los partidos políticos son "expresión del pluralismo político e instrumento fundamental para la participación política mediante su concurso a la formación y manifestación de la voluntad popular".
En segundo lugar, en la STC 136/1996 (FJ 14 y ss.) afirma el Alto Tribunal:
"14. Los derechos de participación en los asuntos públicos (art. 23.1 C.E.) y de acceso a los cargos públicos (art. 23.2 C.E.), que en la parte de su contenido que afecta a las dos vertientes del principio de representación política forman un "todo inescindible" (entre otras, SSTC 5/1983, fundamento jurídico 4, y 24/1990, fundamento jurídico 2), poseen, no sólo un contenido prestacional y una función de garantía de institutos políticos, como el de la opinión pública libre, sino también un contenido de derecho de libertad, que se concreta, en lo que aquí interesa, en la posibilidad constitucionalmente protegida de ofrecer a los ciudadanos, sin interferencias o intromisiones de los poderes públicos, los análisis de la realidad social, económica o política y las propuestas para trasformarla que consideren oportunas. (Ö)
15. Lo mismo puede decirse respecto de las libertades de expresión y de comunicación, cuyo contenido este Tribunal ha contribuido a perfilar en múltiples resoluciones: la primera, como el derecho fundamental del que gozan por igual todos los ciudadanos de poder expresar sus propios juicios de valor sin sufrir intromisiones por parte de los poderes públicos que no estén apoyadas en la ley, e incluso frente a la propia ley si ésta intenta fijar límites distintos a los que la Constitución admite (por todas, STC 12/ 1982, fundamento jurídico 3); la segunda, como la libertad de comunicar, también sin injerencias, informaciones de interés público y veraces, en el sentido de diligentemente contrastadas, sobre hechos o sobre opiniones ajenas presentadas como tales. No cabe duda de que, cuando estas libertades operan como instrumento de los derechos de participación política, debe reconocérseles, si cabe, una mayor amplitud que cuando actúan en otros contextos, ya que el bien jurídico fundamental tutelado por ellas, que es también aquí el de la formación de la opinión pública libre, adquiere un relieve muy particular en esta circunstancia, haciéndoles "especialmente resistente(s), inmune(s) a las restricciones, que es claro que en otro contexto habrían de operar" (STC 157/1996, fundamento jurídico 5, aunque se refiere a un ámbito distinto del electoral)".

25 Tratamiento de datos personales y libertad de expresión.
En lo referente al tratamiento de datos personales con fines exclusivamente periodísticos o de expresión artística o literaria, los Estados Miembros establecerán, respecto de las disposiciones del presente capítulo, del capítulo IV y del capítulo VI, exenciones y excepciones sólo en la medida en que resulten necesarias para conciliar el derecho a la intimidad con las normas que rigen la libertad de expresión."

Parece evidente que si se dan las condiciones exigibles para un correcto ejercicio del derecho a la información, éste[26] debería prevalecer. Por tanto, y en la línea apuntada tanto por el TEDH como por el Tribunal Constitucional,[27] la información debería ser relevante o de interés público y, por tanto, debería contribuir al debate público y/o a la formación de una opinión pública libre. También será relevante cuando la persona objeto de la noticia posea un carácter público y la noticia ilustre sobre algún aspecto relevante de ese perfil. Además, los hechos deberán ser veraces, aunque tal veracidad resulta entendida como diligencia en la comprobación de los mismos.

Más complejo será si cabe el conflicto cuando se trate de la libertad de expresión, cuyos requisitos de ejercicio son parcialmente diversos. Como señala la STC 160/2003, debe diferenciarse el derecho a la información de la libertad de expresión:

> "Como es sabido, nuestra jurisprudencia viene distinguiendo desde la STC 104/1986, de 17 de julio, entre los derechos que garantizan la libertad de expresión, cuyo objeto son los pensamientos, ideas y opiniones (concepto amplio que incluye las apreciaciones y los juicios de valor), y, por otra parte, el derecho a comunicar información, que se refiere a la difusión de aquellos hechos que merecen ser considerados noticiables. Esta distinción entre pensamientos, ideas y opiniones, de un lado, y comunicación informativa de hechos, de otro, tiene decisiva importancia a la hora de determinar la legitimidad del ejercicio de esas libertades, pues mientras los hechos son susceptibles de prueba, las opiniones o juicios de valor, por su naturaleza abstracta, no se prestan a una demostración de exactitud, y ello hace que al que ejercita la libertad de expresión no le sea exigible la prueba de la verdad o diligencia en su averiguación, que condiciona, en cambio, la legitimidad del derecho de información por expreso mandato constitucional, que ha añadido al término *información*, en el texto del art. 20.1 d) CE, el adjetivo veraz (STC 4/1996, de 19 de febrero). Sin embargo, hemos admitido que en los casos reales que la vida ofrece, no siempre es fácil separar la expresión de pensamientos, ideas y opiniones de la simple narración de unos hechos, pues a menudo el mensaje sujeto a escrutinio consiste en una amalgama de ambos. Por esta razón, procede examinar en primer lugar la veracidad de aquélla y, a continuación, la ausencia de expresiones formalmente injuriosas o innecesarias para la crítica que se formula (SSTC 6/1988, de 21 de enero, 107/ 1988, de 8

26 Sobre esta materia véase Lluís de CARRERAS SERRA (1996). Régimen jurídico de la información. Periodistas y medios de comunicación.Barcelona: Ariel; Luis ESCOBAR DE LA SERNA (1998). Derecho de la información. Madrid: Dykinson; Marc CARRILLO LÓPEZ (2003). El derecho a no ser molestado: información y vida privada. Pamplona: Thomson-Aranzadi.

27 Véase entre otras las SSTC 2/1988, 171/1990, 172/1990, 198/1992, 178/1993, 320/1994, 28/1996, 204/1997, 144/1998, 154/1999, 297/2000 y 76/2002.

de junio, 59/1989, de 16 de marzo, 105/1990, de 6 de junio, 171/1990, de 12 de noviembre, 172/1990, de 12 de noviembre, 190/1992, de 16 de noviembre, 123/1993, de 19 de abril, 178/1993, de 31 de mayo, 76/1995, de 22 de mayo, 138/ 1996, de 16 de septiembre, 204/1997, de 25 de noviembre, 1/ 1998, de 12 de enero), pues, como venimos diciendo, el art. 20.1 CE ni protege la divulgación de hechos que no son sino simples rumores, invenciones o insinuaciones carentes de fundamento, ni da amparo a las insidias o insultos (STC 192/1999, de 25 de octubre)".

Estamos de nuevo ante un conflicto, cuya solución parece aparentemente clara, pero que obliga a ponderar en cada ocasión los bienes en presencia.

2.4. La óptica del operador jurídico

Como se ha visto, la inexistencia de previsiones específicas obliga en muchos casos a deducir del sentido de la norma las habilitaciones para realizar determinados tratamientos. El caso paradigmático es el las comunicaciones de datos sin consentimiento del titular. Aquí la aproximación del intérprete puede realizarse reinterpretando el ordenamiento desde el punto de vista del derecho fundamental a la protección de datos con una perspectiva absolutamente garantista. Por el contrario, puede adoptarse una óptica más abierta que tenga en cuenta los intereses en juego e infiera de cláusulas generales, o de las finalidades perseguidas por la legislación, las habilitaciones necesarias para poder realizar estos tratamientos de datos sin consentimiento del titular.

Sin embargo, el aplicador cotidiano de la Ley Orgánica 15/1999 no dispone de un margen interpretativo suficiente, ya que le resulta imposible realizar este tipo de juicio por dos razones. La primera de ellas es de carácter técnico y deriva de la propia conformación del derecho fundamental a la protección de datos y de su natural prevalencia, lo que en caso de duda debe orientar la interpretación siempre a favor del derecho fundamental. Por tanto, cuando el legislador no fija con claridad la necesaria habilitación para llevar a cabo una comunicación de datos sin consentimiento, la consecuencia inmediata es la imposibilidad de realizarla.

En segundo lugar, incluso cuando el operador encuentre cierto apoyo para una comunicación de esta naturaleza, de no ser éste muy firme, –y sólo lo será si la cesión ha sido prevista expresamente por una norma con rango de ley–,[28] entra en juego un elemento disuasorio de primer orden: el régimen de infracciones y sanciones previsto por la LOPD. En efecto, el artículo 44.4.b) considera infracción muy grave "la comunicación o cesión de los datos de carácter personal, fuera de los casos en que estén permitidas". La sanción que corresponde, en caso de tratarse de ficheros privados, puede alcanzar los seiscientos mil euros y actúa, de facto, como un elemento disuasorio de primer orden. En consecuencia, en caso de duda no se producirán comunicaciones de datos personales sin consentimiento, salvo cuando resulte de la emisión de informes jurídicos o del dictado de Instrucciones por la Agencia Española de Protección de Datos, o cuando la cuestión haya sido resuelta en sede judicial.

Así pues, el operador jurídico en la práctica apuesta siempre por la solución más favorable al derecho fundamental a la protección de datos, aunque un análisis sociológico seguramente arrojaría luz respecto de los factores determinantes para esta decisión. En tal sentido, a falta de un criterio empírico riguroso que avale sin genero de duda esta conclusión, lo cierto es que la lectura de las resoluciones sancionadoras permite deducir, casi a simple vista, cómo el elemento determinante no es tanto el convencimiento por parte del responsable respecto del necesario respeto del derecho fundamental, como su temor a la sanción y su deseo de minorarla.

Es una constante en la tramitación de procedimientos sancionadores la intención del responsable de poner en juego la previsión del artículo 45.5 LOPD que dispone:

> "Si en razón de las circunstancias concurrentes, se apreciara una cualificada disminución de la culpabilidad del imputado o de la antijuridicidad del hecho, el órgano sancionador establecerá la cuantía de la sanción aplicando la escala relativa a la clase de infracciones que preceda inmediatamente en gravedad a aquélla en que se integra la considerada en el caso de que se trate".

Para ello se acude a dos técnicas. La primera consiste en alegar "circunstancias concurrentes", y entre ellas, por lo que a este trabajo interesa, la presun-

28 Para un análisis exhaustivo de esta figura, véase Jesús Alberto MESSÍA DE LA CERDA BALLESTEROS (2003). *La cesión o comunicación de datos de carácter personal*. Madrid: Thomson-Civitas-APDCM.

ción o convencimiento del ejercicio legítimo de un derecho. La segunda consiste en adoptar las medidas necesarias para cesar en el tratamiento y evitar cometer la infracción en el futuro. Lo sorprendente de esta segunda técnica es que se da no sólo en procedimientos en los que el responsable reconoce la existencia de la infracción, sino también en aquéllos en los que, existiendo un conflicto de derechos, está convencido de haber actuado correctamente y ello se aprecia claramente por la presencia de una argumentación que evidencia este convencimiento.

Un ejemplo significativo se manifiesta en el procedimiento PS/00361/2005, en el que un sindicato publicó una nota informativa en la intranet corporativa de una entidad bancaria, cuyo propósito, según las alegaciones del denunciado, era el ejercicio de la libertad sindical. No obstante, el sindicato adopta una estrategia defensiva en el sentido apuntado,[29] y lo cierto es que le rinde los beneficios esperados, ya que, como señala la resolución:

> "Durante la tramitación del presente procedimiento, ha quedado acreditado que UGT actuó en la creencia de no necesitar el consentimiento del denunciante para tratar sus datos personales y que su conducta estaba amparada por los derechos fundamentales de libertad sindical, de información y de libertad de expresión.

29. En efecto, el sindicato manifiesta que en su opinión el tratamiento efectuado respondía a "cumplir su deber de informar a los trabajadores sobre un asunto que tiene repercusión sindical. Siendo necesario valorar el hecho de que esta información viene precedida por una actuación repetida y sistemática del denunciante de hacer público a todos los empleados, a través del Lotus Notes, una serie de comunicaciones que contienen acusaciones, falsedades y calumnias de toda índole contra la Sección Sindical de UGT (...)" En los antecedentes de hecho de la resolución, se constata como:
"Transcurrido el período de práctica de pruebas, se inició, con fecha 3 de julio de 2006, el trámite de audiencia, en el que UGT presentó escrito de alegaciones, comunicando lo siguiente:
"(...) UGT considera que los hechos denunciados no suponen la vulneración de ningún precepto de la LOPD. Ello no obstante, ad cautelam, en tanto no exista jurisprudencia que determine si en supuestos como el que nos ocupa prevalece el derecho a la libertad sindical, sobre el derecho a la protección de datos de carácter personal (...) o viceversa, la FES-UGT, a través del comunicado anteriormente trascrito, ha resuelto recomendar a todas sus secciones sindicales que en las circulares que publiquen por Internet o en la intranet de las empresas, se prescinda de nombre y apellidos o cualquier otro dato que pueda ser considerado de carácter personal, salvo que se tenga el consentimiento inequívoco del afectado.
Con fecha 26 de julio de 2006, UGT ha remitido copia de la circular informativa dirigida a todas las secciones sindicales de dicho sindicato, a través de su página web, en relación con la LOPD, en la que se recomienda que: "(...) en las circulares que publiquéis por Internet o en la intranet de las empresas, prescindáis de nombres y apellidos o cualquier otro dato que pueda ser considerado de carácter personal, salvo que contéis con el consentimiento inequívoco del afectado".
Por tanto, y con independencia de sus alegaciones previas, el sindicato decidió en lo sucesivo otorgar un valor preferente al derecho fundamental a la protección de datos con independencia del juicio de prevalencia realizado sobre la libertad sindical.

"Igualmente, ha quedado acreditado que UGT, a través de su página web, ha dirigido una circular informativa a sus secciones sindicales para que no publiquen en Internet o intranet documentos donde se recojan datos personales si no cuentan con el consentimiento inequívoco del titular de los mismos.

"En consecuencia, se considera que concurren, en el presente supuesto, circunstancias que permiten apreciar una disminución cualificada de la culpabilidad en la imputada que permite aplicar el artículo 45.5 de la LOPD".

No es aventurado cuestionarse hasta qué punto los hechos descritos generan cierta resistencia del destinatario de la norma que no alcanza a entender el cambio cultural que el derecho fundamental a la protección de datos supone, y mucho menos por qué la aplicación del mismo resulta tan severa.

3. El poder de atracción del derecho fundamental a la protección de datos

Como más arriba se señaló, un dato personal es cualquier información relativa a una persona identificada o identificable. Por tanto, puede atribuirse la naturaleza de dato personal a una imagen, a un sonido,[30] a un número de teléfono o, como ha señalado la Agencia Española de Protección de Datos, a una dirección IP o de correo electrónico.[31] Ello apunta a un elemento cualitativo que ha puesto de manifiesto la doctrina norteamericana al utilizar el concepto de *informational privacy*.[32] Las posibilidades que ofrecen las tecnologías de la

30 Véase Ricard MARTÍNEZ MARTÍNEZ (2-5 de dic., 1998). "L'immagine come dato di carattere personale e la sua protezione". Convegno Internazionale: *Il diritto nella società dellíinformazione*. Florencia: Istituto per la documentazione giuridica del CNR. Y (set.-dic., 2000). "Los ficheros de datos y archivos de imágenes policiales en la legislación italiana. Análisis de las resoluciones dictadas por el Garante Italiano para la protección de los datos personales". *Revista Española de Derecho Constitucional*. N. 60.

31 Véase los informes de la Agencia Española de Protección de Datos de 1999 sobre "Tratamiento de registros de voz", "Dirección de correo electrónico" y el informe de 2003 sobre el "Carácter de dato personal de la dirección IP".

32 Véase Arthur R. MILLER (1969). "Personal privacy in the Computer Age: the challenge of a new technology and information oriented society". *Michigan Law Review*. Vol. 67; Alan F. WESTIN (1970). *Privacy and freedom* (6.ª ed.). Nueva York: Atheneum; Anita L. ALLEN (verano, 2000). "Privacy as Data Control: Conceptual, Practical, and Moral Limits of the Paradigm". *Connecticut Law Review*. Vol. 32, pág. 861-875.

información ponen en el centro de la tutela del derecho fundamental a la protección de datos la idea de "información personal", entendida prácticamente de modo informático, como bite, como unidad que puede ser procesada por cualquier medio.

Por ello, en la práctica asistimos a un constante crecimiento del ámbito de lo protegido por el derecho fundamental a la protección de datos y, jurídicamente hablando, corremos el riesgo de invadir territorios fronterizos como el del secreto de las comunicaciones, el derecho a la propia imagen y quién sabe si en un futuro, y de la mano de la videovigilancia, el de la inviolabilidad del domicilio.[33]

En este sentido, basta con ver algunos de los temas sobre los que se ha pronunciado el Grupo de Trabajo del artículo 29, las directivas dictadas en relación con el tratamiento de datos de tráfico en las comunicaciones[34] y algunos informes jurídicos dictados por la Agencia Española de Protección de Datos[35] para

33 En este último caso debe tenerse en cuenta que, por ejemplo, con la captación de imágenes en el interior de un domicilio se produce un acto complejo en el que la entrada virtual, la propia captación de las imágenes, afectaría a la inviolabilidad del domicilio, y el registro de tales imágenes podría afectar al derecho fundamental a la protección de datos.

34 A título de ejemplo, pueden citarse entre otros documentos del Grupo de Trabajo:
- Recomendación 2/1999, de 3 de mayo, sobre la protección de la intimidad en el contexto de la interceptación de las telecomunicaciones. Doc 5005/99/def. WP 18.
- Dictamen 4/2005 sobre la propuesta de directiva sobre la conservación de datos tratados en relación con la prestación de servicios públicos de comunicación electrónica y por la que se modifica la Directiva 2002/58/CE (COM(2005)438 final de 21.09.2005). Doc. n.º 1868/05/ES WP 113.
- Dictamen 3/2006 sobre la Directiva 2006/24/CE del Parlamento Europeo y del Consejo sobre la conservación de datos generados o tratados en relación con la prestación de servicios de comunicaciones electrónicas de acceso público o de redes públicas de comunicaciones y por la que se modifica la Directiva 2002/58/CE, adoptada por el Consejo el 21 de febrero de 2006. Doc. n.º 654/06/ES WP 119.

35 En este ámbito, el informe más relevante probablemente sea el dictado en 1999 sobre "Solicitudes de datos efectuadas por la Policía Judicial sin mandamiento judicial o requerimiento previo del Ministerio Fiscal". La Agencia considera que el artículo 22 LOPD, en relación con el 11.2.d) de la misma norma y el 445 de la Ley Orgánica legitima para las comunicaciones de datos personales a las Fuerzas y Cuerpos de Seguridad cuando se den ciertas circunstancias:
"a) Que quede debidamente acreditado que la obtención de los datos resulta necesaria para la prevención de un peligro real y grave para la seguridad pública o para la represión de infracciones penales y que, tratándose de datos especialmente protegidos, sean absolutamente necesarios para los fines de una investigación concreta.
b) Que se trate de una petición concreta y específica, al no ser compatible con lo señalado anteriormente el ejercicio de solicitudes masivas de datos.
c) Que la petición se efectúe con la debida motivación, que acredite su relación con los supuestos que se han expuesto.
d) Que, en cumplimiento del artículo 22.4 de la LOPD, los datos sean cancelados "cuando no sean necesarios para las averiguaciones que motivaron su almacenamiento".
Viene a señalarse que el deber de notificación inmediata a la Autoridad Judicial o al Ministerio Fiscal del

verificar hasta qué punto se corre el riesgo de reducir la mayor parte del artículo 18 de la Constitución española a la idea de protección de datos. Es necesario ser conscientes de que, pese a la contundencia del aparato de tutela y sanción que ampara este derecho, ello no supone ni que la protección de datos sea la técnica más eficaz, ni la más adecuada.

Sin embargo, la cuestión puede abordarse también desde otra perspectiva, seguramente mucho más productiva, consistente en situar el derecho fundamental a la protección de datos en el plano de la función instrumental que la Constitución, y la jurisprudencia del Tribunal Constitucional desde la STC 254/1993 le han atribuido. Por tanto, aunque en muchos de los casos en los que estén en juego los derechos del artículo 18 CE existirán tratamientos de datos personales, resultará esencial discernir tanto la realidad material de los hechos y los derechos afectados, como la técnica de tutela más adecuada.

4. El derecho fundamental a la protección de datos en una sociedad vigilada

El primer decenio del nuevo siglo está siendo claramente marcado por la idea de seguridad. No hace falta subrayar hasta qué punto está cambiando nuestro entorno tras los atentados del 11 de septiembre y el 11 de marzo. En el mundo posterior a estos atentados, el tratamiento de información personal resulta determinante para la lucha antiterrorista. Todo ello está conduciendo a una política europea integrada en esta materia en la que el Programa de La Haya del 2004 marcó una pauta clara y la directiva sobre retención de datos de tráfico en las comunicaciones constituye una primera herramienta jurídica pero no la única.

artículo 445.1 LOPJ, en relación con la comunicación prevista a favor de éstos por el artículo 11.2.d) LOPD, confirmarían esta tesis. El argumento de la Agencia, llevado al terreno de los delitos cometidos en Internet, tiene una consecuencia muy clara: una unidad policial podría requerir datos de tráfico, sin la existencia de un mandato judicial previo. Este planteamiento proporciona agilidad y contundencia a la actuación policial pero, ¿ofrece mayores garantías que las que otorga al ciudadano el derecho fundamental al secreto de las comunicaciones?

En este sentido, cabe utilizar el concepto de sociedad vigilada o sociedad control[36] si se quiere subrayar la tendencia que marca el desarrollo de la actividad del estado en esta materia. Debe recordarse hasta qué punto el informe que sobre la propuesta de la citada directiva realizaron en su día el Grupo de Trabajo del art. 29 y el Supervisor Europeo de Protección de Datos subrayaban incluso con dureza la manifiesta desproporción de algunas de las medidas que aquella contenía.[37] Por otra parte, en España se encuentra en fase de tramitación no sólo la transposición de la directiva sino también un proyecto de ley que regulará el uso de bases de datos de ADN por parte de las Fuerzas y Cuerpos de Seguridad del Estado.[38]

No obstante, el tránsito hacia una sociedad vigilada no es imputable únicamente a los actores estatales. El empleo de técnicas de control empresarial basadas en la videovigilancia, la monitorización informática e incluso la geolocalización es cada vez más frecuente. Pero no sólo en los entornos empresariales proliferan estos medios. La generalizada sensación de inseguridad a veces promovida con manifiesta irresponsabilidad por políticos y medios de comunicación, está fomentando la aparición de un creciente negocio entorno a la seguridad privada y multiplicando los controles basados en video-cámaras. ...stas no siempre son regidas por expertos legitimados para ello, cualquier ciudadano puede comprar una webcam inalámbrica, enfocarla a un rellano y conectar-

36 Véase David Lyon (2001). Surveillance Society. Monitoring Everyday Life. Open University Press, Buckingham-Philadelfia. La Conferencia Internacional de Autoridades de Protección de Datos, celebrada en Londres del 1 al 3 de noviembre de 2006 ha generado un interesante documento: Lyon David Ball Kirstie; David Murakami Wood; Clive Norris; Charles Raab. Surveillance Societyí Report. Disponible en: <http://www.ico.gov.uk/about_us/news_and_views/current_topics/Surveillance_society_report.aspx> (09/01/07).

37 Véase los documentos del Grupo de Trabajo arriba citados y el Dictamen del Supervisor Europeo de Protección de Datos sobre la propuesta de Directiva del Parlamento Europeo y del Consejo sobre la retención de los datos procesados en conexión con la prestación de servicios públicos de comunicación electrónica y por la que se modifica la Directiva 2002/58/CE [COM(2005) 438 final].

38 En la sección de iniciativas legislativas del website oficial del Congreso pueden localizarse ambas:
- Proyecto de Ley Orgánica reguladora de la base de datos policial sobre identificadores obtenidos a partir del ADN. BOCG. Congreso de los Diputados. Serie A, núm. 117-1, de 15 de diciembre de 2006. (Expediente núm. 121/000117.)
- Proyecto de Ley de conservación de datos relativos a las comunicaciones electrónicas y a las redes públicas de comunicación. BOCG. Congreso de los Diputados. Serie A, núm. 128-1, de 16 de marzo de 2007. (Expediente núm. 121/000128.)

la a un circuito de televisión.[39] Del mismo modo, la geolocalización de menores de edad es un negocio con enorme futuro.

En nuestra sociedad, son muy pocas las voces que se atreven a discutir las restricciones a las libertades que nacen con posterioridad a los atentados terroristas. Otro tanto sucede con otros procedimientos de vigilancia y control basados en la idea de seguridad privada. Parece evidente que la mayoría de la sociedad apuesta decidida y entusiastamente por la seguridad.

Por todo ello, la idea de la protección de datos personales como instrumento de control sobre nuestra información personal adquiere un papel fundamental en la preservación de nuestros derechos y libertades. En este contexto, el derecho fundamental a la protección de datos constituye el punto de equilibrio necesario que garantizará nuestros derechos y las autoridades de protección de datos están llamadas a jugar un papel esencial.

5. El papel determinante de las autoridades de control

En el caso español, el derecho fundamental a la protección de datos ha prosperado en un entorno normativo y jurisprudencial muy favorable pero sin que la realidad social acompañe armónicamente este desarrollo. De modo cíclico se publican noticias relativas a estudios que concluyen la existencia de un bajo grado de aplicación de la LOPD por las empresas y las administraciones españolas.[40]

39 Véase José Luis GOÑI SEIN (2007). *La videovigilancia empresarial y la protección de datos personales.* Madrid: APDC-Thomson-Civitas; Ricard MARTÍNEZ MARTÍNEZ (2007). "Videovigilancia y protección de datos personales. La Instrucción 1/2006, de 12 de diciembre, de la Agencia Española de Protección de Datos". *Aranzadi Revista de Derecho y Nuevas Tecnologías.* N. 13.

40 Así, en la primera conclusión de un estudio de Landwell sobre tratamiento de datos en soporte papel, éste afirma contundentemente:
"A pesar de existir una clara conciencia del riesgo que supone la ausencia de control sobre la información que genera una empresa, las empresas españolas no están en condiciones de cumplir, en la actualidad, el marco normativo que supondrá la entrada en vigor del nuevo Reglamento de la LOPD, que extenderá la obligación de aplicar medidas de seguridad a los documentos en soporte papel que contengan datos de carácter personal."
LANDWELL PWC (2007). Datos en papel. Tratamiento de datos personales e información confidencial en soporte papel en la empresa española.
Asimismo, según noticias de prensa un reciente estudio de ASIMELEC (agosto-2007), afirma que sólo cumplen la LOPD un 60% de las pymes madrileñas.

Por otra parte, la mayor parte de nuestra sociedad carece de una cultura de protección de datos y ello se manifiesta de modo contundente en los procesos de captación de datos personales. Basta con comprobar hasta qué punto, ya sea en Internet o en soporte físico convencional, se tiende a actuar de modo que la prestación del consentimiento se plantee como un trámite tedioso más que el titular de los datos personales debe cumplimentar cuanto antes para llegar a su objetivo de comprar un bien o recibir un servicio. Tanto más tediosa será la técnica empleada cuanta mayor información se desee obtener.

Así, aunque en principio las normas resultan claras y sencillas de aplicar y nuestro régimen sancionador es el más exigente de Europa, podría decirse que no existe en la sociedad española una adecuada cultura de protección de datos.

Este último factor sociológico se suma a todos los elementos señalados en este trabajo para definir un escenario complejo y no necesariamente favorable a la extensión y consolidación del derecho fundamental a la protección de datos. Sin embargo, el sistema de tutela del mismo se estructura a través de autoridades independientes de control[41] y éstas están llamadas a jugar un papel determinante en la evolución del derecho fundamental a la protección de datos desde una triple perspectiva.

En primer lugar, las autoridades juegan un papel esencial desde el punto de vista de la función promocional insita en el conjunto de competencias que les atribuye la legislación sectorial. En tal sentido, las campañas de concienciación, la información al ciudadano, la generación de herramientas e instrumentos documentales, –guías, folletos etc.–, y la colaboración con otras administraciones como la municipal y/o la educativa deben acercar cada vez más al ciudadano al conocimiento del derecho fundamental a la protección de datos.

Por otra parte, debe señalarse que las autoridades de control son en la práctica intérpretes cualificados del derecho fundamental. Así, en España es común que la autoridad nacional y las autonómicas satisfagan las consultas de los ciu-

41 Sobre la naturaleza y papel de las autoridades independientes, véase: Enrique GARCÍA LLOVET (1993). "Autoridades administrativas independientes y Estado de derecho". Revista de Administración Pública. N. 131, págs. 61-118; Ricard MARTÍNEZ MARTÍNEZ (2001). "El control de la Agencia de Protección de Datos sobre los ficheros automatizados de datos de carácter personal de las Fuerzas y Cuerpos de Seguridad del Estado". Cuadernos de la Cátedra Fadriqve Furió. N. 30-31; monográfico en homenaje al profesor Joaquín García Morillo, 2001; Artemi RALLO LLOMBARTE (2002). *La constitucionalidad de las Administraciones independientes*. Madrid: Tecnos.

dadanos de distintos modos, y uno de ellos consiste en elaborar informes que posteriormente son objeto de publicación. Estos documentos abarcan un amplio abanico de cuestiones y en muchas ocasiones son absolutamente determinantes para orientar la aplicación práctica del derecho en este sector.

Por último, debe subrayarse el papel normativo del que dispone en nuestro sistema la Agencia Española de Protección de Datos al atribuirle el artículo 37.c) LOPD competencia para dictar, en su caso, y sin perjuicio de las competencias de otros órganos, las instrucciones precisas para adecuar los tratamientos a los principios de la ley. Junto a ello, estas autoridades poseen facultades de inspección y sanción, lo cual, habida cuenta de la relevancia del régimen sancionador en España, confiere a sus resoluciones un enorme valor.

Por ello, el papel de las autoridades es determinante y esencial para la evolución del derecho fundamental a la protección de datos y debería ser ejercido desde la perspectiva de los problemas que en éste, y en otros trabajos aquí publicados, se han puesto de manifiesto.

Partidos y política en Internet: Un análisis de los websites de los partidos políticos catalanes*

Albert Padró-Solanet y *Ana Sofía Cardenal***

Introducción

En los últimos años se ha desarrollado una literatura rica e interesante sobre las aplicaciones que los partidos políticos hacen de las tecnologías de la información y la comunicación (TIC), que se encuentra en la vanguardia de la investigación en ciencia política. Generalmente, estos trabajos empiezan con la expectativa de que las TIC tienen un potencial regenerador de las democracias liberales y de los partidos políticos. En las sociedades desarrolladas, los partidos políticos han experimentado algunas transformaciones que las han llevado a un divorcio cada vez mayor con el público. Este divorcio se muestra en la caída de la afiliación y de participación en los partidos, y también en la disminución de cualquier tipo de participación política convencional. En la discusión teórica, esta situación se ha denominado «la crisis de la democracia» (cf. p. ej., Norris, 1999). Para los especialistas más radicales, esta crisis refleja las incapacidades inherentes de las democracias liberales. En este sentido, las TIC suponían una gran oportunidad de superar las instituciones representativas y de institucionalizar nuevas formas de democracia directa. Para los especialistas más moderados, la oferta de las TIC era la oportunidad para un «renacimiento» de

* Este artículo se basa en un trabajo colectivo realizado por los autores junto con Albert Batlle y Rosa Borge, todos ellos profesores de los Estudios de Derecho y Ciencia Política de la UOC. El trabajo fue presentado en un panel sobre TIC y política en el último congreso de la ECPR, celebrado en Pisa los días 4-6 de septiembre de 2007.

** Reproducción del artículo publicado en *IDP. Revista de Internet, Derecho y Política,* núm. 6 (2008) http://www.uoc.edu/idp/6/dt/esp/padro-solanet_cardenal.pdf

las mismas instituciones representativas, en tanto que pueden reforzar los vínculos entre la población y sus representantes.

Ambos puntos de vista comparten expectativas de máximos respecto al uso de las TIC, ya que suponen que las instituciones políticas, gobiernos o partidos, deben trabajar aprovechando al máximo el desarrollo tecnológico logrado. Es pues previsible –y a menudo de una manera que no oculta un cierto grado de decepción– que la mayoría de los trabajos empíricos muestren que esas expectativas no son satisfechas. Los partidos no son eficientes al distribuir la información que a menudo es anticuada e incompleta; los recursos asignados al mantenimiento del website no son suficientes para responder a las demandas de los miembros o los votantes hechas a través de los canales establecidos; aún peor, los partidos políticos no aprovechan el potencial de interacción y de participación ofrecido por las TIC. Como se puede ver, la «ciberdecepción» llega de la mano del «ciberoptimismo».

Este trabajo pretende «invertir» la forma de afrontar la cuestión de los usos de las TIC por parte de los partidos políticos. En lugar de poner como premisa la potencialidad tecnológica de las TIC y ver hasta qué punto se alcanza esta potencialidad en los usos que los partidos hacen de las nuevas tecnologías, pretendemos analizar cómo las características internas y externas de los partidos políticos, en interacción con el entorno político relevante, explican las distintas respuestas que éstos tenderán a adoptar en su utilización de las TIC. Desde una perspectiva que pone el acento en la potencialidad tecnológica de las TIC, y no en las características de los partidos, se podría esperar encontrar pocas diferencias en los usos que los partidos hacen de las TIC, o, en caso de encontrarlas, que éstas se explicaran por factores aleatorios –la hipótesis nula. Aquí se parte de una premisa diferente: los partidos están sujetos a diferentes incentivos en función de su posición en el mercado electoral, su ideología, y el tipo de organización, y dependiendo de estos incentivos harán un uso diferente de las nuevas tecnologías. La perspectiva que aquí se adopta se aleja pues de la que ha predominado en la literatura al menos en dos aspectos: en que se espera encontrar diferencias en los usos que los partidos hacen de las TIC en función de sus características, y en que el acento explicativo se pone en los incentivos que enfrentan a los partidos y no en el potencial que per se ofrecen las nuevas tecnologías.

Desde esta perspectiva, este artículo lleva a cabo un primer análisis sobre cómo características tales como la ideología, el tipo de organización y la posición en el mercado electoral de los partidos políticos influyen en los usos que hacen de las TIC. El análisis se lleva a cabo para los partidos políticos catalanes con representación parlamentaria (ERC, CDC, UDC, PSC, I-EV, Cs, PP). Para determinar los usos que estos partidos hacen de las nuevas tecnologías, la estrategia empírica consistió en analizar sus páginas web durante las elecciones municipales de 2007.[1]

En lo que sigue, el artículo se organiza del siguiente modo. En el segundo apartado se hace una breve y somera revisión de la literatura. En el tercer apartado se presenta el modelo teórico y las variables independientes. En el cuarto se explica qué medidas se han utilizado de la variable dependiente. En el quinto se presentan los resultados. Se concluye con algunos comentarios.

Literatura anterior

Los estudios anteriores se pueden dividir en dos ramas. Los que han centrado su atención en el impacto de las TIC en el comportamiento electoral de los partidos políticos y los que se han centrado en las consecuencias que la introducción de las TIC ha tenido en su estructura interna.

1 El análisis de los sitios web es la estrategia empírica más utilizada para inferir los usos que los partidos hacen de las nuevas tecnologías. En cuanto a basar nuestras observaciones empíricas en elecciones locales, se puede objetar que las aplicaciones políticas de los websites no sean interpretables en términos estratégicos porque los elementos en juego en elecciones locales son menores que los que están presentes en otro tipo de elecciones; también porque estas elecciones están dominadas por especificidades locales, tanto en el comportamiento electoral como de las formaciones políticas que compiten en ellas. Sin embargo, las elecciones locales se interpretan a menudo como indicadores de la situación de los partidos nacionales (por ejemplo, son seguidas por medios de comunicación para establecer la aceptación pública de los principales partidos). Por lo tanto, son una parte importante de la campaña electoral continua en la que se encuentran inmersos los partidos políticos en la actualidad. Además, se puede ver cómo en algunos casos los resultados de estas elecciones pueden llegar a tener efectos en los liderazgos nacionales de los partidos. Por otra parte, nuestro estudio no está interesado en la campaña en sí misma; intenta observar todo el funcionamiento de los partidos «a toda máquina», teniendo todos sus recursos y medios de la organización operativos, y siendo afectado por la misma clase de estímulos. Por lo tanto, la campaña política de las elecciones locales permite que comparemos el comportamiento de los diversos partidos con cierta garantía.

Un gran número de trabajos han estudiado la forma como los partidos utilizan las TIC en las campañas electorales. Por ejemplo, Bowers-Brown, 2003; Carlson y Djupsund, 2001; Cunha *et al.*, 2003; Farmer y Fender, 2005; Gibson y Ward, 2002, 2003; Gibson *et al.*, 2003; Löfgren, 2000; Margolis *et al.*, 1997, 1999, 2003; Newell, 2001; Norris, 2003; Schweitzer, 2005; Semetko y Krasnoboka, 2003; Smith, 2000; Thach-Kawasaki, 2003; Tops *et al.*, 2000). Estos estudios han sido en gran medida descriptivos. Se han centrado en el contenido y en las funciones presentes en los websites, pero no se han hecho otro tipo de preguntas de tipo más político. Por ejemplo, no se han preguntado sobre quién controla el website o sobre cuáles de las estrategias de los partidos pueden explicar los distintos usos.

En el campo de la competición electoral, la hipótesis principal en relación con el impacto de las TIC que han formulado los denominados «ciberoptimistas» se refiere a la nivelación o igualación entre las distintas fuerzas políticas. Este pronóstico se funda en las ventajas que ofrecen las TIC a los partidos políticos cuando han de competir electoralmente. En primer lugar, abaratan la comunicación con los votantes, los simpatizantes y los miembros de una forma que no depende de la existencia de una estructura de distribución territorial local. En segundo lugar, constituyen un modo de comunicación adicional que permite superar los filtros que imponen los medios de comunicación de masas tradicionales. Finalmente, el mensaje transmitido puede adecuarse a las características y los intereses de los destinatarios; por otro lado, también puede establecerse un contacto directo con estos destinatarios (*cf.* Benoit y Benoit, 2002). Dado que estas ventajas pueden ser aprovechadas tanto por los partidos más establecidos y grandes como por los minoritarios, nuevos o extraparlamentarios, el resultado final debería ser el de la nivelación de la competición electoral.

Una parte de la investigación en este campo ha encontrado evidencias a favor de la hipótesis de la nivelación (Norris, 2003; Tkach-Kawasaki, 2003; *cf.* Gibson *et al.*, 2003, pág. 50). En los estados en proceso de democratización también se han observado muestras del potencial nivelador de las TIC en la competición partidista o política de oposición al poder (March, 2004; Shynkaruk, 2005; Semetko y Kransnoboka, 2003). Este hecho es coherente con el entusiasmo que manifiestan los responsables de los partidos pequeños en relación con el potencial de las TIC.

De todas maneras, la mayor parte de la literatura existente ha destacado que, en realidad, son los partidos grandes, establecidos y por tanto con más recursos, los que aprovechan mejor las oportunidades que ofrecen las TIC (Coleman, 2001; Hansen *et al.*, 2005; Gibson *et al.*, 2003: 50, 2000; Ward *et al.*, 2003: 24; Margolis y Resnick, 2000; Margolis *et al.*, 1997, 1999; Resnick, 1990). Ésta es la denominada hipótesis de la normalización de la política en el medio de las TIC.

Otra rama en la literatura ha enfocado el efecto potencial de las TIC en la estructura interna de los partidos políticos. ¿Cómo afecta la introducción de las TIC a las relaciones entre los dirigentes del partido y los miembros, afiliados y activistas? ¿Es posible una «reinvención» de los partidos políticos? (Pedersen y Saglie, 2005; Ward *et al.*, 2002; Gibson *et al.*, 2005; Löfgren, 2003). ¿En qué medida las oportunidades de participación pueden servir para la revitalización de los antiguos partidos de masas? O bien, ¿pueden las TIC reforzar las tendencias oligárquicas y centralizadoras de los partidos a partir del control de los expertos y de los profesionales dentro del partido?

Para resolver el dilema entre normalización y revitalización de los partidos políticos, hay que tener en cuenta su funcionamiento interno. La existencia de coaliciones de actores con intereses contrapuestos, la estructura de oportunidades y los recursos a su disposición hace que no siempre se implementen los cambios potenciales que son propiciados por la existencia de las TIC. Es decir, la oportunidad de participación y de movilización política que ofrecen las TIC no será aprovechada si no se esperan unos beneficios claros para las coaliciones de control que ostentan el poder en los partidos.

En la literatura se han hecho algunos esfuerzos para encontrar factores explicativos de los usos de las TIC por parte de los partidos políticos. Se han propuesto factores como el tamaño, los recursos de los que están dotados los partidos o los privilegios parlamentarios (Gibson y Ward, 1998), o la estructura y las filosofías de los partidos (Gibson *et al.*, 2000; Römelle, 2003). Pero estos trabajos no han hecho un tratamiento sistemático de las variables independientes propuestas.

Enfoque teórico

Los partidos políticos se pueden entender esencialmente como organizaciones que sirven como vehículos para individuos que tienen el objetivo de obtener cargos públicos a través de ganar el poder político en elecciones competitivas (Aldrich, 1995; Schlesinger, 1984; Downs, 1957). Las características de estas organizaciones y de sus discursos ideológicos son los instrumentos cruciales que permiten que hagan frente a los desafíos del mercado electoral. Interpretada de forma amplia, la ideología ofrece interpretaciones de la realidad que permiten coordinar y ofrecer coherencia a las interacciones de los distintos actores presentes en los procesos en los que se encuentran implicados los partidos políticos (*vid.* Calvert, 1992). Entre los candidatos y los votantes en las contiendas electorales; entre los cargos públicos, en las instituciones legislativas; entre gobiernos y administradores públicos, y, finalmente, entre los administradores públicos y los ciudadanos. Análogamente, los partidos políticos configuran sus organizaciones para poder operar de forma eficaz en estos contextos. Así, por ejemplo, el «partido de masas» sería el tipo organizativo que surge para enfrentarse a los crecientes problemas de coordinación con los electores que aparecen con la extensión del sufragio.

Desde su fundación, los partidos, que se han dotado tanto de una ideología como de una organización, adoptarán una estrategia comunicativa (más o menos coherente con la ideología y con la estructura organizativa) con el objetivo de simultáneamente maximizar los beneficios y minimizar los riesgos que le plantea la estructura del mercado electoral y de las instituciones de formación de Gobierno. Se puede considerar que la estrategia comunicativa es una actividad estratégica a corto plazo que se ve condicionada por otras decisiones estratégicas a largo plazo: la estructura organizativa y la ideología.

En la figura 1 se representa un mapa conceptual, donde las flechas representan las relaciones que suponemos que existen entre los factores explicativos que vamos a considerar y los usos que los partidos hacen de los websites y otras tecnologías de la comunicación. Las relaciones que aparecen aquí forzosamente son muy complejas y no tenemos la pretensión de hacer una explicación detallada en este trabajo. Tan sólo apuntamos una descripción resumida de esta complejidad.

Fig. 1. Mapa conceptual de los factores explicativos de los usos de las TIC por parte de los partidos políticos

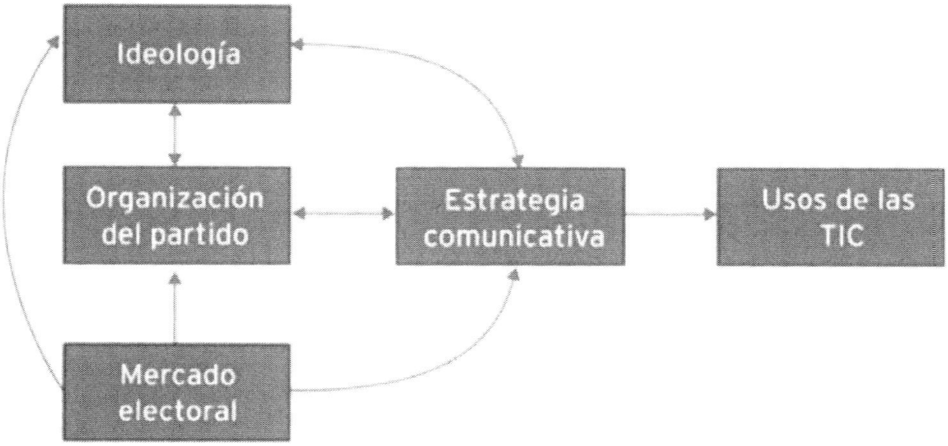

En el lado derecho del gráfico, aparecen los usos de los websites por parte de los partidos políticos como un componente más de la estrategia comunicativa de los partidos. La estrategia comunicativa se explica por la influencia e interacción de tres factores: la ideología, la organización del partido (en los cuales, a su vez, influye) y el mercado electoral.

En primer lugar, la estructura del mercado electoral es el único factor exógeno. No se ve afectado por ninguna de las otras variables. Lo que aquí se denomina el «mercado electoral» tan sólo es una forma resumida de considerar el conjunto de oportunidades y de amenazas que afectan desde el exterior al partido político, que posibilitan su existencia y que determinan su supervivencia. Tal y como es considerado, va más allá de la simple competencia electoral.

Depende de que exista un público receptivo a un determinado mensaje para la defensa de unos intereses o de unas determinadas formas de entender las políticas que se deben llevar a cabo en la comunidad política general. Asimismo, depende de la existencia de grupos de interés o de redes de intereses y de medios de comunicación más o menos poderosos, más o menos afines a los distintos partidos políticos. En el nivel institucional, la existencia de reglas del sistema electoral que establezcan una mayor o menor recompensa por formar parte de las fuerzas mayoritarias. Uno de los componentes de este mercado electoral también lo constituyen la configuración y las reglas de las instituciones legislativas y las oportunidades que ofrecen para tener distintos papeles: formar Gobierno (en solitario o en coalición, mayoritario o no...) o de mantenerse en la oposición (*cf.* Strom, 1990).

La comprensión del mercado electoral en este amplio sentido ofrece la estructura de los incentivos a los que los partidos políticos deben hacer frente. Esta estructura afecta, en el corto plazo, a la estrategia de la comunicación apropiada para obtener los votos (el recurso crucial de este juego). Sin embargo, si un partido político debe ser viable a largo plazo, tiene que obtener otros recursos de su entorno. Por esa razón tendrá que construir una estructura de organización adaptada que garantice, entre otros factores, la financiación y la disponibilidad de suficiente personal cualificado para poder ganar las elecciones y formular e implementar sus políticas preferidas. A su vez, la existencia de una estructura de organización del partido estable se convierte en un recurso para la estrategia comunicativa del partido puesto que confiere credibilidad. Por lo tanto, la estructura de organización se puede considerar como respuesta a largo plazo a los incentivos del mercado electoral que determina, en parte, la estrategia comunicativa y que, a su vez, se ve afectada por esta última.

Finalmente, la ideología mantiene una relación con los incentivos del mercado electoral parecida a la que tienen estos incentivos con la estructura organizativa; la diferencia consiste en que la ideología funciona a más largo plazo, en una escala temporal más alejada de los incentivos inmediatos del mercado electoral. En el modelo, la ideología en los partidos políticos no se entiende como una formulación única y estática. En el nivel más general, las ideologías están constituidas de principios y de explicaciones más o menos articuladas de la realidad social que identifican qué está bien y qué se debe cambiar o conservar. Cuando lo hacen, orientan o prescriben qué se debe hacer. Por eso sirven para coordinar a los diferentes actores relacionados con los partidos políticos: votantes, candidatos, miembros y simpatizantes. Dado que los partidos políticos son considerados como entidades complejas, las diferentes coaliciones dentro de los partidos tenderán a proponer distintas ideologías para diferenciarse, identificarse y ayudarse en su lucha por el poder. La competición de las distintas ideologías y el éxito de éstas en distintos momentos es una fuente de evolución de las ideologías dentro de los partidos políticos. Suponemos que las ideologías con éxito a largo plazo serán las que encajen mejor con la estructura de incentivos que ofrece el mercado electoral y que, al mismo tiempo, sean congruentes con la estructura organizativa interna del partido.

En tanto que explicación de la realidad social, la ideología afecta a la estrategia de comunicación puesto que le confiere los contenidos e incluso la forma. También determina la forma apropiada de la organización de los partidos. Al mismo tiempo, la estrategia comunicativa llevada a cabo para adaptarse a las exigencias del mercado electoral puede afectar a la ideología, en un proceso de actualización. Finalmente, la estructura organizativa puede afectar a las formas ideológicas aceptables, tal y como ha mostrado el neo-institucionalismo (*cf.* North, 1990).

Naturalmente, en este artículo no trataremos de forma completa la complejidad de estas relaciones e interacciones. Simplificaremos para considerar en nuestro caso de estudio de qué manera, la utilización de los websites en los partidos políticos catalanes en las elecciones municipales del 2007, se ve afectada por los tres factores principales que hemos identificado: el mercado electoral, la forma organizativa del partido y la ideología.

La operacionalización de las variables independientes

En relación con la ideología, en el nivel más general, se pueden distinguir dos dimensiones ideológicas básicas: la primera y más importante para distinguir las distintas alternativas políticas en las democracias desarrolladas es el grado de desigualdad que admiten como resultado de sus políticas (éste es el contenido más reconocido de la distinción izquierda-derecha). La segunda es el grado de «estructuración» de la intervención social. Por tanto, los indicadores seleccionados de «ideología» son: la orientación ideológica del partido hacia la izquierda o la derecha,[2] y la existencia o no de un discurso participativo. Se

2 Aunque la ideología suele tratarse como una variable numérica (de escala contínua), aquí se trata como una variable dicotómica. Es decir, los partidos se clasifican como de izquierdas (1) o de derechas (0) y con un discurso participativo (1) o no (0). Para clasificar a los partidos como de izquierdas o de derechas, se ha utilizado su ubicación en el eje izquierda-derecha. Cuando en la escala se les sitúa entre 0 y

esperaría que un partido orientado ideológicamente hacia la izquierda y/o con un discurso participativo haga un uso más interactivo y participativo de Internet que uno orientado a la derecha y/o sin un discurso participativo. Algunos autores son escépticos respecto al efecto de la ideología en el diseño de las webs (*cf.* Norris, 2001 o Trechel *et al.*, 2003). Sin embargo, estudios empíricos han encontrado relación entre orientación ideológica y usos de la web en el caso italiano (Vaccari, 2007). Respecto a la selección de estos indicadores, se puede objetar que probablemente existe una fuerte asociación entre ser un partido de izquierda y tener un discurso participativo, y que no cabe hacer la distinción. Sin embargo, el caso de Ciutadans, que tiene un discurso participativo y en cambio se clasifica como partido de derechas, demuestra que estos factores no siempre van juntos. De lo que se trata es pues de ver qué efecto tiene cada uno de estos factores en el uso más o menos participativo que los partidos hacen de Internet.

En cuanto al tipo de organización, los indicadores seleccionados son: a) el grado de centralización del partido, b) el tipo de partido –es decir, si la organización se corresponde más con la del partido de masas o con la del partido *catch-all*–[3] y c) la existencia o no de conflictos o disensiones notables en el seno del partido. Es previsible que el grado de centralización de un partido afecte al tipo de comunicación y de actividades que un partido desarrollará a través de Internet. Por ejemplo, se podría esperar que un partido centralizado tienda a priorizar actividades como la difusión de información o la campaña, que impli-

un valor inferior a 5, se clasifican como de izquierdas, y cuando en la escala se les sitúa entre 10 y un valor superior a 5, se les clasifica como de derechas. En el estudio postelectoral de las elecciones al Parlamento de Cataluña del 2006 (CIS 2660, noviembre), las medias de las ubicaciones que el conjunto del electorado catalán atribuye a los partidos y coaliciones en la escala izquierda-derecha son las siguientes: ICV (3,0) ERC (3,0) PCS (4,2) CiU (6,5) Cs (6,8) y PP (8,7). Para clasificar a los partidos como partidos con un discurso participativo o no, se han utilizado sus discursos públicos y sus estatutos.

3 Los partidos de masas y los partidos *catch-all* fueron por primera vez conceptualizados por DUVERGER (1951) y KIRCHHEIMER (1966). Sin embargo, para clasificar estos partidos en única dimensión definida en sus extremos por los partidos de masas y los partidos *catch-all*, este trabajo se basa en BOTELLA (1989). Éste define un partido de masas como el partido en el cual «el único vínculo entre el partido y sus seguidores (es decir, los votantes) se organiza a través de la acción de sus miembros». Para los partidos de masas «los resultados electorales dependen de (y sólo de) la organización y actividad de sus miembros». Por el contrario, define el partido catch-all como el partido para el cual «los miembros no son relevantes [...], el único vínculo con los votantes es la presencia de líderes de los partidos en los medios de comunicación y el tema clave es la capacidad del liderazgo de reconocer las preferencias de los votantes». A pesar de que para los partidos *catch-all* la organización puede continuar teniendo un papel, ésta no realiza la función de vínculo.

can comunicación de arriba abajo y que no crean «ruido» en la organización. En cambio, se podría suponer que un partido descentralizado estará mejor preparado para implicarse en actividades como la participación que impliquen comunicación de abajo arriba. Es previsible también que un partido de masas, que se define precisamente por el papel que la organización y la actividad de los militantes tiene como vínculo entre los dirigentes y cuadros del partido y los votantes, utilice Internet para movilizar a sus bases y para establecer vínculos y redes con el exterior. En cambio, lo esperable de un partido *catch-all*, cuyos líderes se dirigen directamente a los votantes a través de los medios de comunicación y sin mediar la organización y los militantes, será que utilicen Internet para hacer campaña.

Para clasificar a los partidos como partidos de masas o partidos catch-all, se han utilizado dos indicadores: a) los vínculos con los grupos de interés, si son más o menos estables y b) el tipo de base electoral, en términos sociales (si se basa en la clase u otro tipo de apoyo diferenciado o bien es transversal) o en términos geográficos (si la distribución geográfica es dispersa y homogénea por todo el territorio o bien se concentra en ciertas áreas), etc.[4] Para clasificar a los partidos según la centralización, utilizamos dos indicadores: a) el proceso de selección del líder del partido y b) las reglas de selección de los candidatos parlamentarios.[5]

Finalmente, el indicador de conflictos internos de los partidos es una variable tentativa que quiere recoger la existencia de un grado de oposición visible a la dirección del partido. La razón detrás de la utilización de este tipo de indicador se basa en la idea de que una dirección menos discutida será más capaz de utilizar los medios que ofrecen las NTIC para difundir información de forma

4 Estos indicadores se basan en BOTELLA (1989). Éste propone otros que dejamos fuera porque, o bien no tenemos la información, o porque no parecen muy prometedores en mostrar diferencias relevantes entre los partidos (es el caso de la financiación). Tampoco se ha utilizado el indicador más frecuentemente utilizado en la literatura para clasificar a los partidos como de masas o catchall: la razón miembros/votantes. La razón es que no esperamos encontrar diferencias importantes entre los partidos que nos permitan discriminar por ese indicador. Los partidos españoles y catalanes emergieron en el momento en que el proceso de «cartelización» de los partidos ya estaba muy avanzado. Esto se refleja en parte en la baja ratio de miembros/votantes que en general muestran los partidos españoles y catalanes.

5 Los índices utilizados para clasificar a los partidos según las reglas de selección del líder y las reglas de selección de candidatos se basan en JANDA (1980) y LUNDELL (2004), respectivamente. Para clasificar a los partidos según estas reglas, se han utilizado sus estatutos.

eficaz entre la sociedad; mientras que una dirección discutida, o no tendrá el control para llevar a cabo este uso, o preferirá no hacer este uso para evitar empeorar el conflicto ya existente. En realidad, en los casos en que este indicador mide la existencia de conflicto está reflejando situaciones bastante distintas: en ERC existen en el período estudiado corrientes organizadas dentro del partido que cuestionan el liderazgo («Reagrupament» de Carretero, o «Esquerra Independentista» de López-Bofill y U. Beltrán). En el PP catalán, su líder, Piqué, se había enfrentado veladamente a la Dirección central del partido por el tipo de oposición contra el Gobierno socialista llevada a cabo y, desde esta dirección central, se criticaban las posiciones demasiado «catalanistas» de Piqué. Estas críticas tenían resonancia en algunos sectores del PP catalán y terminaron, poco después de las elecciones municipales, con la dimisión de Piqué. El éxito en cierto modo inesperado de Ciutadans en las autonómicas se le atragantó, y en las municipales la Dirección central experimentó conflictos intensos (voceados extensamente a través de la Red) para confeccionar las listas electorales en las poblaciones con mayores probabilidades de obtener representación. Finalmente, en ICV, formada por un conglomerado de personas provenientes de tradiciones ideológicas muy heterogéneas, con una larga historia de conflictos internos, la Dirección siempre ha tenido que ir con pies de plomo. En el período estudiado, se desgajó de la coalición electoral el grupo de ecologistas que dieron la denominación de Verds.

Por último, como indicadores de la posición de los partidos catalanes en el mercado electoral, se ha utilizado: 1) la posición de los partidos en el esquema Gobierno-oposición, 2) el tipo de distrito electoral (si principalmente es regional o nacional), 3) el tamaño del partido y 4) la existencia (o la posibilidad de la existencia) de coaliciones entre partidos.

Podríamos esperar que los partidos gubernamentales estarán principalmente interesados en la provisión de información y en hacer campaña a través del Internet (es decir, esas actividades en línea que implican la comunicación de arriba hacia abajo), mientras que los partidos en la oposición estarán especialmente interesados en la movilización de su apoyo electoral potencial para ganar las elecciones, así que serán más propensos que los partidos en el Gobierno a instalar mecanismos de participación y el establecimiento de red a través de Internet. Por otro lado, el hecho de ocupar los cargos del Gobierno también permite tener un cierto control sobre los canales de comunicación de las administraciones públicas, de forma que puede ser un desincentivo para una utilización intensiva de los canales partidistas en la movilización de votantes.

En cuanto al distrito, cuanto más pequeño, mayor es la ventaja para los partidos en establecer los mecanismos para la participación de los votantes potenciales y de la generación de los recursos facilitados a través de Internet. En este sentido, los mecanismos en línea de la participación podrían ser útiles para conocer cuál es la posición de los votantes en relación con algunos temas electorales y adaptar la formulación del mensaje electoral en respuesta. En el sentido opuesto, cuanto mayor es el distrito electoral del partido, mayor es la necesidad de construir un «mensaje político aceptable» por el votante medio y, por lo tanto, será menor el interés de establecer mecanismos de participación en línea destinada a los votantes potenciales. En algún sentido, podríamos plantear la existencia de un compromiso entre la información y la participación en la estrategia de la comunicación de los partidos. Entre nuestros casos, tan sólo se puede considerar que el PP carecía de una consideración clara del ámbito catalán como su distrito de interés. ICV y PSC mantienen unas relaciones de independencia formal con sus partidos afines en el ámbito estatal, lo cual no evita que existan situaciones frecuentes de tensión y roce, especialmente en relación con el PSC en el Gobierno de la Generalitat.

Con relación al tamaño del partido, esperaríamos que la mayor disponibilidad de recursos de los partidos grandes signifique que el tipo de comunicación más sofisticada, con mayor capacidad para utilizar las modernas tecnologías del marketing para adaptar los mensajes emitidos a los distintos tipos de público. En cambio, esperaríamos que los partidos pequeños intentaran explotar al máximo las capacidades de las NTIC para la interacción para movilizar a sus simpatizantes y seguidores para obtener directamente recursos monetarios o bien para sustituirlos por trabajo (*cf.* Moe, 1980). En el sistema de partidos catalán, hay claramente dos partidos principales: PSC y CDC. En cierto modo, ERC e ICV pueden ser considerados como partidos medianos por el número de votos y escaños y por el hecho de ser candidatos a formar parte de Gobiernos de coalición, pero en este trabajo los consideramos como pequeños.

Finalmente, se tiene en cuenta que los partidos pueden disponer de pactos más o menos sólidos para establecer una coalición, de modo que no sufran la presión de tener que maximizar los votos obtenidos, sino que puedan alcanzar los objetivos fijados dentro de unos intervalos o márgenes de seguridad más amplios de lo que sucedería en ausencia de estos pactos. Naturalmente, en relación con los usos de las NTIC, haber establecido estos pactos va a implicar una menor exigencia en su uso para movilizar votantes o, incluso, cualquier tipo de recurso. Entre nuestras unidades de análisis, los tres partidos coaligados en el Gobierno de la Generalitat son los obvios candidatos a puntuar en este indicador. UDC, que forma una coalición electoral con CDC con el pacto de un reparto proporcional en las candidaturas electorales y en los cargos del Gobierno, puede ser visto como un caso de «explotación del grande por el pequeño» que describió Olson (1982). UDC puede ceder el «trabajo» de maximizar los votos a su socio mayoritario, mientras que se centra en maximizar otros objetivos como la mayor visibilidad de sus líderes y su capacidad de negociación, o sea, maximizar el poder.

En la tabla presentada, se observa la clasificación de los partidos políticos catalanes en todos los indicadores utilizados. En todos los casos, las variables se han transformado en dicotómicas para facilitar el análisis posterior.

TABLA 1. Indicadores de las variables independientes en los partidos catalanes

	Ideología		Organización			Mercado electoral			
CDC	D	Sí	*Catch-all*	C	No	O	R	G	No
UDC	D	No	*Catch-all*	C	No	O	R	P	Sí
PSC	I	No	Masas	C	No	G	R	G	Sí
ERC	I	Sí	Masas	D	Sí	G	R	P	Sí
ICV	I	Sí	Masas	D	Sí	G	R	P	Sí
PP	D	No	*Catch-all*	C	Sí	O	N	P	No
Cs	D	Sí	*Catch-all*	C	Sí	O	R	P	No

Fuente: elaboración propia

El análisis de los websites de los partidos catalanes

Como ya se ha mencionado, para analizar los usos de las TIC que hacen los partidos políticos catalanes se ha llevado a cabo un análisis de sus sitios web. Para proceder a este análisis, este trabajo se basa en la metodología originalmente propuesta por Gibson y Ward (2000, 2002) que, con más o menos variaciones, utilizan la mayor parte de los trabajos empíricos sobre este tema.[6] Estos autores identifican cinco funciones fundamentales que los partidos llevan a cabo: transmisión de información, movilización de recursos, campaña electoral, participación y establecimiento de redes de contacto. A partir de esta estructura teórica, se elabora un análisis de contenido de las características técnicas de los websites de los partidos y, a partir de su observación y medida, se calculan unos índices que se supone que deben capturar en qué grado los websites de los distintos partidos están diseñados para cumplir estas funciones.

Esta operacionalización de la variable dependiente es en cierto modo problemática. En primer lugar, las medidas que se utilizan son formas poco refinadas para reducir a cantidades una entidad tan compleja como un website, por lo que resultan inevitablemente incompletas y arbitrarias. Pero, en realidad, el principal problema de que adolecen estas medidas es su falta de relación explícita con una teoría de los incentivos que afectan a actores relevantes como los partidos políticos. De forma que no van a ser muy «finas» en distinguir y medir los usos estratégicos de los elementos que potencialmente aparecen en los websites de los partidos ante los distintos incentivos y restricciones a los que se enfrentan las coaliciones dominantes dentro de los partidos políticos. Como se ha apuntado, utilizamos estas medidas como solución satisfactoria provisional, ya que, en parte por su simplicidad, se han convertido en las más utilizadas a nivel internacional en la corta historia del estudio de los websites de los partidos políticos, una especie de estándar en la literatura (a pesar de que, a causa de sus limitaciones, los estudios más recientes proponen variaciones y adaptaciones en su utilización). Por otro lado, para minimizar los defectos de que adolecen estas medidas, vamos a intentar «revelar» (a través de un análisis multi-

6 Para ser más precisos, este trabajo utiliza los índices que NEWELL (2001) utiliza en su trabajo sobre la base de la propuesta de WARD y GIBSON (2000).

dimensional de componentes principales) la configuración de las semejanzas y diferencias que existen entre los websites en los partidos políticos catalanes, para ver si pueden ser explicadas por nuestras hipótesis sobre el comportamiento de los partidos políticos.

La dimensión de provisión de información mide la presencia o ausencia en los websites de ocho tipos de documentos: la historia del partido, los valores o ideología que defiende, información sobre su estructura organizativa y, finalmente, de los resultados electorales de los partidos en contiendas anteriores. Sumando los valores dicotómicos de cada uno de estos indicadores, se obtiene un índice compuesto que mide hasta qué punto los websites de los partidos parlamentarios catalanes son utilizados como contenedores de información a disposición de votantes, simpatizantes, miembros o medios de comunicación de masas.

La dimensión de generación de recursos mide la presencia en los websites de los partidos de cuatro elementos.

En primer lugar, el reclutamiento de voluntarios para dar ayuda o apoyo esencialmente en la campaña electoral de los partidos. En segundo lugar, se miden en orden creciente las facilidades del website para la afiliación como militante de los partidos según se ofrezca tan sólo una dirección postal, la descarga de formularios para ser impresos y mandados después por correo ordinario, se pueda enviar el formulario en línea, o bien se pueda realizar el procedimiento de afiliación completamente a través de la Red. En tercer lugar, del mismo modo que con la afiliación, también se mide el grado de facilidad que los websites de los partidos ofrecen para obtener donaciones de los simpatizantes. Finalmente, se tiene en cuenta, asimismo, la posibilidad de venta de productos en línea para ayudar a financiar los gastos del partido.

La dimensión de realización de campaña recoge la presencia de un conjunto de elementos un tanto heterogéneos. Por un lado, tiene en cuenta la disposición de los websites de los partidos para adaptar el mensaje que ofrecen a los distintos tipos de votantes y hacerlo más interesante, persuasivo y convincente. Se ha medido si existe esta adaptación o segmentación del mensaje con relación a cinco cuestiones: la localización territorial del visitante del website, su situación económica o profesional (p. ej., parado, empresario), su identidad (p. ej., todos los websites tienen la posibilidad de ofrecerse en catalán o castellano), su edad y, finalmente, su interés por temas concretos (p. ej., educación, género, etc.).

Por otro lado, se han medido aspectos de los website relacionados con su atractivo y con la capacidad que se supone que tienen para incentivar el retorno de los visitantes (*cf.* p. ej., Bucy *et al.*, 1999). En primer lugar, se ha medido la «frescura» de los sitios web teniendo en cuenta la renovación de los contenidos y apariencia de la página principal y de las noticias que recoge. En segundo lugar, se ha medido la calidad del diseño a través de seis ítems: el uso de gráficos, de marcos, de iconos móviles, de sonido, de vídeo y de juegos.

La dimensión de participación está compuesta por tres subíndices: apertura, retorno de información (*feedback*) y debate. «Apertura» es un índice aditivo que pretende medir en qué grado los websites de los partidos están dispuestos a recoger entradas de información (comentarios, sugerencias, críticas) de sus visitantes. Distingue de forma detallada a qué parte o cargo de la organización partidista va dirigido o corresponde la dirección de correo electrónico o el blog que aparece en el website. Aunque es algo problemático suponer que una mayor cantidad de vías abiertas a la comunicación implica una mayor apertura real, y más aún que sea una medida de participación, se ha optado por mantener este subíndice dentro de esta dimensión. El «retorno de información» (o *feedback*) es un subíndice que mide la naturaleza del retorno de información ofrecido a través del correo electrónico en función del grado de su especificidad y estructuración. Finalmente, «debate» es un índice ordenado diseñado para medir hasta qué punto el website promueve la existencia de debates y discusiones controlados por los mismos visitantes y no por la elite dirigente del partido, tal como lo hace el «retorno de información».

Tejer redes sociales (*networking*) se refiere a los esfuerzos que se llevan a cabo desde los websites de los partidos para crear y reforzar los vínculos existentes dentro de los partidos (por ejemplo, entre las sedes centrales de los partidos y sus ramas locales) y fuera de los partidos (por ejemplo, la relación que existe entre el partido y los grupos de interés). Como la importancia que un website da al tejido de redes se mide por su número de enlaces internos y externos, las puntuaciones obtenidas por cada partido se han normalizado calculando sus puntaciones estándar en ambas dimensiones: los enlaces externos y los enlaces internos.

Las puntuaciones de los partidos políticos catalanes en cada una de estas dimensiones se han recogido en unas tablas. Aunque a partir de estas tablas es posible observar las similitudes y diferencias entre los partidos políticos catalanes en estas dimensiones, se ha optado por resumir y simplificar toda la información contenida en las tablas realizando un análisis de componentes principales.[7]

Los dos gráficos que siguen son del tipo biplot, pensados para disponer de forma conjunta dos tipos de información. Por un lado, muestran la posición de cada website de los partidos políticos catalanes según el valor que obtienen en un par de los componentes principales estimados. El hecho de que los valores sean positivos y negativos en los componentes es debido a que a los valores de las observaciones les es substraída la media de cada variable. Por otro lado, muestra el peso que cada variable tiene en el cálculo de los componentes que se representa por la longitud de un vector que parte del centro del gráfico. Cuanto más larga es la proyección de la flecha en el componente, mayor es el peso de la variable en este componente. Y, por tanto, mayor es la contribución de esta variable o dimensión al conjunto de la variación total. Así, el primer componente -que aparece como el eje horizontal en ambos gráficos y que captura un poco más del 50% de la variacióndistingue a los partidos según sus puntuaciones en los índices de participación, realización de campaña y generación de recursos. El segundo componente -representado como el eje vertical del primer biplot y que captura el 33% de la variación totaldistingue entre aquellos partidos que ponen mayor énfasis en la generación de recursos y la oferta de información respecto a los que ofrecen oportunidades de participación a los visitantes del website. Finalmente, el tercer componente -representado como el eje vertical del segundo biplot y que explica algo menos que el 10% de la variacióndistingue a los partidos de acuerdo con el número de vínculos externos e internos de la organización y con la provisión de información.

7 Este tipo de análisis permite representar la posición relativa de las observaciones (en nuestro caso, los websites de los partidos políticos) en unas dimensiones derivadas de una combinación lineal de las distintas variables medidas, los «componentes». La reducción de la complejidad que se consigue con este análisis se debe a que el primer componente captura el máximo de varianza, mientras que los sucesivos componentes –que son estimados de forma que no estén relacionados con los anteriores– explican progresivamente proporciones menores de la varianza.

Como se puede ver, la combinación de los tres componentes que consideramos da cuenta del 90% de la variación total de nuestras ocho observaciones en las seis variables medidas.

Fig. 2. Posiciones de los partidos en la variable dependiente (componentes 1 y 2)

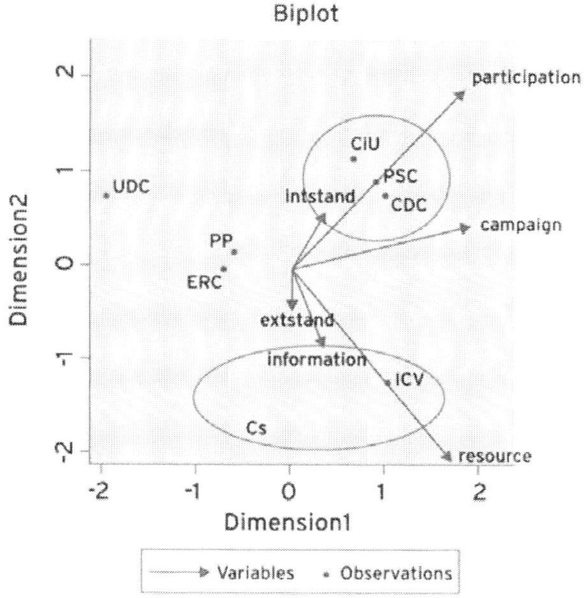

Fuente: elaboración propia

En el primer biplot podemos distinguir tres agrupamientos en los partidos. El primero, en el noreste del gráfico, con una posición que refleja puntuaciones altas en la participación y en la realización de campaña, está formado por el partido socialista (PSC), la coalición electoral CiU y su componente mayoritario, el partido nacionalista catalán conservador, CDC. Esta agrupación se compone de los dos partidos políticos principales del sistema catalán, y muestra que las diferencias principales en las aplicaciones de Internet por parte de los partidos (tal como ha sido medida) pueden reflejar el tamaño y la posición de estos partidos en el mercado electoral.

La segunda agrupación de partidos, en el sur del primer biplot, se compone de Inicitiva per Catalunya-Verds (ICV) y Ciutadans (Cs). Son partidos pequeños –especialmente Cs– que pueden aprovechar las oportunidades que ofrece Internet para amplificar el alcance de sus propuestas y generar los recursos necesarios, financieros y de colaboración voluntaria para su funcionamiento. Esta agrupación muestra cómo en determinados casos los recursos de las NTIC pueden utilizarse para conseguir una cierta nivelación del campo político.

Finalmente, la tercera agrupación del primer biplot la podemos considerar como residual: muestra aquellos partidos que no puntúan bien en los dos primeros componentes principales. Está compuesta por el partido nacionalista de izquierdas –ERC–, el partido conservador nacionalista español –PP– y el partido cristiano demócrata catalán –UDC.

Fig. 2. Posiciones de los partidos en la variable dependiente (componentes 1 y 3)

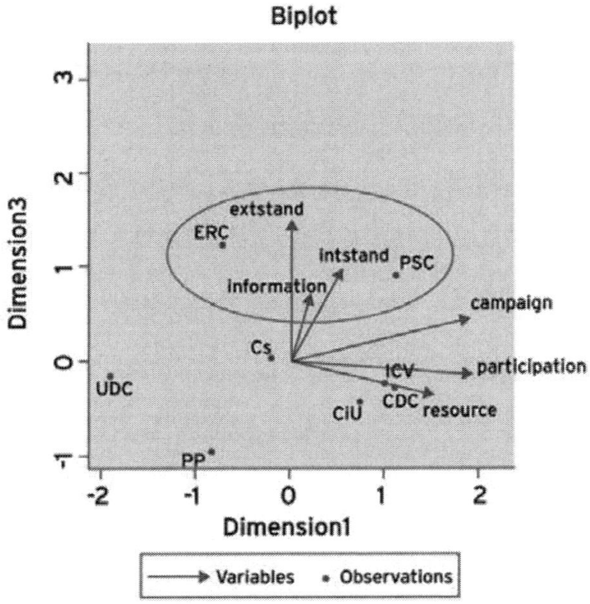

Fuente: elaboración propia

El segundo biplot muestra el primer componente principal contra el tercero. El tercer componente principal captura el peso del establecimiento de una red de contactos interno y externo (*intstand* y *extstand*) en los website de los partidos. Este componente tiende a distinguir los partidos que se pueden categorizar como «partidos de masas» (ERC y PSC) de los otros.

De este análisis se deduce que hay tres tipos de usos diferenciados entre los partidos políticos catalanes. El primero, ejemplificado por el primer clúster del primer gráfico, PSC, CiU-CDC, corresponde a un uso intenso de los recursos que ofrece la web en términos de sofisticación del website y de una mayor accesibilidad en términos de canales de acceso ofrecidos a los visitantes. El segundo, representado por ICV y Cs (clúster 2, biplot 1), corresponde a la combinación de un uso intensivo de las NTIC en la provisión de información (ideología) y la generación de recursos financieros y de trabajo voluntario de simpatizantes y afiliados. El tercer tipo de uso de las NTIC consiste en un uso intensivo de los vínculos (*links*) tanto con la organización interna como con organizaciones externas, además de ofrecer un tipo de información más completa. Este clúster se observa en el segundo biplot y está formado por ERC y PSC. Se distingue, asimismo, un cuarto clúster «residual» que representa un uso mínimo en el conjunto de las funciones estudiadas, está formado por UDC y PP.

Análisis y resultados

Para poder testar de forma sistemática la relación entre las variables independientes propuestas y los tres usos diferenciados de Internet que aparecen en las gráficas, se ha llevado a cabo un análisis muy simple consistente en construir una tabla de la verdad. Para construir esta tabla, las variables independientes y dependientes se han transformado en dicotómicas, asignando el valor de 1 a las observaciones con valores positivos y el valor de 0, a las observaciones con valores negativos. Por ejemplo, en la primera columna, donde se codifica a los partidos según uno de los indicadores aquí utilizados de su ideología (si son de izquierda o de derecha), se asigna el valor 1 a los partidos que son de izquierda y el 0, a los que son de derecha. En la segunda columna, donde se codifica a los partidos según si tienen o no un discurso participativo, se asigna el valor 1 a los que tienen un discurso participativo y el valor 0, a los que no. Y así sucesivamente con los demás indicadores de las variables independientes consideradas. La misma lógica se aplica a la variable dependiente. Se observa que la variable dependiente se ha transformado en los tres usos diferenciados de Internet que hacen los partidos políticos catalanes. Los partidos que puntúan positivamente en cada uno de estos usos (formando cada uno de los tres clústers) reciben el valor 1 y los que puntúan negativamente reciben el valor 0.

La interpretación de la tabla es relativamente sencilla. Cuando hay coincidencia entre los valores que los partidos asumen en la variable dependiente y los valores que asumen en la variable independiente, se supone que la variable independiente tiene alguna influencia en la variable dependiente. Obviamente, no se hace uso de este método con la pretensión de inferir causalidad en un sentido fuerte, entre otras cosas, porque el número de observaciones es muy reducido, pero también porque el propio método (conocido como el de «la concordancia») tiene serias limitaciones para hacer inferencias causales. Por tanto, la utilización de este método debe entenderse como un ejercicio heurístico y exploratorio.

TABLA 2. Tabla de la verdad. Características de los partidos políticos catalanes y usos de los websites

	Ideología		Organización			Mercado electoral				Usos website		
CDC	0	1	0	0	0	1	1	1	0	1	0	0
UDC	0	0	0	0	0	1	1	0	1	0	0	0
PSC	1	0	1	0	0	0	1	1	1	1	0	1
ERC	1	1	1	1	1	0	1	0	1	0	1	1
ICV	1	1	1	1	1	0	1	0	1	0	0	0
PP	0	0	0	0	1	1	0	0	0	0	0	0
Cs	0	1	0	0	1	1	1	0	0	0	1	0

Fuente: elaboración propia

A través del análisis de la tabla de verdad, al establecer la relación de las variables independientes con el primer tipo de uso diferenciado de Internet que forma el primer clúster, se puede observar cómo, en primer lugar, la ideología, ya sea medida en la dimensión izquierda derecha o bien en la dimensión de participativa, no afecta a este tipo de uso ni a la pertenencia a este grupo. Es decir, en contra de lo que se esperaba, al menos parcialmente, parece que ser de izquierdas y/o tener un discurso participativo no influye en que Internet se utilice para fines participativos o de campaña. Los partidos que puntúan bien en estas dos dimensiones (CDC y PSC) no tienen en común ni ser de izquierdas ni tener un discurso participativo, y los que tienen en común estas características (ICV y ERC) no puntúan bien en estas dimensiones. Tampoco parece que la descentralización contribuya a que se haga un uso de Internet para promover la participación dentro del partido. De hecho, los partidos más descentralizados (ICV y ERC) no forman parte de este clúster, y los que forman parte del clúster (CDC y PSC) no son precisamente partidos descentralizados sino partidos más bien centralizados y que se caracterizan por la ausencia de conflicto interno y por la cohesión en la dirección.

En cambio, se comprueba que el tamaño es el elemento clave para formar parte de este tipo complejo y costoso de usos de los websites; también se puede considerar que el hecho de tener una circunscripción local es un incentivo para desarrollar este tipo de actividad, a pesar de que nuestra medida no es demasiado precisa en estos casos. Sin embargo, parece que no afecta el hecho de estar en el Gobierno o la oposición, o bien, tener o no un pacto de coalición con otros partidos.

Lo que podría explicar la relación positiva encontrada entre el tamaño y la pertenencia a este clúster es el tipo de medidas utilizadas de participación y de campaña. Recordemos, por un lado, que uno de los componentes más importantes del índice de participación es la «apertura», medida a través del número de vías de acceso abiertas al partido. Teniendo en cuenta que los partidos mayores son los que tienen el número más elevado de representantes y líderes, es lógico que este índice sea muy sensible al tamaño. Por otro lado, la dimensión de campaña electoral, en tanto que mide en parte el grado de sofisticación del website, refleja de algún modo la dotación de recursos de los distintos partidos.

En cuanto a la relación negativa encontrada entre descentralización y participación en línea podría ser resultado de dos realidades diferentes. Podría ser una falsa relación derivada de un error de medida. Ya se ha mencionado que debido a las medidas utilizadas para medir la participación este índice sea sensible al tamaño. Esto –ya se ha dicho– podría explicar la relación positiva entre tamaño y participación, y, como en este caso los partidos más grandes son partidos centralizados, también podría explicar que se haya encontrado una relación negativa entre la descentralización y la participación. Pero también podría ser que hubiera realmente una relación negativa entre la descentralización y la participación en línea. En este sentido, un caso paradigmático es el de ERC, un partido descentralizado cuyo website puntúa mal en la dimensión de la participación. Sin embargo, sabemos que la militancia tiene un papel fundamental en ERC y que es una de las militancias más activas no sólo fuera de línea, sino también en línea. Como ejemplo de esto último está la extensa red de páginas webs creadas por la militancia. El resultado es que existe una gran actividad en línea relacionada con este partido, que se ve alimentada por la existencia de la actividad fuera de línea, pero que -como refleja la página web oficial del partidono se encuentra estimulada ni dirigida desde sus oficinas centrales. El ejemplo de este partido podría llevar a formular una hipótesis alternativa que tendría que ser testada empíricamente. Podría ser posible que una auténtica descentralización fuera de línea impidiera una mayor descentralización en línea, ya que implicaría una competencia a la estructura participativa preexistente.

El cuanto al segundo uso diferenciado de Internet que da lugar al segundo clúster (ICV y Cs), las explicaciones que se pueden ofrecer son menos coherentes que para el primero debido a que las características definitorias de uno de los miembros, ICV, son idénticas a las de otro partido que no se encuentra en este clúster, ERC. De todos modos, ateniéndonos a las características de los miembros de este clúster, vemos cómo la existencia de una ideología participativa, combinada con el hecho de ser un partido menor y centrado en un distrito local, son factores todos ellos que favorecen un uso más intensivo en las NTIC en la búsqueda de recursos y de la colaboración por parte de los simpatizantes. Del mismo modo, parece ser que la presencia de un cierto nivel de conflictos internos no afecta negativamente a este tipo de usos. Por otro lado, ni la ideología en términos de izquierda-derecha, ni el tipo de partido, catch-all o de masas, ni el grado de descentralización del partido parecen impactar en este tipo de usos de las NTIC.

¿Por qué no se encuentra ERC en este clúster y se encuentra compartiendo posición con PP y UDC? Paradoja de un partido pequeño que no busca recursos. Pero se trata de un partido en el Gobierno, y, sobre todo, con una posición de «coaligabilidad» muy fuerte, ya que tiene el tamaño y la posición político-ideológica suficiente (la doctrina de la «equidistancia») para no tener que depender de unos buenos resultados electorales en el corto plazo. En este sentido, la posición es bastante distinta de la de ICV, que se trata de un partido extremista y que, por lo tanto, sólo puede coaligarse con el PSC (de hecho ICV es el típico socio en las coaliciones en los Gobiernos municipales catalanes). Por otro lado, parece ser que la militancia de ERC es bastante distinta de la de ICV. La coalición del tripartito ya fue difícil de digerir y provocó fuertes conflictos internos que aún resuenan. En conjunto, todo ello puede explicar un poco por qué no es demasiado conveniente para la coalición dominante en el partido explotar los medios que ofrecen las NTIC para incrementar la participación de los militantes y simpatizantes del partido. De todos modos, hay que remarcar que esta posición es en cierto modo chocante, ya que precisamente ERC se caracteriza por tener votantes y simpatizantes jóvenes y, por ello, mucho más presentes y asiduos en el mundo de las NTIC.

La explicación sobre el tercer uso diferenciado de Internet que da lugar al tercer clúster (PSC y ERC) padece del mismo problema de coherencia que el anterior, ya que está presente ERC pero no ICV. En el uso de los medios que ofrecen los websites para tejer redes de relaciones internas y externas vemos que se produce una combinación de ideología de izquierda, vinculada con el hecho de ser un partido de masas. Desde un punto de vista teórico, parece que éstas son las variables fundamentales. De todos modos, hay que tener en cuenta que, además, estos dos partidos no se ven sometidos a una fuerte presión electoral gracias a estar «protegidos» por el hecho de formar parte de una coalición y de formar parte del Gobierno. Por otro lado, no parecen afectar a la pertenencia a este grupo ni al grado de descentralización del partido ni de cohesión en la Dirección.

Por último, ¿qué permite explicar los pobres rendimientos del PP catalán y de UDC en su uso de las NTIC? En el caso de UDC, parece que es determinante el hecho de formar una coalición electoral con CDC, con el pacto de un reparto proporcional en las candidaturas electorales y en los cargos del Gobierno. En este sentido, puede ser visto como un caso de «explotación del grande por el pequeño» que describió Olson (1982). La cara más electoral de la coalición, el website de CiU, presenta las posiciones más consensuadas por las dos formaciones (noticias, declaraciones de líderes...), mientras que CDC retiene la publicidad, la discusión y el desarrollo de fondo de las posiciones políticas y que tienen una importancia a largo plazo en generar credibilidad de un partido con ambición de gobierno. Para UDC, que desde la formación de la coalición ofrecía una simbólica conexión histórica con la etapa republicana (de aquí que su website concede mucha importancia a la información y documentación histórica), la prioridad se encuentra en la promoción de sus líderes y el desarrollo de las posiciones respecto a las políticas concretas coarta en cierto modo su libertad de maniobra. UDC puede ceder el «trabajo» de maximizar los votos a su socio mayoritario, mientras que se centra en maximizar otros objetivos como la mayor visibilidad de sus líderes y su capacidad de negociación, o sea, maximizar el poder. Recordemos que Duran, en los momentos más frágiles de su relación con CDC, advirtió de que la ideología democristiana de UDC tiene puntos de contacto con la social-democracia del PSC, lo cual se puede interpretar como una amenaza velada de romper la coalición y convertirse en un partido bisagra en el centro del espacio político-ideológico catalán con la capacidad de dar el poder a cualquiera de los grandes partidos catalanes.

El caso del PP puede ser explicado por el hecho de que el PP catalán es tan sólo la sección regional de un partido fuertemente centralizado, que ofrece la información sobre sus posiciones ideológicas, etc. en el website del partido central. Además, en el período estudiado, la relación entre la Dirección regional del partido, por un lado, y la Dirección central y determinados sectores del partido en Cataluña fueron de conflicto más o menos explícito, lo cual puede haber sido «paralizante» para cualquier iniciativa de desarrollo participativo de los websites. Puede considerarse un elemento a favor de esta interpretación el hecho de que el nuevo presidente del partido en Cataluña, Daniel Sirera, nombrado después de la dimisión de Piqué y su equipo, ya se ha dedicado a potenciar la participación en línea dentro de su partido con sus «voluntarios populares».

Conclusiones

Buena parte de la literatura que ha analizado los usos de Internet lo ha hecho partiendo de la potencialidad que ofrecen las TIC. De este modo, a la hora de explorar los usos que los partidos y otros actores políticos relevantes hacen de las nuevas tecnologías, esta literatura ha analizado hasta qué punto se alcanza esta potencialidad. En este papel se ha invertido la perspectiva y, en lugar de tomar como premisa la potencialidad que ofrecen las nuevas tecnologías para analizar los usos de Internet que hacen los partidos, se ha partido de las motivaciones y de los incentivos de los partidos para dar cuenta de estos usos.

Desde esta perspectiva, se ha investigado la relación entre ciertas características que afectan al modo como los partidos interactúan con el entorno, como la ideología, el tipo de organización y la posición en el mercado electoral, y los usos que éstos hacen de Internet. Del análisis que aquí se ha llevado cabo para el ámbito de los partidos políticos catalanes, se desprende que estos partidos hacen tres tipos de usos diferenciados de Internet. En primer lugar, existe un grupo de partidos que utiliza Internet sobre todo para promover actividades de participación y de campaña (PSC, CDC-CiU). En segundo lugar, destaca otro grupo de partidos que lo utiliza intensivamente para generar nuevos recursos (ICV, Cs). Y, por último, destaca un tercer grupo que lo utiliza de forma intensiva para activar redes de contacto (PSC, ERC).

De las variables consideradas en este trabajo, no todas contribuyen a explicar estos usos diferenciados, pero sí algunas. Parece que el tamaño es una variable importante y que también lo es, aunque en menor medida, el tipo de organización. Los partidos mayores tienen una mayor predisposición a utilizar Internet para promover actividades de campaña y de participación, y los partidos pequeños, en cambio, prefieren aprovechar las ventajas que les ofrece Internet para generar nuevos recursos tanto de financiación como relativos a la fuerza de trabajo.

El hecho de que los partidos mayores destaquen en ciertas actividades que además son las que requieren una mayor dotación de recursos se podría interpretar como una confirmación de la llamada hipótesis de la «normalización». Sin embargo, esta conclusión sería sólo parcialmente correcta. También se ha visto que los partidos pequeños aprovechan las oportunidades y ventajas que les ofrece Internet para movilizar recursos e intentar ejercer influencia u obtener representación pública. Este resultado muestra cómo en determinados casos los recursos de las NTIC pueden utilizarse para conseguir una cierta nivelación del campo político y por tanto se podría interpretar como una confirmación de la llamada hipótesis de la «nivelación».

Finalmente, este trabajo ha puesto de manifiesto que el tipo de organización –p. ej., ser un partido de masas o un partido *catch-all*– también parece afectar al modo en que los partidos utilizan Internet. Parece que los partidos de masas tienen una mayor predisposición a utilizar Internet para construir y activar una extensa red de contactos que les permita recrear en el ciberespacio el mundo asociativo, de organizaciones y colectivos afines al partido, que caracteriza la cultura del partido de masas.

Bibliografía

ALDRICH, J. H. (1995). *Why parties? The origin and transformation of political parties in america.* Chicago, Londres: The University of Chicago Press.

BENOIT, W. L.; BENOIT, P. J. (2002). «The Virtual Campaign: Presidential Primary Websites in Campaign 2000». *American Communication Journal.* Vol. 3, n.º 3.

BOTELLA, J. (1989). «Does party membership really not matter? In search of an electoral model for mass parties». *ICPS Working Paper.* N.º 3.

BOWERS-BROWN, J. (2003). «A marriage made in cyberspace? Political marketing and UK party websites». En: R. K. GIBSON; P. NIXON; S. J. WARD (eds.). *Political parties and the internet. Net gain?* Londres: Routledge.

BUCY, E. P.; LANG, A.; POTTER, R. F.; GRABE, M. E. (1999). «Formal features of cyberspace: Relationships between Web page complexity and site traffic». *Journal of the American Society for Information Science.* Vol. 13, n.º 50, pág. 1246-56.

CALVERT, R. L. (1992). «Leadership and its basis in problems of social coordination». *International Political Science Review.* Vol. 1, n.º 13, pág. 7-24.

CARLSON, T.; DJUPSUN, G. (2001). «Old wine in new bottles? The 1999 Finnish election campaign on the Internet». *Harvard International Journal of Press/Politics.* Vol. 1, n.º 6, pág. 68-87.

COLEMAN, S. (2001). «Online campaigning». *Parliamentary Affairs.* N.º 54, pág. 679-688.

COPSEY, N. (2003). «Extremism on the net: The extreme right and the value of the Internet». En: R. K. GIBSON; P. NIXON; S. J. WARD (eds.). *Political parties and the Internet. Net gain?* Londres: Routledge.

CUNHA, C.; MARTÍN, I.; NEWELL, J. L.; RAMIRO, L. (2003). «Southern European parties and party systems, and the new TIC». En: R. K. GIBSON; P. NIXON; S. J. WARD (eds.). *Political parties and the Internet. Net gain?* Londres: Routledge.

DOWNS, A. (1957). *An economic theory of democracy.* Nueva York: Harper & Row.

DUVERGER, M. (1951). *Les partis politiques.* París: Librairie Armand Colin.

FARMER, R.; FENDER, R. (2005). «E-parties: Democratic and republican state parties in 2000». *Party Politics.* Vol. 1, n.º 11, pág. 47-58.

GIBSON, R. K.; WARD, S. J. (2003). «Letting the daylight in? Australian parties' use of the world wide web at the state and territory level». En: R.K. GIBSON; P. NIXON; S .J. WARD (eds.). *Political parties and the Internet. Net gain?* Londres: Routledge

GIBSON, R. K.; WARD, S. J. (2002). «Virtual campaigning: Australian parties and the impact of the Internet». *Australian Journal of Political Science.* Vol. 1, n.º 37, pág. 99-129.

GIBSON, R. K.; WARD, S. J. (2000). «A proposed methodology for studying the function and effectiveness of party and candidate web sites». *Social Science Computer Review.* Vol. 3, n.º 18, pág. 301-319.

GIBSON, R. K.; LUSOLI, W.; WARD, S. J. (2005). «Online participation in the UK: Testing a "contextualised" model of internet effects». *British Journal of Politics and International Relations.* N.º 7, pág. 561-583.

GIBSON, R. K.; NEWELL, J. L.; WARD, S. J. (2000). «New parties, new media: Italian party politics and the Internet». *South European Society and Politics.* N.º 5, pág. 123-142.

GIBSON, R. K.; MARGOLIS, M.; RESNICK, D.; WARD, S. J. (2003). «Election campaigning on the WWW in the USA and UK». *Party Politics.* Vol. 1, n.º 9, pág. 47-75.

HANSEN, K. M.; PEDERSEN, K.; WAHL-JØRGENSEN, D. (agosto, 11-13, 2005). *Cyber-campaigning. The character, development and consequences of parties' electioneering in cyber-space.* Ponencia presentada en la sesión de trabajo «Partier i stadig forandring?» de la Nordic Political Science Association's Conference. Reykjavik.

JANDA, K. (1980). *Political parties: A crossnational survey.* Nueva York: The Free Press.

KATZ, R. S. (2001). «The problem of candidate selection and models of party democracy». *Party Politics.* Vol. 3, n.º 7, pág. 277-296.

KATZ, R. S.; MAIR, P. (1995). «Changing models of party organization and party democracy». *Party Politics.* N.º 1, pág. 5-28.

KIRCHHEIMER, O. (1966). «The transformation of the Western European party systems». En: J. LAPALOMBARA; M. WEINER (eds.). *Political parties and political development.* Princeton: Princeton University Press.

LÖFGREN, K. (2003). *Intraparty use of new ITCs: Bringing party membership back in?* Ponencia presentada en la sesión conjunta del ECPR. Edimburgo.

LÖFGREN, K. (2000). «Danish political parties and new technology: Interactive parties or new shop windows». En: J. OF.; J. HOOROKS; P. TOPS (eds.). *Democratic governance and new technology.* Londres: Routledge.

LUNDELL, K. (2004). «Determinants of candidate selection: The degree of centralization in comparative perspectiva». *Party Politics.* Vol. 1, n.º 10, pág. 25-47.

MARCH, L. (2004). «Russian parties and the political Internet». *Europe-Asia Studies.* Vol. 3, n.º 56, pág. 369-400.

MARGETTS, H. (6-11 abril, 2001). *The cyber party.* Ponencia presentada en la sesión conjunta de trabajo del ECPR «The Causes and Consequences of Organizational Innovation in European Political Parties». Grenoble.

MARGOLIS, M.; RESNICK, D. (2000). *Politics as usual: The cyberspace «revolution».* Thousand Oaks: Sage.

MARGOLIS, M.; RESNICK, D.; LEVY, J. (2003). «Major parties dominate, minor parties struggle: US elections and the internet». En: R.K. GIBSON; P. NIXON; S.J. WARD (eds.). *Political parties and the Internet. Net gain?* Londres: Routledge.

MARGOLIS, M.; RESNICK, D.; TU, C.-C. (1997). «Campaigning on the internet: Parties and candidates on the world wide web in the 1996 primary season». *Harvard International Journal of Press/Politics.* Vol. 1, n.º 2, pág. 58-78.

MARGOLIS, M.; RESNICK, D.; WOLFE, J. D. (1999). «Party competition on the Internet in the United States and Britain». *The Harvard International Journal of Press/Politics.* Vol. 4, n.º 4, pág. 24-47.

NEWELL, J. L. (2001). «Italian political parties on the web». *Harvard International Journal of Press/ Politics*. Vol. 4, n.° 6, pág. 60-87.

NORRIS, P. (2003). «Preaching to the converted? Pluralism, participation and party websites». *Party Politics*. Vol. 1, n.° 9, pág. 21-45.

NORRIS, P. (2001). *Digital divide: Civic engagement, information poverty, and the Internet worldwide*. Cambridge: Cambridge University Press.

NORRIS, P. (1999). «Introduction: The growth of critical citizens». En: P. NORRIS (ed.). *Critical citizens global support for democratic governance*. Oxford: Oxford University. Press.

NORTH, D. C. (1990). «A transaction cost theory of politics». *Journal of Theoretical Politics*. Vol. 4, n.° 2, pág. 355-367.

PEDERSEN, K.; SAGLIE, J. (2005). «New technology in ageing parties: Internet use in Danish and Norwegian parties». *Party Politics*. Vol. 3, n.° 11, pág. 359-377.

RESNICK, D. (1999). «The normalisation of cyberspace». En: C. TOULOUSE; T. W. LUKE (eds.). *The politics of cyberspace*. Londres: Routledge. Pág. 48-68.

SCHLESINGER, J. A. (1984). «On the theory of party organization». *Journal of Politics*. Vol. 2, n.° 46, pág. 369-400.

SCHWEITZER, E. J. (2005). «Election campaigning online: German party websites in the 2002 national elections». *European Journal of Communication*. N.° 20, pág. 327-351.

SEMETKO, H.A.; KRASNOBOKA, N. (2003). «The political role of the Internet in societies in transition: Russia and Ukraine compared». *Party Politics*. Vol. 1, n.° 9, pág. 77-104.

SHYNKARUK, A. (2005). *Re@l and virtual power: Political tehcnologies in parties' development in Ukraine and Russia*. Área CEI y Países Bálticos: Centro Argentino de Estudios Internacionales.

SMITH, C. (2000). «British political parties: Continuity and change in the information age». En: J. OF.; J. HOOROKS; P. TOPS (eds.). *Democratic governance and new technology*. Londres: Routledge.

STROM, K. (1990). «A behavioral theory of competitive political parties». *American Journal of Political Science*. Vol. 2, n.° 34, pág. 565-598.

TKACH-KAWASAKI, L. M. (2003). «Politics@Japan: Party competition on the internet in Japan». *Party Politics*. Vol. 1, n.° 9, pág. 105-123.

TOPS, P. W.; VOERMAN, G.; BOOGERS, M. (2000). «Political websites during the 1998 parliamentary elections in the Netherlands». En: J. HOFF, J. HOOROKS; P. TOPS (eds.). *Democratic governance and new technology. Technically mediated innovations in Western Europe.* Londres: Routledge.

TRECHSEL, A. H.; KIES, R.; MENDEZ, F.; SCHMITTER, P. C. (2003). «Evaluation of the use of the new technologies in order to facilitate democracy in Europe». *Scientific and Technological Options Assessment Series. Working Paper.* Vol. 10, n.° 116.

VACCARI, C. (6-8 sep., 2007). «Informative, but not engaging. Italian parties' on line communication in the 2006 Elections». Documento presentado en la 4.ª ECPR General Conference, sección 20 «Contemporary European Party Politics». Pisa.

WARD, S. J.; LUSOLI, W.; GIBSON, R. K. (2002). «Virtually participating: A survey of online members». *Information Polito.* N.° 7, pág. 199-215.

XENOS, M. A.; FOOT, K. A. (marzo, 2005). «Politics as usual, or politics unusual? Position taking and dialogue on campaign websites in the 2002 U.S. Elections». Journal of Communication. N.° 55, pág. 169-85.

"Sólo sé que no sé nada (efectivamente)": la apreciación del conocimiento efectivo y otros problemas en la aplicación judicial de la LSSI

Miquel Peguera Poch[*]

Introducción

Se cumplen ahora cinco años desde la entrada en vigor de la Ley de Servicios de la Sociedad de la Información (LSSI).[1] La Ley, que poco después de su aprobación ya fue modificada en dos ocasiones,[2] está a punto de ser nuevamente reformada a través del Proyecto de Ley de Conservación de Datos Relativos a las Comunicaciones Electrónicas y a las Redes Públicas de Comunicaciones,[3] y sobre todo mediante el Proyecto de Ley de Medidas de Impulso de la Sociedad de la Información.[4]

Estas últimas modificaciones de la LSSI afectan directamente a la actividad de los intermediarios técnicos de la red, o por decirlo en el lenguaje de la ley, de los prestadores de servicios de intermediación de la sociedad de la información, esto es, de quienes prestan servicios como los de acceso y transmisión de

---

* Reproducción del artículo publicado en IDP. Revista de Internet, Derecho y Política, núm. 5 (2007) <http://www.uoc.edu/idp/5/dt/esp/peguera.pdf>

1 Ley 34/2002, de 11 de julio, de Servicios de la Sociedad de la Información y de Comercio Electrónico (BOE n.º 166, de 12 julio de 2002). La Ley entró en vigor el 12 de octubre de 2002.

2 La primera modificación se obró en virtud de la Ley 32/2003, de 3 de noviembre, General de Telecomunicaciones (BOE n.º 264, de 4 de noviembre), y la segunda tuvo lugar poco después en virtud de la Ley 59/2003, de 19 de diciembre, de Firma Electrónica (BOE n.º 304, de 20 de diciembre). Una versión actualizada de la LSSI puede consultarse en http://civil.udg.es/normacivil/estatal/con-tract/LSSI.htm

3 Actualmente en el Senado; *vid.* http://www.senado.es/legis8/publicaciones/html/textos/II0108A.html

4 En fase de tramitación parlamentaria en el Congreso: vid. BOCG, Congreso de los Diputados, serie A, 11 de mayo 2007, núm. 134-1. Disponible en http://www.congreso.es/public_oficiales/L8/CONG/BOCG/A/A_134-01.PDF

datos (con o sin copia en caché de los mismos), o bien de alojamiento de información, o de provisión de enlaces o de instrumentos de búsqueda de contenidos en la red. Sin embargo, estas reformas –salvo en un pequeño punto de importancia menor–[5] no modifican el texto de los artículos 13 a 17 de la LSSI, esto es, las reglas que tratan de la responsabilidad de dichos prestadores. Como es sabido, en dichos artículos el legislador delimita una serie de supuestos de hecho garantizando que, si se cumplen las condiciones previstas en los mismos, el prestador del correspondiente servicio de intermediación no podrá ser declarado responsable de los contenidos ilícitos de terceros que dicho prestador haya transmitido, alojado o enlazado.

Estas previsiones, destinadas a garantizar un umbral mínimo de exclusión de responsabilidad para los intermediarios, constituyen la incorporación a nuestro derecho interno de lo dispuesto en los artículos 12 a 14 de la Directiva sobre el Comercio Electrónico (DCE),[6] con la adición de una exclusión de responsabilidad no prevista en la directiva, referida a las actividades de provisión de enlaces y de herramientas de localización de información (art. 17 LSSI). No es mi intención exponer ahora el contenido de estos preceptos, bien conocidos ya en la doctrina. El propósito del presente artículo es llevar a cabo un análisis de la aplicación judicial de las citadas reglas de exclusión de responsabilidad a partir de las decisiones judiciales que se han dictado en esta materia. En efecto, contamos ya con algunas resoluciones judiciales que han abordado, si bien de forma desigual, el problema de la responsabilidad de los intermediarios por contenidos de terceros. Sin embargo, los cinco años de vigencia de la ley no han sido suficientes para dar lugar a un cuerpo de doctrina claro y coherente en la aplicación de las normas de exclusión de responsabilidad de la LSSI; ni tampoco para disponer de un conjunto de decisiones lo bastante numeroso como para indicar con precisión una determinada tendencia en la interpretación de dichas normas.

A pesar del escaso número de resoluciones judiciales de que disponemos, la tipología de las situaciones de intermediación contempladas en las mismas es

5 Me refiero a la reforma prevista del artículo 17.2 LSSI.

6 Directiva 2000/31/CE del Parlamento Europeo y del Consejo, de 8 de junio de 2000, relativa a determinados aspectos jurídicos de los servicios de la sociedad de la información, en particular el comercio electrónico en el mercado interior (Directiva sobre el Comercio Electrónico, DCE), DOCE núm. L 178, de 17 de julio de 2000.

ciertamente variada. Así, han llegado ya a los tribunales conflictos relativos a la actividad de provisión de acceso y transmisión de datos; también reclamaciones por la actividad de suministro de enlaces a contenidos ilícitos; y sobre todo, supuestos de responsabilidad por alojamiento de datos. En esta última categoría contamos no sólo con decisiones que contemplan la actividad básica de los prestadores de hosting, esto es, el alojamiento de sitios web, sino también con resoluciones judiciales que abordan el problema de la responsabilidad de otros tipos de alojamiento, como son el de comentarios de terceros en un blog, el de artículos en un wiki, o el de mensajes en un foro. La particularidad de estas situaciones estriba en que el alojador a quien se reclama la responsabilidad no es el proveedor del hosting del sitio web, sino el titular o administrador del correspondiente blog, wiki o foro, quien, en la medida en que está alojando datos suministrados por terceros, realiza una función sub-sumible en el supuesto general de alojamiento de datos contemplado en el artículo 16 de la LSSI.

Las resoluciones judiciales recaídas distan de ser homogéneas. Una primera línea divisoria puede trazarse entre las decisiones que tienen en cuenta la LSSI y aquellas que simplemente parecen ignorar su existencia. Y entre las primeras, los problemas fundamentales de interpretación de las reglas de exclusión de responsabilidad de la LSSI han consistido, por una parte, en la determinación de si la exclusión de responsabilidad en el caso de mera transmisión y provisión de acceso (art. 14 LSSI) impide el ejercicio de acciones de cesación contra el intermediario y, por otra parte, en el significado que debe darse al requisito de falta de conocimiento efectivo de la ilicitud de los contenidos en los supuestos de alojamiento de datos y de provisión de enlaces (arts. 16 y 17 LSSI), punto sobre el que se han adoptado interpretaciones claramente divergentes.

1. El brillo fulgurante de la ausencia

Como apuntábamos, no han faltado resoluciones que han ignorado por completo la existencia de una previsión legal específica dirigida a excluir la responsabilidad tanto civil como penal de los intermediarios. En este grupo podemos citar tres sentencias, todas referidas a supuestos de alojamiento de datos:

la Sentencia de 30 de junio de 2006 del Juzgado de Primera Instancia e Instrucción núm. 5 de Arganda del Rey (caso Mafius Blog), que condena al titular de un blog por una falta de injurias y otra de amenazas; la Sentencia de 19 de diciembre de 2006 del Juzgado de Primera Instancia número 52 de Madrid (caso Frikipe-dia), que declara responsable al administrador del wiki Frikipedia de una intromisión ilegítima en el honor de los demandantes y le condena a indemnizar a los actores; y por último, la Sentencia de Primera Instancia del caso Sgae contra Asociación de Internautas (sentencia de 15 de junio de 2005, del Juzgado de 1.ª Instancia número 42 de Madrid), que condena a la Asociación de Internautas como responsable de atentado contra el honor de los demandantes por alojar un sitio web de contenido injurioso.

Ciertamente, es posible que en estos casos el juez haya estimado que la exclusión de responsabilidad del artículo 16 LSSI no resultaba aplicable, bien por entender que el supuesto de hecho no era subsumible en dicha norma, bien por considerar que no se cumplían los requisitos exigidos en la misma. Pero lo cierto es que en las sentencias no sólo no se justifica la inaplicación de la regla de exclusión, sino que ni siquiera se hace la más mínima mención a su existencia.

En los tres casos se hace responsable al demandado de unos contenidos elaborados por terceros. En el caso del blog de Mafius, y por lo que ahora interesa, la sentencia considera que el titular del blog (un alumno de un instituto que mantenía un blog crítico con la institución) es responsable, en concepto de autor, de una falta de amenazas por las expresiones contenidas en un comentario enviado al blog por un tercero no identificado.[7]

La sentencia se basa en la jurisprudencia del Tribunal Supremo y del Tribunal Constitucional para considerar que la participación del acusado en los hechos lo fue en concepto de autor. A este propósito, tenemos la Sentencia del TC 200/1998, de 14 de octubre, en cuyo fundamento jurídico 2. se indica:

7 Por dicha falta se le condenó a la pena de veinte días de multa a razón de diez euros diarios. A la misma pena se le condenó por una falta de injurias, ésta en razón de un post escrito por el propio *blogger*. Este último punto, sin embargo, no resulta relevante para nuestro análisis, puesto que es claro que respecto de contenidos propios no es aplicable la exclusión de responsabilidad. El condenado fue absuelto en apelación de la falta de amenazas.

"Por otra parte, en anteriores Sentencias (SSTC 15/1993 y 336/ 1993) ya nos hemos referido con mayor detalle las consecuencias que tienen lugar ìal autorizar la publicación de un escrito ajeno cuyo autor se ha identificado previamente (pues) será éste quien asuma la responsabilidad que del mismo pueda derivarse si su contenido resulta lesivo del derecho al honor de una tercera persona. Sin embargo, la situación es muy distinta si el escrito ajeno es publicado sin que el medio conozca la identidad de su autor, pues en tal supuesto dicho escrito no constituye una acción que pueda ser separada de la de su publicación por el medio, conforme a la doctrina expuesta en la STC 159/1986. De suerte que, al autorizar la publicación del escrito pese a no conocer la identidad de su autor ha de entenderse que el medio, por ese hecho, ha asumido su contenido. Lo que entraña una doble consecuencia: En primer lugar, que el ejercicio de las libertades que el art. 20.1 reconoce y garantiza habrá de ser enjuiciado, exclusivamente, en relación con el medio, dado que el redactor del escrito es desconocido. En segundo término, que al medio le corresponderá o no la eventual responsabilidad que pueda derivarse del escrito si su contenido ha sobrepasado el ámbito cons-titucionalmente protegido de la libertad de información y en su caso de la libertad de expresión lesionando el honor de terceras personas o, por el contrario, la ha respetadoî (STC 3/1997 [RTC 1997\3], fundamento jurídico 3.º)."

La sentencia del caso que nos ocupa, tras citar esta STC, declara lo siguiente:

"La citada doctrina, avalada por otras sentencias (SSTC 41/ 1994, de 15 de febrero, 336/1993 de 15 de noviembre y 3/1997, de 13 de enero, y las SSTS 5-12-1989, 4-10-1988 y 16-5-1991) impone, pues, la necesidad de cerciorarse de la identidad del autor del escrito que se va a publicar, para derivar a éste la responsabilidad, ya que, si el escrito se publica sin que el medio (en este caso el editor) conozca aquella identidad, en tal supuesto dicho escrito, como antes se dijo, no constituye una acción que pueda ser separada de la de su publicación por el medio, ya que, entonces, el medio (autor) asume su contenido y la subsiguiente responsabilidad. Conforme a dicha doctrina la autoría de D. (Ö.) en este caso no ofrece dudas, a la vista de los arts. 27, 28 y 30.2,1., del Código penal, sin que puedan servirle de cobertura para la exención de la responsabilidad penal cláusulas de salvaguarda, que en el presente caso no existen, siendo así que el propio editor en el acto manifestó que había programado el blog para que se omita el apartado donde se recoge la dirección de IP, lo que ha puesto de manifiesto en el citado blog reiteradamente como salvaguarda de impunidad."

Al margen del problema de si esta doctrina es de aplicación al caso de un blog, y en particular si lo dispuesto en el artículo 30 CP para los "medios o soportes de difusión mecánicos" es aplicable a un medio como Internet, el problema que queremos destacar aquí es la ausencia de toda consideración al artículo 16 LSSI, en el que podría encontrarse una exclusión de la responsabilidad del blog.

Inicialmente, son dos los obstáculos que podrían oponerse a la aplicabilidad de dicho precepto. El primero es el interrogante sobre si la exclusión de responsabilidad prevista en el mismo alcanza a excluir no sólo la responsabilidad civil sino también la penal. La respuesta aquí entiendo que debe ser positiva, a pesar de que en la norma no se declara de modo explícito. Ya en la directiva es claro que la exclusión de responsabilidad cubre también la de carácter penal, y así lo ha destacado la doctrina.[8] Por otra parte, así se indica claramente en el comentario de los artículos que acompaña la propuesta inicial de la DCE,[9] y en el mismo sentido se pronuncia el primer informe sobre la aplicación de la directiva.[10] En la LSSI no hay tampoco una declaración expresa que establezca este alcance, pero parece claro que éste es el objetivo de la norma, que sigue el sentido de la directiva, y así lo ha señalado la doctrina penalista.[11]

El segundo obstáculo se refiere al ámbito de aplicación material de los artículos 13 a 17 LSSI, que se limita a determinadas actividades de intermediación que deben reunir los requisitos generales que definen la noción de "servicios de la sociedad de la información", entre los que se halla el de que se trate de un servicio prestado normalmente a título oneroso, esto es, que se trate de una actividad

8 *Vid.*, entre otros, Emmanuel CRABIT (2000). "La directive sur le commerce électronique. Le projet Méditerranée". *Revue du Droit de l'Union Européenne*. N. 4, pág. 749-831, esp. pág. 777-778; vid. también Mario E. CLEMENTE MEORO (2003). "La responsabilidad civil de los prestadores de servicios de la sociedad de la información". En: Mario E. CLEMENTE MEORO y Santiago CAVANILLAS MÚGICA. *Responsabilidad civil y contratos en Internet.* Su regulación en la *Ley de Servicios de la Sociedad de la Información y de Comercio Electrónico*. Granada: Comares. Pág. 1-116, esp. pág. 74.

9 COM (1998) 586 final, Bruselas, 18.11.1998. En el documento COM, la propuesta de directiva se acompaña de una extensa exposición de motivos así como de un anexo de comentarios individualizados artículo por artículo. En la versión publicada en el Diario Oficial tan sólo se reproduce el texto articulado de la propuesta (n. C 30, de 5 de febrero de 1999, pág. 4.).

10 COM (2003) 702 final, Bruselas, 21.11.2003, pág. 14.

11 Sobre la aplicabilidad de las reglas de exclusión de la LSSI a la responsabilidad penal, puede verse, entre otros, "scar MORALES GARCÍA (2001). "Criterios de atribución de responsabilidad penal a los prestadores de servicios e intermediarios de la sociedad de la información". *Revista de Derecho y Proceso Penal*. N.º 3, pág. 139-167; y Javier GUARDIOLA (2004). "Limitaciones a la responsabilidad penal de los prestadores de servicios de la sociedad de la información: eficacia en el ámbito penal de las exenciones previstas en la Ley 34/2002". En: Miguel Ángel DAVARA (coord.). *XVIII Encuentros sobre Informática y Derecho 2003-2004*. Madrid: Universidad Pontificia de Comillas. Este último señala que "es posible entender que los supuestos de exención de responsabilidad previstos en los arts. 14 a 17 de la LSSI responden, en realidad, a la concurrencia de causas de justificación que se integran en el ámbito penal de la mano de la previsión de la eximente de ejercicio legítimo de un derecho del art. 20.7. del Código penal. Y, por ende, quien actúa en su ámbito queda exento de responsabilidad penal"; *vid.* también Manuel GÓMEZ TOMILLO (2006) (2.ª ed.). *Responsabilidad Penal y Civil por Delitos Cometidos a través de Internet. Especial consideración del Caso de los Proveedores de Contenidos, Servicios, Acceso y Enlaces*. Navarra, Cizur Menor: Aranzadi.

de carácter económico.[12] Parece claro que este elemento de onerosidad no se daba en el caso de autos, puesto que el blog no constituía una fuente de recursos, o al menos no consta. Sin embargo, la concesión de la exclusión de responsabilidad en los casos de actividades económicas y la denegación de la misma a las actividades no lucrativas resulta problemática, ya que la nota del carácter económico no guarda relación alguna con el fundamento de la concesión de la exclusión de responsabilidad, que se halla en el carácter neutro y pasivo del intermediario. Esta dificultad, pues, podría probablemente resolverse acudiendo a la aplicación analógica de la norma para reconocer la exclusión de responsabilidad también a aquellos supuestos en que la actividad no reviste carácter económico.

Salvados estos dos primeros obstáculos, sería preciso valorar todavía, si el hecho de alojar un comentario enviado por un lector del blog supone que el titular del blog está llevando a cabo un servicio de intermediación de alojamiento de datos, que es el supuesto previsto en el artículo 16 LSSI. Como ya apuntaba al principio, pienso que, en efecto, al estar alojando unos datos que han sido suministrados por terceros, el titular del blog, como el de cualquier sitio web, lleva a cabo una actividad de alojamiento que encaja en el supuesto del artículo 16 LSSI. Este artículo no debe entenderse referido exclusivamente a la actividad de hosting de sitios web, sino a cualquier supuesto de alojamiento de datos suministrados por terceros. En cuanto a la directiva, este sentido amplio del supuesto de hecho de alojamiento de datos (art. 14 DCE) resulta confirmado en el primer informe sobre la aplicación de la directiva, al señalar que "[e]n particular, la limitación de la responsabilidad por el alojamiento de datos, prevista en el artículo 14, abarca diferentes supuestos de almacenamiento de contenidos ajenos, aparte del alojamiento de sitios web, por ejemplo, tablones de anuncios electrónicos o salas de charla ('chat-rooms')."[13]

Finalmente, habría que analizar si el titular del blog reunió los requisitos específicamente previstos en el artículo 16, esto es, carecer de conocimiento efectivo de la ilicitud de los materiales, y en caso de tener dicho conocimien-

12 *Vid.* el anexo de definiciones de la LSSI, letras a) y b). *Vid,* asimismo, el apartado II de la Exposición de Motivos de la LSSI. Vid. también el artículo 2.b) de la Directiva sobre el Comercio Electrónico, y el artículo 1.2) de la Directiva 98/34/CE, modificada por la Directiva 98/48/CE.

13 COM (2003) 702 final, pág. 14, nota 64. En términos parecidos se expresa el comentario de los artículos que acompañan la propuesta de Directiva: COM (1998) 586 final.

to, proceder a la retirada del material. No vamos a abordar aquí estos extremos. Simplemente queremos dejar constancia de que probablemente la sentencia debería haber examinado el artículo y haber justificado, en su caso, el motivo de su no aplicación.

El segundo ejemplo que citábamos de completa inaplicación de la LSSI es la sentencia del Juzgado de Primera Instancia número 52 de Madrid, de 19 de diciembre de 2006.[14] En este caso, el demandado era el administrador de un wiki denominado Frikipedia, una suerte de recreación satírica de la conocida Wikipedia. En una de las voces (no elaborada por el administrador de la página, sino colaborativa-mente por los usuarios, como es propio de un wiki), concretamente voz referida a la SGAE, se contenían expresiones injuriosas y atentatorias contra el honor. La sentencia declaró que se trataba de "expresiones insultantes, de parte de grave menosprecio que no son tolerables en la convivencia social", y a pesar de que el demandado ya había retirado dicho contenido una vez que tuvo conocimiento de la acción ejercitada, le condenó a indemnizar a los actores con un importe total de seiscientos euros, justificando la atribución de responsabilidad al administrador de la página con el argumento de que "se declaró acreditado –por las actuaciones reiteradas en juicio– que [el demandado] tenía facultad para dirigir o no la página, es decir, las opiniones que entraban o no." (F.J. 2.º).

En cuanto a la posibilidad de aplicar la exclusión de responsabilidad prevista en el art. 16 LSSI, cabe plantear el mismo problema que en el caso anterior, esto es, el de si se trataba o no de una actividad económica. En este caso, la presencia de publicidad en la página hace pensar que sí podría calificarse de actividad económica. También debería resolverse en sentido afirmativo, en mi opinión, la pregunta sobre si el alojamiento de unos contenidos que han sido elaborados por terceros –los usuarios del wiki– resulta subsumible en el supuesto de hecho de servicio de intermediación de alojamiento de datos previsto en el artículo 16 LSSI. Estos problemas, sin embargo, no son tratados en la sentencia, en la que simplemente no aparece ninguna mención a la LSSI.

El tercer ejemplo de resolución judicial en que la LSSI brilla por su ausencia

14 La sentencia fue recurrida en apelación y no tengo noticia de si se ha dictado ya sentencia.

es la sentencia de primera instancia del caso de la SGAE contra la Asociación de Internautas (sentencia de 15 de junio de 2005, del Juzgado de 1.ª Instancia número 42 de Madrid). Trataremos este caso más abajo, puesto que la sentencia de apelación, que confirma la de instancia, sí hace referencia a la LSSI, y resulta de interés para analizar el problema de la apreciación del conocimiento efectivo.

2. La discusión sobre la admisibilidad de acciones de cesación contra proveedores de acceso

Otro punto relevante para el análisis de la aplicación judicial de la LSSI es el relativo a la admisibilidad de acciones de cesación frente a determinados proveedores de servicios de intermediación. Como es sabido, la DCE, advierte expresamente, para cada una de las exclusiones de responsabilidad, que dicha exclusión "no afectará a la posibilidad de que un tribunal o una autoridad administrativa, de conformidad con los sistemas jurídicos de los Estados Miembros, exija al prestador de servicios que ponga fin a una infracción o que la impida".[15] Es claro, pues, que tal como están concebidas en la directiva, las exclusiones de responsabilidad no limitan la posibilidad de ejercitar acciones de cesación contra el proveedor si éstas están contempladas en el ordenamiento del Estado Miembro. Esta indicación expresa de que la exclusión de responsabilidad no afecta al ejercicio de acciones de cesación, sin embargo, no aparece en los artículos de la LSSI. El legislador español consideró probablemente que no era necesario declararlo de modo expreso. Lo que en ningún caso cabe entender es que esta omisión en la transposición signifique que en la ley española las exclusiones de responsabilidad producen el efecto impedir que puedan ejercitarse acciones de cesación contra los proveedores que reúnan los requisitos establecidos para beneficiarse de la exclusión de responsabilidad. De una parte, porque dicha conclusión sería directamente contraria a la directiva,

15 Cfr. art. 12.3 de la Directiva sobre el Comercio Electrónico, y en términos prácticamente idénticos los arts. 13.2 y 14.3 de la misma directiva.

y de otra parte, porque lo que se establece en los artículos 14 a 17 LSSI es que los intermediarios no podrán ser declarados responsables de los contenidos, cosa que nada tiene que ver con el hecho de que pueda o no dirigirse contra ellos una acción en la que lo que se solicita no es que se declare su responsabilidad, sino que se ordene el cese de la prestación del servicio respecto de un determinado contenido de carácter ilícito.[16]

Sorprende, por tanto, la conclusión a la que llegó el Auto de 10 de noviembre de 2004, por el que se denegaron las medidas cautelares de cesación solicitadas contra el proveedor de acceso y transmisión Bitmailer, S. L.[17] El auto llegaba a la conclusión de que la exclusión de responsabilidad establecida en el artículo 14 de la LSSI para los servicios de transmisión y de provisión de acceso comporta "la consecuencia indirecta de que no resulte legalmente posible atribuir a quienes prestan esa clase de servicios, fuera del deber general de colaboración con las autoridades que establece el art. 11 y al que más adelante haremos referencia, un deber propio y genuino de cesación o de retirada de contenidos aún en el supuesto de conocer el carácter ilícito de los mismos",[18] y que en consecuencia no es posible estimar una acción de cesación contra tales prestadores, por más que dicha acción se halle prevista en disposiciones vigentes del ordenamiento, puesto que dichas disposiciones deben integrarse con las reglas de la LSSI, con el resultado de que el prestador que reúne los requisitos para gozar de la exclusión de responsabilidad prevista en el artículo 14 LSSI deja de tener legitimación pasiva para soportar acciones de cesación, precisa-

16 En este sentido se manifiestan también José MASSAGUER (enero-abril 2003). "La responsabilidad de los prestadores de servicios en línea por las infracciones al derecho de autor y los derechos conexos en el ámbito digital. El Tratado de la OMPI sobre Derecho de Autor (WTC) y el Tratado de la OMPI sobre Interpretación o Ejecución y Fonogramas (WPPT)". *Revista de Propiedad Intelectual.* Núm. 13, pág: 11-48, esp. pág. 36; José Javier GONZÁLEZ DE ALAIZA CARDONA (2005). "Deberes y responsabilidades en materia de propiedad intelectual". En: Santiago CAVANILLAS MÚGICA (coord.). *Deberes y responsabilidades de los servidores de acceso y alojamiento. Un análisis multidisciplinar,* Comares, Granada. Pág. 226-256, esp. pág. 244. Vid. asimismo Juan José MARÍN LÓPEZ (2005). "La comercialización de la música a través de Internet y los derechos del productor de fonogramas: los casos 'Weblisten' y 'Bitmailer'". *Revista de la Facultad de Derecho de la Universidad de Granada.* Vol. 8, pág. 363-386.

17 Auto de 10 de noviembre de 2004, del Juzgado de lo Mercantil n.º 2 de Madrid (ponente: Pedro María GÓMEZ SÁNCHEZ), publicado en el *Diario La Ley,* número 6186, miércoles, 9 de febrero de 2005, y disponible en las bases de datos de La Ley y de Aranzadi. En esta última base de datos se indica como fecha del Auto el día 3 de noviembre, mientras que en la base de datos de La Ley, la fecha es del 10 de noviembre. En todo caso se trata del mismo Auto.

18 Razonamiento Jurídico Tercero del Auto.

mente en virtud de dicho artículo 14 LSSI.

El prestador de servicios de acceso en este caso concreto era la compañía Bitmailer, S. L. Dicho operador proporcionaba la conexión a Internet al sitio web weblisten.com.[19] Este sitio web desarrollaba una actividad de venta de música en línea que infringía los derechos de propiedad intelectual de los productores de fonogramas. Las compañías discográficas Emi, BMG, Universal y Sony habían obtenido en diversos procedimientos judiciales la declaración de que la actividad de este sitio web constituía, en relación con los fonogramas producidos por dichas compañías, una violación de sus derechos exclusivos de reproducción y de comunicación pública, así como un acto de competencia desleal. Los diversos procedimientos iniciados contra Weblisten S. A. habían ya ordenado a esta compañía el cese de su actividad infractora. Sin embargo, probablemente ante un lento o defectuoso cumplimiento de esta orden por parte de Weblisten, las compañías discográficas decidieron entablar una nueva acción, concretamente una acción de cesación, dirigida no contra Weblisten sino contra el proveedor que proporcionaba a Weblisten la conexión a Internet, Bitmailer S. L., con el objeto de que el juez ordenara a este último, que suspendiera la conexión a Internet de los equipos de Weblisten. Se solicitaba del juez que adoptara esta orden desde el principio del procedimiento como medida cautelar. Las demandantes argumentaban que el proveedor Bitmailer, S. L., al conectar a Internet los contenidos del sitio , debía considerarse cooperador respecto de la infracción de propiedad intelectual y del acto de competencia desleal, por lo que resultaría legitimado pasivamente para la correspondiente acción de cesación, en virtud de los artículos 139 de la Ley de Propiedad Intelectual y 18.2 y 20.1 de la Ley de Competencia Desleal. (Conviene notar que el auto es anterior a la modificación del Texto Refundido de la Ley de

19 Bitmailer S. L. proporcionaba el servicio de acceso a la red a los servidores en que se alojaba el sitio. Bitmailer prestaba dicho servicio a Weblisten indirectamente, a través de la empresa Net Provider S. A., aunque las demandantes sugerían que tras el velo de la personalidad diferenciada existía identidad de substrato personal entre Net Provider S. A. y Weblisten S. A. Para un comentario global a las diversas sentencias recaídas en el caso Weblisten, puede verse Juan José MARÍN LÓPEZ (2005). "La comercialización de la música a través de Internet y los derechos del productor de fonogramas: los casos 'Weblisten' y 'Bitmailer'". *RFDUG*. Vol. 8, pág. 363-386; Fernando CARBAJO CASCÓN (2005-2006). "El caso 'Weblisten' y sus implicaciones para el futuro de la gestión de los derechos de propiedad intelectual sobre los contenidos musicales en Internet". *ADI*. N. 26, pág. 615-674.

Propiedad Intelectual derivada de la transposición de las Directivas 2001/29/CE sobre derechos de autor y derechos afines en la sociedad de la información[20] y 2004/48/CE, de 29 de abril de 2004, relativa al respeto de los derechos de propiedad intelectual.[21] Como consecuencia de la transposición de estas directivas al derecho español, el texto vigente de la Ley de Propiedad Intelectual recoge expresamente la posibilidad de adoptar medidas de cesación y otras medidas cautelares contra los intermediarios, a pesar de que los actos de éstos no constituyan en sí mismos infracción).[22]

El juez señaló que al tratarse de una actividad que se lleva a cabo por medio de Internet, la capacidad de soportar pasivamente cualquiera de las acciones de cesación previstas en los citados preceptos de la LPI y de la LCD, debe ser integrada mediante las disposiciones de la LSSI. El juez destaca que mientras que en los casos de *linking*, *hosting* y *caching*, se establece el requisito de retirar los contenidos al efecto de poder gozar de la exclusión de responsabilidad, no ocurre así en el caso de mera transmisión y provisión de acceso, donde se prevé, siguiendo lo dispuesto en la directiva, que el prestador del servicio goza de la exclusión de responsabilidad mientras no haya "originado la transmisión, modificado los datos o seleccionado éstos o a los destinatarios de dichos datos" (art. 14 LSSI). El juez considera que si el artículo 14 LSSI no ha previsto para estos prestadores una "obligación" de cesar en la prestación del servicio, hay que entender que dicho artículo ha venido a proteger al prestador frente al ejercicio de acciones de cesación previstas en el ordenamiento.

Como se ha dicho, esta conclusión no se compadece con el texto de la directiva, que, tras establecer la misma exclusión de responsabilidad que luego acogerá la LSSI, se cuida de destacar que la cobertura de responsabilidad no es óbice para mantener la legitimación pasiva ante acciones de cesación y remoción. Pero el problema principal, en mi opinión, es que el auto parte de una

20 La transposición de la directiva se ha llevado a cabo mediante la Ley 23/2006, de 7 de julio, por la que se modifica el Texto Refundido de la Ley de Propiedad Intelectual, aprobado por el Real Decreto Legislativo 1/1996, de 12 de abril (BOE núm. 162 de 8 de julio).

21 La transposición de esta directiva se ha verificado por medio de la Ley 19/2006, de 5 de junio, por la que se amplían los medios de tutela de los derechos de propiedad intelectual e industrial y se establecen normas procesales para facilitar la aplicación de diversos reglamentos comunitarios (BOE núm. 134, de 6 de junio).

22 *Cfr.* arts. 138, 139 y 141 de la Ley de Propiedad Intelectual.

concepción errónea de las reglas de exclusión de responsabilidad de la LSSI. Dichas reglas contemplan determinadas actividades de intermediación y establecen que, en la medida en que la actividad desarrollada por el prestador se ciña a lo descrito en el supuesto de hecho, y cumpla con una serie de requisitos dirigidos a asegurar que estamos ante una función de intermediación puramente pasiva y neutra, dicho prestador no podrá ser declarado responsable de los contenidos intermediados en el caso de que éstos resulten ilícitos. Entre los requisitos para disfrutar de la exclusión de responsabilidad se halla (en el caso del *hosting* y del *linking*) el de retirar el material ilícito una vez que se ha tenido conocimiento efectivo de su ilicitud. Este último requisito no está dirigido tanto a asegurar el carácter neutro de la actividad de prestador, como a limitar los efectos de la exclusión de responsabilidad. En efecto, dicha exclusión, en el caso del *hosting* y del *linking*, exige no tener conocimiento de la ilicitud. De modo que el prestador queda a cubierto de toda posible responsabilidad mientras permanezca en dicha situación de desconocimiento. Una vez que haya obtenido el conocimiento efectivo, su continuación en la intermediación de los contenidos ilícitos ya no se considera una función a la que pueda concederse de modo general una exclusión de responsabilidad.

Dicho de otro modo: los requisitos que se establecen en los artículos 14 a 17 LSSI no constituyen en sentido propio obligaciones o deberes que el legislador impone a los prestadores. Constituyen tan sólo elementos que permiten considerar la actividad como neutra o pasiva en relación con los contenidos intermediados, lo que posibilita conceder a dicha actividad una exclusión general de responsabilidad. En consecuencia, el hecho de que el prestador no satisfaga los requisitos previstos en dichas normas no constituye un incumplimiento de un deber legal. La única consecuencia de no cumplir con dichos requisitos es la imposibilidad de disfrutar de la exclusión de responsabilidad. El hecho de no poder invocar dicha exclusión tampoco significa que el prestador vaya a ser automáticamente responsable de los contenidos. Esto es así porque los artículos 14 a 17 no son normas de atribución de responsabilidad, sino de exclusión de responsabilidad. Que el prestador no puede valerse de dicha exclusión no significa necesariamente que se le pueda declarar responsable. Para esto último, es preciso que alguna norma del ordenamiento anude a la conducta de dicho prestador la consecuencia del deber legal de responder de los contenidos. Para que surja dicho deber, naturalmente, deberán concurrir todos los requisitos que esa norma de atribución de responsabilidad haya dispuesto para ello. En el caso de la responsabilidad civil, deberá considerarse tanto la negligencia como la existencia del daño, así como la relación de causalidad. En el caso de la responsabilidad penal, deberán concurrir todos los elementos necesarios para el nacimiento de la misma. No es posible interpretar a contrario las reglas de exclusión de responsabilidad. No son preceptos que imputen responsabilidad al prestador que no cumple los requisitos necesarios para la exclusión. Nótese que por ello es más correcto hablar de exclusión que de exención de responsabilidad, ya que este último término presupone que existe un deber legal previo de responder por los contenidos de terceros y que sólo gracias a una norma especial se exime de dicho deber al intermediario. En realidad, lo que la norma hace es garantizar que no se podrá declarar la responsabilidad del prestador, sin prejuzgar si su actividad es generadora de responsabilidad (civil, penal o administrativa) con arreglo a las normas que en nuestro ordenamiento atribuyen estos tipos de responsabilidad. ...ste es el sentido de la directiva, que parte de la base de que las normas de atribución de responsabilidad son distintas en los diversos Estados Miembros.[23]

El auto que comentamos, considera, por el contrario, que los artículos 14 a 17 LSSI establecen una serie de obligaciones a cargo de los prestadores de servicios intermediarios, y que sancionan el incumplimiento de dichas obligaciones con la atribución de responsabilidad civil por los contenidos intermediados. Así es de ver en el discurso del juez:

> "Si una norma jurídica define consecuencias adversas –en este caso en términos de responsabilidad civil– para ciertas clases de personas cuando éstas realizan determinadas conductas (de acción o de omisión), esa norma está estableciendo al propio tiempo, de forma indirecta, específicas obligaciones (de abstención o de acción, respectivamente) cuyo cumplimiento incumbe a dichos sujetos. En otras palabras, si los arts. 14 y ss. de la Ley 34/ 2002 no imponen a los prestadores de servicios de intermediación explícitas obligaciones, pero en cambio les atribuyen responsabilidad civil cuando se abstienen, vrg., de retirar los contenidos que albergan en determinados supuestos, ello implica, en definitiva, que, concurriendo los supuestos legalmente previstos, la ley está imponiendo al prestador una obligación –propia y

23 *Cfr.* a este respecto el considerando 9 de la Directiva sobre el Comercio Electrónico.

personal– de proceder a dicha retirada, obligación que, atendiendo a la cuádruple clasificación del art. 1089 del Código civil, no puede calificarse sino como de origen legal. En definitiva, lo único que late detrás de esa disquisición es una mera cuestión de técnica legislativa, donde no pueden advertirse diferencias sustanciales entre, por un lado, la hipotética opción del legislador de haber definido primero las obligaciones para pasar después a establecer las consecuencias de su incumplimiento y, por otro, la fórmula más abreviada –la que de hecho se ha adoptado por la referida ley– de determinar directamente las consecuencias (responsabilidad civil) que se anudan, bajo presupuestos definidos, a la ejecución o inejecución de conductas específicas. Consecuentemente, si de acuerdo con lo que acaba de razonarse podemos colegir que la Ley 34/2002 impone a los prestadores de servicios de intermediación, aunque sea mediante formulaciones de tipo indirecto, una concreta obligación de cesación (retirada de contenidos) en determinadas circunstancias, resulta obvio que dicha ley ha de cumplir una función integradora a la hora de definir los sujetos pasivos a quienes puedan llegar a incumbir las acciones de cesación reguladas de modo general en la Ley de Propiedad Intelectual y en la Ley de Competencia Desleal cuando los contenidos ilícitos vulneradores de estas leyes se ejecutan, transmiten y difunden a través de la Red."

3. La discusión sobre el sentido del requisito de falta de "conocimiento efectivo"

La DCE establece en su artículo 14, como requisito para disfrutar de la exclusión de responsabilidad por alojamiento de materiales, que el prestador del servicio no tenga "conocimiento efectivo de que la actividad [sic] a la información es ilícita y, en lo que se refiere a una acción por daños y perjuicios, no tenga conocimiento de hechos o circunstancias por los que la actividad o la información revele su carácter ilícito".

La transposición al ordenamiento español se separa notablemente del texto comunitario al prescindir del requisito de carecer de conocimiento indiciario (conocimiento de hechos o circunstancias que revelen la ilicitud) que la directiva exige para quedar libre de responsabilidad civil. Y se separa también de lo dispuesto en la directiva al ofrecer una noción restrictiva de "conocimiento efectivo", que, interpretada en sentido estricto, desnaturaliza lo previsto por el legislador comunitario, ya que limita el concepto de conocimiento efectivo a un conocimiento formal derivado fundamentalmente de la existencia de una previa resolución que hubiera declarado la ilicitud del material.

Esta noción restrictiva es la que se sigue del artículo 16.1.II LSSI, donde se señala que "[s]e entenderá que el prestador de servicios tiene el conocimiento efectivo a que se refiere el párrafo a) cuando un órgano competente haya declarado la ilicitud de los datos, ordenado su retirada o que se imposibilite el acceso a los mismos, o se hubiera declarado la existencia de la lesión, y el prestador conociera la correspondiente resolución, sin perjuicio de los procedimientos de detección y retirada de contenidos que los prestadores apliquen en virtud de acuerdos voluntarios y de otros medios de conocimiento efectivo que pudieran establecerse". El mismo párrafo se reitera para la exclusión de responsabilidad por provisión de enlaces e instrumentos de búsqueda en el artículo 17.1.II LSSI.

Este texto plantea el problema de su interpretación. Si se interpreta en sentido "limitativo", sólo podrá apreciarse la concurrencia de conocimiento efectivo si se da alguno de los supuestos contemplados en dicho párrafo (previa resolución, acuerdos de notificación y retirada, o bien otros medios que en el futuro pueda fijar el legislador); mientras que si se interpreta en un sentido "no limitativo", será posible apreciar la concurrencia de tal conocimiento siempre que el mismo exista realmente y así se pruebe por cualquier medio admitido en derecho, con independencia de que se hayan verificado o no los supuestos de adquisición del conocimiento efectivo previstos en el párrafo que comentamos.

La jurisprudencia no ha sido uniforme en la interpretación de este párrafo de los artículos 16 y 17 LSSI. Algunas resoluciones, interpretando en sentido restrictivo este texto, han considerado que, al no haber existido una resolución judicial o administrativa previa que declarara la ilicitud del contenido, el intermediario carece del conocimiento efectivo previsto en la ley, y por tanto, conserva el beneficio de la exclusión de responsabilidad, con independencia del conocimiento real que pudiera tener de dichos contenidos y de su ilicitud. Otras resoluciones, por el contrario, parecen entender que no es necesaria la concurrencia de una previa resolución que declare la ilicitud, y por tanto que se puede adquirir el conocimiento efectivo por otros medios. En ningún caso, sin embargo, se ofrecen argumentos específicamente destinados a sostener una u otra interpretación. Veamos a continuación algunos ejemplos.

La primera resolución judicial que aplicó las normas de exclusión de responsabilidad de la LSSICE fue un auto de sobreseimiento provisional adoptado en unas diligencias previas por un delito de revelación de secretos contra el titular del sitio web ajoderse.com. Se trata del Auto de 7 de marzo de 2003 del Juzgado de Instrucción núm. 9 de Barcelona. El sitio web en cuestión consistía fundamentalmente en una relación de unas pocas decenas de enlaces a sitios externos, bajo el rótulo de "Colección de links de Seca Nagra". La temática común a la mayoría de materiales enlazados era información sobre cómo eludir la codificación de señales de televisión de pago, ya mediante la difusión de las claves, ya por otras vías. Era poco menos que obvio que el titular del sitio había llevado a cabo una tarea de selección de sitios web en atención a su temática. Sin embargo, el auto decidió sobreseer las diligencias entendiendo que el titular del sitio web carecía de conocimiento "efectivo", puesto que no se habían dado las circunstancias del artículo 17.1.II, esto es, no constaba que se hubiera dictado previamente una resolución que hubiera declarado la ilicitud de los materiales enlazados. El auto señala en sus fundamentos jurídicos:

> "Que puede existir responsabilidad por la colección de hiperen-laces según el texto de la Ley 34/2002, de 11 de julio, de Servicios de la Sociedad de la Información y del Comercio Electrónico, que en su art. 17 establece la responsabilidad en que incurre un sitio web cuando sabiendo que un contenido es ilícito, se expone un enlace a una página declarada ilegal. Se precisaría el conocimiento efectivo por parte del proveedor de servicios de que la actividad o la información a la que remite el hiperenlace es ilícita. Pero aun cuando el prestador de servicios conozca la ilicitud de las páginas enlazadas, la Ley 34/2002 define lo que se entiende como conocimiento efectivo en el último párrafo de su art. 17.1: ìSe entenderá que el prestador de servicios tiene el conocimiento efectivo a que se refiere el párrafo a) cuando un órgano competente haya declarado la ilicitud de los datos, ordenado su retirada o que se imposibilite el acceso a los mismos, o se hubiera declarado la existencia de la lesión, y el prestador conociera la correspondiente resolución, sin perjuicio de los procedimientos de detección y retirada de contenidos que los prestadores apliquen en virtud de acuerdos voluntarios y de otros medios de conocimiento efectivo que pudieran establecerse."

> "Por tanto, al no haberse aportado a la causa prueba alguna de la que deriven indicios de existir una resolución del tipo al que se refiere el citado último párrafo del art. 17.1 de la Ley 34/2002, ni que el imputado como prestador de servicios conociera tal resolución, no resulta debidamente justificada la perpetración del delito que dio motivo a la formación de esta causa, por lo que al amparo del art. 641.1 de la LECr en relación con lo establecido en el art. 789.5.1 o de dicho texto legal procede decretar el Sobreseimiento Provisional de la misma, sin perjuicio de su reapertura si se aportaran nuevos datos que pudieran constituir indicios de la perpetra-

ción del delito."[24]

El auto rechaza, por tanto, la posibilidad de apreciar la existencia de conocimiento efectivo en el titular del sitio web obtenido por medios distintos de los previstos en el artículo 17.1.II, con independencia de la situación de conocimiento real que pueda tener el interesado, interpretando así el precepto en sentido restrictivo.[25]

Otro ejemplo, éste de la jurisdicción civil, puede resultar ilustrativo de la interpretación cerrada de la noción de conocimiento efectivo. Se trata de la sentencia de la AP de Madrid (secc. 14.ª), de 20 de diciembre de 2005.

En el sitio web se publicaron determinados artículos atentatorios contra el honor de la persona que había desempeñado anteriormente el cargo de gran maestro de la Gran Logia de España. Este sitio web se hallaba alojado en el conocido portal iEspaña, que presta servicios de alojamiento web. Los datos de identificación del titular del sitio web eran falsos, por lo que se desconocía su verdadera identidad. El agraviado requirió por conducto notarial al proveedor iEspaña poniéndole en conocimiento de la ilicitud de los contenidos publicados en el mencionado sitio web, identificando concretamente los artículos y exigiendo su retirada, requiriéndole además para que le indicara la verdadera identidad del titular del sitio web al efecto de poder ejercitar las acciones oportunas. El proveedor iEspaña no procedió a la retirada de dichos contenidos y se limitó a advertir al propietario de la página, a través de un comunicado en la propia página web, que había recibido el requerimiento notarial que identificaba contenidos que podían ser atentatorios contra el honor. El ofendido presentó demanda por vulneración del derecho al honor contra iEspaña alegando, en lo que aquí interesa, que dicho prestador de servicios era responsable, solidariamente con el desconocido autor de los contenidos, de haber permitido que los artículos permanecieran en el sitio web, aun después de haber recibido el requerimiento notarial y por tanto tener constancia de su ilicitud, y de permi-

24 El texto completo del auto puede consultarse en: http://www.bufetalmeida.com/76/ajodersecom-primera-interpretacion-judicial-de-la-LSSI.html [fecha consulta. 10/03/2007].

25 Por otra parte, el auto parece considerar que el incumplimiento de las condiciones establecidas en el artículo 17 LSSI para gozar de la exclusión, genera automáticamente responsabilidad, en virtud de una suerte de interpretación a contrario del precepto que ya hemos tenido ocasión de criticar más arriba.

tir que se publicaran en el mismo nuevos artículos difamatorios. En su demanda invocaba expresamente el artículo 16 de la LSSI y alegaba negligencia por parte de la demandada. ...sta opuso que carecía de legitimación pasiva, ya que no podía retirar los artículos escritos por terceros por resultar contrario al derecho fundamental a la libertad de expresión; que aun sin estar obligada a ello comunicó la queja al autor de la página; y que mientras no recayera una resolución judicial que determinara que los artículos de opinión publicados eran ilícitos y ordenara su retirada, no se le podía exigir responsabilidad, en aplicación del artículo 16 LSSI. La sentencia de 5 de mayo de 2004, del Juzgado de Primera Instancia núm. 3 de Alcobendas, determinó que los contenidos publicados efectivamente lesionaban la dignidad del demandante y menoscababan su prestigio personal y profesional. El autor de los mismos, sin embargo, era desconocido. El registro del nombre de dominio lo había gestionado el propio proveedor iEspaña ante un registrador de nombres de domino francés el 8 de abril de 2002, a favor del cliente que se había identificado con datos falsos. Dicho registro caducó un año después, y a la fecha de la sentencia el sitio web ya no se hallaba alojado en el portal iEspaña. La sentencia de instancia desestimó la demanda considerando que la demandada quedaba exenta de responsabilidad en virtud del artículo 16 LSSI, ya que no había existido una previa declaración por el órgano competente de la ilicitud del contenido de la página web ordenando su retirada o imposibilitar el acceso a la misma, ni de la existencia de lesión del derecho al honor del actor. La sentencia razonaba además que no existía espacio alguno de impunidad, porque el ofendido podía haber acudido a lo dispuesto en el artículo 8 LSSI.

El demandante recurrió en apelación, y la sentencia de 20 de diciembre de 2005, de la Audiencia Provincial de Madrid (Sección 14) confirmó la absolución de la demandada. De acuerdo con esta sentencia,

> "A los prestadores de servicios de alojamiento o almacenamiento de datos, al igual que a los que faciliten enlaces a contenidos o instrumentos de búsqueda, sólo se les podrá hacer responsables en dos supuestos: cuando tengan conocimiento efectivo de que la información almacenada o que es objeto de enlace o búsqueda, es ilícita o de que puede lesionar bienes o derechos de un tercero susceptibles de indemnización y cuando, teniendo este conocimiento, no actúen con diligencia para retirar los datos o hacer imposible el acceso a ellos; entendiéndose que el servidor conoce la ilicitud de esa información a la que presta un servicio determinado ìcuando el órgano competente haya declarado la ilicitud de los datos, ordenado su retirada o que se impo-

sibilite el acceso a los mismos, o se hubiera declarado la existencia de la lesión, y el prestador conociera la correspondiente resolución, sin perjuicio de los procedimientos de detección y retirada de contenidos que los prestadores apliquen en virtud de acuerdos voluntarios y de otros medios de conocimiento efectivo que pudieran establecerseî, como dice el artículo 16; el legislador español, con el fin de no menoscabar el ejercicio del derecho a la libertad de expresión y otros valores ha optado por la no obligación de fiscalizar los contenidos por parte de los prestadores de servicios, si bien les impone un deber de diligencia, concretado, aparte de lo establecido en el artículo 16, en el artículo 11, que establece una serie de obligaciones en relación con los contenidos, y de colaboración con las autoridades públicas para localizar e imputar responsabilidad a los autores de actividades o contenidos ilícitos que se difundan por la Red o para impedir que éstos se sigan divulgando.

"(...) Siendo evidente, y así viene a aceptarlo el actor en su recurso de apelación, que la responsabilidad de la demandada no puede surgir en aplicación del artículo 16 de la Ley 34/02, porque no había tenido conocimiento efectivo, *en el sentido dado por el precepto*, de que los artículos de opinión lesionaran el derecho al honor del actor y no venía obligada a retirar o imposibilitar el acceso a los artículos, so pena de convertirse en órgano censor vulnerador del contrato celebrado con el cliente y, de resolverse finalmente que no había existido vulneración del derecho al honor, en trasgresora del derecho a la libertad de expresión del referido cliente, e, incluso, había advertido al propietario de la página, a través de un comunicado en la propia página web, que había recibido una carta notarial por la publicación de ìdocumentosî posiblemente atentatorios contra el honor del actor, (...)".[26]

A la vista de estos razonamientos es claro que la sentencia lleva a cabo una interpretación cerrada o limitativa del artículo 16.1.II. Por otra parte, al igual que hiciera la sentencia de instancia, la Audiencia afirma que no hay un espacio de impunidad, porque el actor bien podía haber actuado los procedimientos a que se refiere el artículo 8 de la LSSI cuando tuvo conocimiento de la publicación del primer artículo. Parece, pues, que el tribunal se refiere a que el agraviado tenía la posibilidad de instar al órgano competente, en este caso judicial, para que ordenara la interrupción del servicio o la retirada de los contenidos por vulnerar principios recogidos en el citado artículo 8.

Es interesante, por lo demás, destacar que la sentencia recuerda que el Tribunal Constitucional ha declarado que el artículo 65.2 de la Ley 14/1966 de

---

26 Sentencia de 20 de diciembre de 2005 de la Audiencia Provincial de Madrid (Sección 14), recurso de apelación n.º 229/2005, ponente: Amparo Camazón Linacero. Fundamentos Jurídicos segundo y tercero. El énfasis es nuestro.

18 de marzo, de Prensa e Imprenta no es incompatible con la libertad de expresión consagrada en el artículo 20.1 de la Constitución, porque la responsabilidad civil solidaria, entre otros, del director del medio periodístico y de la empresa editora se justifica en la culpa *in eligendo* o *in vigilando* del editor o del director, dado que ninguno de ellos son ajenos al contenido de la información y opinión que el periódico difunda, pues el director puede vetar cualquier original, y a la empresa editora le corresponde la libre designación del director.[27] Añade sin embargo la sentencia de la Audiencia:

> "Ello no es equiparable al prestador de servicios y por ello mismo la Ley 34/02 opta por exonerarles de responsabilidad, con las salvedades aquí inaplicables, ya que es imposible controlar el enorme volumen de información que se introduce en los ISP y el prestador de servicios no puede equipararse a un editor porque es un mero distribuidor de la información; la equiparación que procede es editor-creador de la página web (aquí el cliente de la demandada); no la de editor-propietario del ordenador donde se aloja la información o editor-servidor. La proveedora de servicios demandada carecía de capacidad de decisión respecto de los contenidos de la página web creada y es extrema la dificultad para comprobar si los datos proporcionados por los clientes al contratar por contrato electrónico son ciertos o no lo son, de modo que no concurrían los requisitos exigidos por el artículo 1902 del Código Civil cuya aplicación pretende el apelante, ni resultaba aplicable la analogía."[28]

Junto a estas interpretaciones de carácter cerrado, que entienden el texto de los artículos 16.1.II y 17.1.II como una definición de conocimiento efectivo, y consideran por tanto que éste sólo puede existir si se ha obtenido por las vías contempladas en dicho texto, se han dictado también resoluciones judiciales que admiten la posibilidad de apreciar la concurrencia de conocimiento efectivo sin que se hayan verificado las circunstancias del citado texto legal. En este sentido podemos citar dos casos.

El primero es el de la SGAE contra la Asociación de Internautas. Se trata del procedimiento resuelto en Sentencia de 15 de junio de 2005, del Juzgado de 1.ª Instancia número 42 de Madrid, confirmada en apelación por Sentencia de 6 de febrero de 2006 de la Sección 19.ª de la Audiencia Provincial de Madrid, en

27 *Cfr.* SSTC 171/1990, FJ 3. y 172/1990, FJ 7.

28 Sentencia de 20 de diciembre de 2005 de la Audiencia Provincial de Madrid (Sección 14), recurso de apelación n.º 229/2005, ponente: Amparo Camazón Linacero. FJ 4.

la actualidad recurrida en casación ante el Tribunal Supremo y pendiente de resolución.

La Sociedad General de Autores y Editores y su presidente D. Eduardo Bautista formularon demanda de juicio ordinario contra la Asociación de Internautas por determinadas expresiones atentatorias contra el derecho al honor de los demandantes contenidas en una página alojada en los servidores de la Asociación. Los contenidos de dicha página web eran obra de la "Plataforma de Coordinación de Movilizaciones contra la SGAE". La página, ubicada en , era un mirror de otro sitio web, , perteneciente a aquella plataforma y no alojado en los servidores de la asociación. Se daba la circunstancia de que el nombre de dominio "putasgae.org" figuraba registrado a nombre de la asociación; sin embargo, ésta alegó que el verdadero titular era la mencionada plataforma, que había indicado un nombre falso en el registro del dominio, y en cuanto la asociación tuvo conocimiento de ello, conminó a la plataforma a rectificar ese dato. Aunque la asociación alegó su carácter de prestador de servicios de alojamiento, la sentencia de instancia argumentó del siguiente modo:

> "Lo cierto es que la demandada afirma, y ello sería en cualquier caso innegable que ha servido de ìmirrorî de los contenidos elaborados por la plataforma y que ofreció albergue a dicha plataforma para que publicara sus contenidos. Es indiferente pues que la demandada tuviera el dominio de la página a la que pertenece la dirección de Internet o que se limitara a una labor de prestación de servicios. En cualquiera de los casos habría de responder de los contenidos antes dichos pues si presta el servicio a la plataforma es responsable también de los contenidos de esta pues por el simple hecho de ser el prestador del servicio que presta el dominio o subdominio, como bien subrayó el Ministerio Fiscal adquiriría responsabilidad sino por dolo sí por negligencia al permitir utilizar en su dominio manifestaciones injuriosas pues si bien el representante legal de la asociación ha declarado que él no ejerce control sobre los contenidos, lo cierto es que el que presta un servicio ha de controlar lo que se publica en sus páginas pues si presta su dominio para que se publiquen unos contenidos también puede y debe impedir que se publiquen si son ilícitos, al menos civilmente como ocurre en este caso."[29]

La sentencia de instancia no hace referencia alguna a la LSSI, y entre otros pronunciamientos condena a la Asociación de Internautas a cesar en la pertur-

29 Sentencia de 15 de junio de 2005, del Juzgado de 1.ª Instancia número 42 de Madrid. Fundamento Jurídico 5.º.

bación en el derecho al honor de los actores, a suprimir las expresiones atentatorias contra el mismo, a indemnizar a cada uno de los actores con 18.000 euros, y a publicar la sentencia firme que recaiga, además de al pago de las costas.

La asociación recurrió en apelación y alegó entre otros argumentos infracción de la LSSI, norma que ya había invocado en la primera instancia. La sentencia de apelación afirma que la LSSI no excluye la aplicación de la otras normas, como la Ley Orgánica 1/1982, de 5 de Mayo, de Protección Civil del Derecho al Honor, la Intimidad Personal y Familiar y la Propia Imagen, y concluye que:

> "la responsabilidad por las intromisiones en el honor, intimidad y propia imagen, no se ha de derivar sólo al autor de la información, sino también al intermediario, que soluciona los contenidos y los introduce en la red, poniendo a disposición de los usuarios una determinada información, ya sea en una página web, una base de datos o una lista de distribución, *con la matización* de que procede entender responsable al creador y el editor de la información, y a los proveedores de acceso y servicios sobre la base del efectivo conocimiento y la posibilidad técnica de control de la información".[30]

Hecha esta afirmación, la sentencia vuelve a la cuestión de la discusión sobre la titularidad del nombre de dominio putasgae.org. Señala que el hecho de aparecer la asociación como registrante de dicho dominio,

> "cuando menos le obliga a articular prueba para destruir esa más *[sic]* presunción de titularidad, prueba que no articula, desde lo precedente y valorando lo que en la contestación a la demanda se indica en cuanto a que la [demandada] mantiene postura encontrada con la demandante en la materia referida a la remuneración compensatoria o canon por copia privada en los soportes digitales, diferencias que mantiene de forma activa, llegamos la plena convicción de la responsabilidad de la demandada en la denominación putasgae y en los contenidos a los que la demanda se refiere como atentatorios al honor de los demandantes".[31]

Así, la sentencia parece llegar a la conclusión de que la demandada tenía

30 Sentencia de 6 de febrero de 2006 de la Sección 19.ª de la Audiencia Provincial de Madrid (Ponente: Nicolás Díaz Méndez). Fundamento Jurídico 7.. El énfasis es nuestro.

31 d., Fundamento Jurídico 7.º.

conocimiento efectivo de los contenidos difamatorios, o incluso que realmente era autora o coautora de los mismos o bien que los hace propios al decidir darles alojamiento en su servidor. En el fundamento jurídico noveno la sentencia vuelve sobre esta idea indicando,

> "que las expresiones califican por sí ese carácter atentatorio al honor, sin que puedan venir amparadas en la tesis del reportaje neutral, y desde lo antes considerado en relación con la titularidad del dominio también indicado, y de lo expresado en orden a la responsabilidad también referida, pues se rompe la neutralidad cuando son varios medios los que difunden información o manifiestan expresiones con plena autonomía, sin que haya de demandarse a todos, máxime como *[sic]* en supuestos como el de autos en que *se procede a recopilación para hacer propios los contenidos;*"[32]

En ningún momento la sentencia hace un análisis explicito sobre la concurrencia de los requisitos del artículo 16 LSSI. Simplemente, como hemos visto, indica que es necesario para la responsabilidad del intermediario que exista "efectivo conocimiento y posibilidad técnica de control", lo que parece que da por hecho al entender que la demandada ha hecho propios los contenidos.[33]

Un segundo ejemplo que parece aceptar la línea de interpretación no limitativa de la noción de conocimiento efectivo es el Auto de la AP de Cáceres (secc. 2.ª), de 30 de octubre de 2006. El caso se refiere a la publicación de manifestaciones injuriosas en un foro de Internet. Se imputa al titular y administrador del foro la posible comisión de una o varias infracciones penales. El auto de la Audiencia no enjuicia el fondo del asunto, sino que resuelve la apelación presentada contra la desestimación de un recurso de reforma que pedía la nulidad del auto de 16 de marzo de 2006, dictado por el Juzgado de Instrucción n.º 3 de Plasencia. La Audiencia confirma la desestimación recurrida y señala que en ese momento procesal se trata simplemente de comprobar si existen indicios racionales de la comisión de dichas infracciones penales. En lo que se refie-

---

32 *Id.,* Fundamento Jurídico 9. El subrayado es nuestro.

33 La sentencia, como indicábamos, se halla recurrida en casación, por lo que habrá que esperar a conocer la resolución que dicte el Tribunal Supremo, que constituirá una buena ocasión para sentar jurisprudencia acerca de la interpretación que deba darse al requisito del conocimiento efectivo para gozar de la exclusión de responsabilidad.

re a la responsabilidad por las injurias, el tribunal parece admitir que el administrador pueda ser responsable en aplicación del artículo 30 del Código penal, como consecuencia del sistema de responsabilidad "en cascada". Advierte también que dicha responsabilidad podría quedar excluida en virtud del artículo 16 de la LSSI. En el caso concreto, el administrador procedió al borrado de los mensajes injuriosos, lo que a juicio de la Audiencia podría responder a que tenía conocimiento de su ilicitud, si bien también podría constituir el cumplimiento de la condición de retirar el material que se exige para conceder la exclusión de responsabilidad. El fundamento jurídico tercero del auto se expresa en estos términos:

"Tercero. Se imputa al recurrente la comisión de un delito contra el honor del que sería autor al amparo de la regla de responsabilidad escalonada en relación con los delitos cometidos utilizando medios o soportes de difusión mecánicos del artículo 30 del Código penal, al ser el titular y administrador del foro en el que se vertieron las expresiones ofensivas denunciadas.

"El artículo 13.1 de la Ley 34/2002, de 11 de julio, de Servicios de la Sociedad de la Información y de Comercio Electrónico establece que "los prestadores de servicios de la sociedad de la información están sujetos a la responsabilidad civil, penal y administrativa establecida con carácter general en el ordenamiento jurídico, sin perjuicio de lo dispuesto en esta Ley", por lo que las reglas del artículo 30 del Código penal resultan en principio de aplicación.

"No obstante, esa regla también debe entenderse limitada o matizada por lo expuesto en el artículo 16.1 de la Ley especial, que señala que ìLos prestadores de un servicio de intermediación consistente en albergar datos proporcionados por el destinatario de este servicio no serán responsables por la información almacenada a petición del destinatario, siempre que: a) No tengan conocimiento efectivo de que la actividad o la información almacenada es ilícita o de que lesiona bienes o derechos de un tercero susceptibles de indemnización, o, b) Si lo tienen, actúen con diligencia para retirar los datos o hacer imposible el acceso a ellos.î

"Si el imputado conocía o no el contenido de aquellos mensajes es una cuestión que no puede ser objeto de una decisión de fondo en el trámite que ahora nos ocupa, ya que exigiría una verdadera valoración de pruebas propia del juicio. Basta, como decimos, con la existencia de elementos indiciarios para la validez de la resolución impugnada, y el hecho de que los mensajes originales o iniciales fueran borrados incluso antes de la incoación de las diligencias penales puede ser compatible con el hecho de que el imputado conociera su contenido (aunque también con la diligencia a que se refiere el apartado "b" citado). Obviamente estos indicios no bastarán para su condena y habrán de ser corroborados por pruebas susceptibles de destruir la presunción de inocencia que constitu-cionalmente se le reconoce."[34]

El auto parece, pues, aceptar una interpretación no limitativa de la noción de conocimiento efectivo, por cuanto indica que cabe la posibilidad de que el imputado hubiera tenido dicho conocimiento a pesar de que no consta que hubiera una previa declaración de la ilicitud dictada por órgano competente. Parece dejar abierto también el tema de si la retirada fue o no diligente. El caso tiene un elemento añadido que lo complica un poco, y es que se imputa también al administrador un delito de desobediencia porque el agente de la Guardia Civil le ordenó que en tanto continuara la investigación no modificara ni alterara ninguno de los mensajes del foro, a pesar de lo cual el administrador imputado eliminó el foro tres días después. Se le imputa además un delito de encubrimiento, puesto que al suprimir el foro, eliminó también toda posibilidad de conocer las direcciones IP desde las que se enviaron los mensajes, haciendo así imposible la identificación de los autores directos, respecto de los cuales las actuaciones penales se sobreseyeron.

A la vista de los casos expuestos, resulta clara la discrepancia entre distintas resoluciones judiciales a la hora de interpretar qué debe entenderse por conocimiento efectivo a los efectos de la aplicación de la exclusión de responsabilidad prevista en los artículos 16 y 17 LSSI.[35] No resulta fácil determinar qué opción interpretativa es la más correcta. De hecho, ambas lecturas presentan

34 Auto de 30 de octubre de 2006, de la Audiencia Provincial de Cáceres, Sección 2.ª, recurso 353/2006, ponente: Valentín Pérez Aparicio.

35. Hallándose este trabajo en fase de pruebas de edición, se ha dictado una nueva sentencia a la que es obligado hacer referencia brevemente, dejando para una futura ocasión un análisis más detenido. Se trata de la sentencia núm. 184/2007, de 13 de septiembre de 2007, del Juzgado de Primera Instancia núm. 44 de Madrid. El objeto del conflicto en este caso son determinados contenidos del foro titulado "El Rey del Pollo Frito. Ramoncín", del sitio web alasbarrica-das.org, que atentan contra el honor del demandante (Ramoncín). El cantante demandó al titular del sitio, solicitando que ciertas expresiones y fotografía presentes en el mismo se declararan intromisiones ilegítimas en su derecho al honor, se ordenara el cese de la perturbación suprimiendo tales contenidos, y se le condenara a la publicación a su costa de la sentencia y al abono de una indemnización de 6.000 euros. La sentencia estima íntegramente las peticiones de la demanda, incluida la condena en costas. Conviene indicar que el sitio web cumplía sólo parcialmente con las obligaciones de identificación del art. 10 LSSI, puesto que si bien ponía a disposición de los usuarios una dirección de correo electrónico para contactar sobre cualquier cuestión relacionada con el mismo (info@alasbarricadas.org), no indicaba la identidad del titular del sitio, ni tampoco su domicilio físico. Dicha identidad, sin embargo, podía averiguarse fácilmente en los datos del registro del nombre de dominio, en la base de datos pública Whois. Allí constaba también su domicilio al tiempo que el registro del nombre, aunque por haber cambiado posteriormente de domicilio, este dato ya no

inconvenientes.

Una interpretación abierta o no limitativa plantea la dificultad de la literalidad del texto legal, aunque no se trata de una dificultad insalvable, puesto que cabe interpretar gramaticalmente el texto como una serie de presunciones legales de concurrencia de conocimiento efectivo, que no impiden apreciarlo en situaciones distintas. Por otra parte, plantea el inconveniente de que la situación resultante pueda ser excesivamente gravosa para los operadores en términos de riesgo de ser declarados responsables, así como un posible efecto adverso para la libertad de expresión.

Por su parte, una interpretación estricta o limitativa ofrece la seria dificultad

---

resultaba útil como tampoco los hechos objeto de la demanda. El interés de reseñar estos particulares reside en que la argumentación de la sentencia para declarar la responsabilidad del demandado se basa en una lectura conjunta de los arts. 16 y 10 LSSI, como veremos a continuación. Indiquemos antes que ambas partes consideran aplicable la LSSI, admitiendo pacíficamente que el sitio web tiene el carácter de prestador de servicios de la sociedad de la información (no se discute, por tanto, si su actividad es o no de naturaleza económica). Ambas partes admiten también que se trata de contenidos elaborados por terceros, lo que implica que resulte de aplicación el art. 16 LSSI. La sentencia, como indicábamos, considera que el art. 16 debe ponerse en relación con el art. 10, en el sentido de que las obligaciones de identificación previstas en este artículo deben considerarse como parte de la diligencia exigible para poder disfrutar de la exclusión de responsabilidad prevista en el art. 16. Argumenta la sentencia que si no constan los datos de identificación, no es posible que el ofendido ponga en conocimiento del demandado la presencia de los contenidos injuriosos. (Subyace en este discurso la idea de que la comunicación del ofendido al titular del sitio web sería suficiente para que éste obtuviera el conocimiento efectivo, esto es, una interpretación no limitativa del art. 16.1.II.)

La discusión sobre si podría o no beneficiarse plenamente de la exclusión de responsabilidad un prestador de servicios que pusiera obstáculos a la obtención del conocimiento efectivo, impidiendo incluso la efectividad de los medios de obtención de dicho conocimiento previstos en el art. 16.1.II, me parece digna de atención y merecedora de un análisis más profundo del que es posible hacer en esta nota. Sin embargo, no me parece aceptable como criterio de decisión en el caso que nos ocupa, ya que si bien no constaban todos los datos de identificación, sí estaba a disposición del público una dirección de correo electrónico que permitía una comunicación directa con el titular del sitio. En un intento de salvar este escollo, la sentencia argumenta que el demandado tenía que haber probado en el juicio que dicha dirección era un medio de contacto eficaz: "Tampoco consta que la dirección de correo electrónico aportada fuese efectiva para contactar con él, limitándose genéricamente a alegar que es el medio habitual de contacto, pero no aportando prueba al efecto, como le compete una vez verificada la lesión de un derecho fundamental. Así, al invertirse la carga de la prueba bastaría con el que el demandado hubiese justificado mínimamente que se podía acceder a él con facilidad y de modo efectivo y que eran eficaces los medios que ponía a disposición de los usuarios para poder a su vez dar cumplimiento a su deber de diligencia, mediante prueba pericial o testifical objetiva" (Cfr. FJ 5). Esto parece un exceso desde todos los puntos de vista, puesto que la existencia de la dirección de contacto es admitida por el actor, que en ningún momento (por lo menos no en la demanda) objeta que dicha dirección no funcionara correctamente. No procede por tanto, reprochar al demandado no haber probado algo que el demandante no puso en cuestión. Por lo demás, la sentencia se extralimita de nuevo al añadir reproches de supuesta falta de diligencia del demandado que claramente van más allá de la diligencia suficiente para gozar de la exclusión de responsabilidad de acuerdo con el artículo 16, concretamente al indicar que el demandado "tampoco acredita o justifica la imposibilidad de contar con un moderador u otros filtros o que los contenidos se actualicen a diario o semanalmente, o las características de su sistema o aplicación informática de modo que se evite prolongar en el tiempo contenidos ilícitos o difamatorios".

de resultar contraria a la directiva, puesto que concede la exención a supuestos en que el titular tiene verdadero conocimiento de la ilicitud de los contenidos alojados. Mientras que la directiva dispone que la exclusión es inaplicable en todos los casos en que concurra conocimiento efectivo, la LSSI, interpretada en sentido limitativo, estaría estableciendo que mientras el conocimiento no se haya obtenido por las vías contempladas en el artículo 16.1.II, el hecho de tener conocimiento efectivo no será obstáculo para disfrutar de la exclusión de responsabilidad. Por lo demás, la tesis limitativa plantea el inconveniente de originar una inmunidad casi absoluta y convertir a menudo en ilusoria la posibilidad de obtener la reparación económica del perjuicio sufrido.

Desde mi punto de vista, la necesidad de interpretar la ley española de conformidad con la directiva apoya la conclusión de que el artículo 16.1.II debe leerse en un sentido no limitativo, conclusión que por coherencia interna debe extenderse también al artículo 17.1.II. Debe tenerse presente, sin embargo, que el mero conocimiento material de la presencia de determinados contenidos no significa necesariamente "conocimiento efectivo de la ilicitud", cosa que probablemente sólo deba apreciarse en los casos en que la ilicitud resulte obvia. Y por otra parte, es preciso tener en cuenta que el hecho de que el prestador tenga conocimiento efectivo y no pueda beneficiarse de la exclusión de responsabilidad, no implica, como indicábamos más arriba, que se convierta necesariamente en responsable de los contenidos, sino que la atribución de responsabilidad dependerá de lo que establezcan las normas generales y especiales de nuestro ordenamiento que rigen la imputación de responsabilidad.

En cualquier caso, si el Tribunal de Justicia de las Comunidades Europeas tiene ocasión de pronunciarse sobre las cuestiones prejudiciales planteadas por la recurrente y por el Ministerio Fiscal en el seno del procedimiento que enfrenta a la Sgae con la Asociación de internautas, podremos contar un sólido criterio para unificar la interpretación judicial en este campo en relación con la actividad de hosting, interpretación que probablemente se extenderá también al caso de la provisión de enlaces e instrumentos de búsqueda, a pesar de que la directiva no contempla, de momento, una exclusión de responsabilidad para estos supuestos.

Hacia nuevos principios de protección de datos en un nuevo entorno TIC

Yves Poullet con la colaboración de *Jean-Marc Dinant*[*]

Introducción: Un nuevo entorno TIC

1. Internet y, de forma más amplia, la propagación de las TIC en nuestra vida cotidiana (GPS, RFID, móviles) han modificado radicalmente el entorno y han creado nuevos riesgos para nuestra privacidad, considerada ésta en un sentido amplio. En las dos últimas décadas se ha visto una rápida e increíble sucesión de un gran número de innovaciones y tendencias tecnológicas que han desembocado en la formación de una red de telecomunicaciones global. Este desarrollo tecnológico se ha alcanzado a nivel internacional sin que ningún gobierno o movimiento cívico jugase un papel decisivo y sin que los problemas sobre una reducción en la privacidad que acompañan a estas redes hayan sido abordados o resueltos desde el punto de vista técnico.

2. Las características de este entorno se podrían resumir como sigue y, asimismo, se sugiere determinadas metas para garantizar una mejor protección de los ciudadanos que están evolucionando más y más en *"ciudadanos de la red"*.[1]

La red es multifuncional y tiende a enlazar todas las redes de telecomunicación existentes que hasta ahora se mantenían autónomas. La capacidad de la

* Reproducción del artículo publicado en *IDP. Revista de Internet, Derecho y Política*, núm. 5 (2007) <http://www.uoc.edu/idp/5/dt/eng/poullet_dinant.pdf>

1 Para una descripción completa podéis leer Y.POULLET; J.M. DINANT (nov. 2004). *Self-determination in an Information Society, Report on the application of Data Protection Principles to the worldwide Telecommunications networks*. Informe para el Comité Asesor de la Convención para la protección de individuos con respecto a procesamiento automático de Datos personales (T-PD). Estrasburgo. Disponible en la página web del Consejo de Europa. El presente artículo es una versión profundamente revisada y resumida de este informe.

infraestructura de comunicación está creciendo y se habla de que alcanzará 10 Kbits/seg.

Con respecto al equipamiento terminal, se observan distintas evoluciones. Primero, el equipamiento terminal, que en los ochenta era unifuncional (el terminal de telefonía de voz para transmisión de señales de audio, la TV. para la transmisión unidireccional de imágenes, etc.), ahora es multifuncional. Con mi portátil puedo enviar correos electrónicos, ver la TV, efectuar transacciones y leer mi periódico. Otra evolución sufrida por el equipamiento terminal es que ya no está anclada a un lugar fijo, sino que nos puede acompañar en nuestros traslados. Por otro lado, su capacidad se está incrementando de forma notable bajo la famosa Ley de Moore. Según esta teoría, cada dieciocho meses, la capacidad de un terminal puede ser doblada por el mismo precio. En otras palabras, tras quince años la capacidad de procesamiento y memoria de los ordenadores se han multiplicado por mil. En concreto, esto significa que la compra de un ordenador en un establecimiento ha sufrido la siguiente evolución:

Año	**1987**	**2005**	**2020 (x1000)**
Procesador	8 Mhertz	3 Ghertz (x 375)	3 TeraHz
Memoria	640KB	512 MB (x 800)	512 Gbytesx
Disco duro	20 Mbytes	120 Gbytes (x 6000)	120 Terabytes
Conexión telefónica	10Kb/seg	3 Mb /seg.	10 Gb/seg.

Para finalizar, también se destaca la tendencia hacia la miniaturización de los terminales gracias al uso de nanotecnología. Los RFID (dispositivos de identificación por radiofrecuencia) son etiquetas o tags llamadas "polvo inteligente". Estos tags pueden estar incrustados en nuestras ropas, en los productos que compramos en supermercados e, incluso, en nuestros cerebros y pueden detectar, controlar y, en última instancia, influir en nuestro comportamiento.

A través del uso de estos diversos terminales, los sistemas informáticos son omnipresentes, ya que han invadido nuestro entorno y todos los segmentos de nuestra vida cotidiana, tanto privada como profesional y, con cada día que pasa, abrirán caminos hacia nuevos campos. Los sistemas de información multiplican las huellas de los usos de los servicios TIC y asimismo multiplican la posibilidad de que determinados controladores de datos hagan un seguimiento de las actividades de los usuarios de Internet.

Muchas de las actividades, que en el pasado se llevaban a cabo sin ninguna red de telecomunicaciones, requerirán de tales redes para ser usadas en el futuro. No es descabellado pensar que, dentro de unos años, la mayoría de neveras estarán equipadas con componentes inteligentes que informarán con exactitud de qué comida está almacenada en ellas y cuándo habrán pasado sus fechas de caducidad (gracias a los chips RFID). Estas neveras "inteligentes" podrán incluso tomar la iniciativa mostrando en el televisor familiar anuncios dirigidos o contactando con los supermercados para obtener ofertas o realizando pedidos de productos. En general, existe una clara tendencia que consiste en crear objetos inteligentes a nuestro alrededor equipándolos con un terminal de telecomunicaciones. Los terminales inteligentes están operando de forma opaca y compleja.

3. En la actualidad, los ordenadores conforman la inmensa mayoría de terminales de telecomunicación. Al estar basados en ordenadores, estos terminales generan, de forma completamente invisible a sus usuarios, muchas huellas de las telecomunicaciones que pasan a través de ellos. Estas huellas se encuentran almacenadas en el terminal o bien se envían a través de la red, habitualmente sin informar al usuario. Los medios técnicos puestos a disposición de los usuarios son incompletos, demasiado complejos y configurados por defecto en un modo perjudicial para la protección de la privacidad de los navegantes de Internet. El respeto a la privacidad se ha convertido en una opción accesible a personas que disponen de tiempo y conocimientos. La relación del individuo con la protección de sus datos se ha convertido en sí en un artículo de información personal que muchos interesados desean poseer.

Los terminales de telecomunicación incorporan diversos identificadores técnicos que permiten "rastrear" el comportamiento del individuo en la red. La mayoría de participantes de la industria no consideran este proceso de rastreo una violación de la privacidad del individuo si éste no puede ser identificado mediante un punto de contacto. La tecnología de los cookies permite que una página web, por defecto, inserte con disimulo su propio identificador en el terminal de forma permanente para poder así rastrear el comportamiento del individuo en Internet.

4. Los protocolos de telecomunicaciones y el funcionamiento de los terminales no incluyen la protección de datos como requisito clave, sino como una opción generalmente dejada a la discreción de los fabricantes de dispositivos y programas que incorporan estos estándares.

Determinadas opiniones expresadas recientemente por el Grupo del Artículo 29 han argumentado que el principio establecido por el considerando 2 de la Directiva 95/46 UE sobre protección de datos, que afirma claramente que la tecnología debe servir en beneficio de los individuos y la sociedad, puede considerarse una justificación para imponer a los fabricantes de equipamiento terminal (incluyendo elementos de programas incorporados en los terminales) determinadas obligaciones dirigidas hacia la transparencia de su funcionamiento y prevenir el uso injusto o ilícito de datos personales asociados a la conexión y la comunicación con redes. Se debe observar que estos fabricantes no están cubiertos como tales por la presente directiva, ya que no son los controladores de un archivo. Sin embargo, como el diseño del equipamiento que ellos proveen autoriza muchas operaciones de procesamiento, se les debería imponer determinadas responsabilidades sobre seguridad para prevenir esas operaciones que podrían realizar terceras partes de forma injusta o ilícita, y deberían ser exigibles para garantizar la transparencia, ya que el usuario del terminal debe poder ejercitar un determinado control sobre los flujos de datos generados mediante su uso.

5. Finalmente, podemos resaltar el carácter global de Internet. Debido a la naturaleza global de las redes modernas y a la ausencia de fronteras con respecto a la infraestructura, el procesamiento operado por personas localizadas fuera de las fronteras nacionales puede afectar directamente nuestra privacidad mediante el envío de spyware, transmitiendo datos a terceras partes a través de hiperenlaces invisibles o dirigiendo correo no solicitado a través de la web, etc. La abolición de fronteras nacionales hace necesaria una aproximación común hacia los principios de protección de datos y su posible imposición más allá de las fronteras. El WSIS (World Summit on the Information Society) se ha declarado a favor de un reconocimiento internacional de la protección a la privacidad.

Algunos principios nuevos para promover la autodeterminación de la información en el nuevo entorno tecnológico

6. Esos rasgos que son los más característicos del entorno del servicio de comunicaciones electrónicas –presencia creciente y multifuncionalidad de las redes y terminales de comunicación electrónica, su interactividad, el carácter internacional de las redes, servicios y productores de equipamiento y la ausencia de transparencia en el funcionamiento de terminales y redes– incrementan el riesgo de infringir las libertades individuales y la dignidad humana.

Para contrarrestar estos riesgos deben establecerse algunos nuevos principios si se desea que los interesados estén mejor protegidos y que tengan mayor control sobre su entorno. Dicho control es esencial si los usuarios van a ejercitar una responsabilidad efectiva para su propia protección y deben estar mejor preparados para ejercitar apropiadamente la autodeterminación de la información.

Éste es el primer intento de esbozo de tales principios. Está basado en una diversidad de documentación y hemos tratado de estructurarlo en torno a cinco principios clave, ya que en este estadio preferimos no hablar de nuevos "derechos" para el interesado. Su contenido y extensión debería ser discutido por otros interesados y podrían entonces, si es apropiado, formar las bases para recomendaciones y otras medidas ad hoc para dotarles de mayor fuerza.

a. Primer principio: El principio de encriptación y anonimato reversible

7. La encriptación de mensajes ofrece protección contra el acceso al contenido de las comunicaciones. La calidad varía al hacerlo las técnicas de encriptación y desencriptación. Ahora se encuentran disponibles, a precios razonables, programas de encriptación para su instalación en los ordenadores de los usuarios de Internet (protocolos S/MIME u Open PG). Mientras tanto, dada su ambigüedad, la noción de anonimato debería quizás ser clarificada y, posiblemente, sustituida por otros términos como "pseudoanonimato" o "no-identificable". Lo que se busca no es siempre el anonimato absoluto, sino la no-identificación funcional del autor de un mensaje enviado a otras personas.[2] Existen

2 Véase J. GRIJPINK; C. PRIENS (2001). "Digital Anonymity on the Internet, New Rules for Anonymous Electronic Transactions?". *Computer Law & Security Report*. Vol. 17, n.º 6, pág. 379-389.

muchos documentos no vinculantes[3] defendiendo el "derecho" al anonimato de los ciudadanos cuando utilizan servicios de nueva tecnología. La recomendación núm. R (99) 5[4] del Comité de Ministros del Consejo de Europa establece que "el acceso y uso anónimo de servicios y medios anónimos de realizar pagos son las mejores protecciones de la privacidad", de ahí la importancia de las técnicas de potenciación de privacidad ya disponibles en el mercado.

El primer principio referido a la no identificación funcional podría ser expresado como sigue: Aquellos que usen técnicas modernas de comunicación deben poder permanecer no identificados por los proveedores de servicios, por otras terceras partes que intervinieran durante la transmisión del mensaje y por el receptor o receptores del mensaje, y deberían tener acceso gratis, o a precios razonables, a los medios de ejercitar esta opción.[5] La disponibilidad de encriptación económica y herramientas y servicios para mantener el anonimato es una condición necesaria para internautas que ejerzan su responsabilidad personal.

Sin embargo, el anonimato o la "no identificación funcional" requerida no es absoluta. El derecho del ciudadano al anonimato debe ser establecido en oposición a intereses mayores de Estado, el cual podría imponer restricciones si fuesen necesarias *"para proteger la seguridad nacional, defensa, seguridad pública, [y para] la prevención, investigación, detección y persecución de delitos"*. Lograr un equilibrio entre la monitorización legítima de delitos y la protección de datos debería ser posible mediante el uso de "pseudo-identidades" que serían asignadas a individuos mediante proveedores de servicios especializados que podrían ser requeridos para revelar la identidad real de un usuario pero sólo en deter-

---

3 Véase en particular S. RODOTÀ. "Beyond the E.U. Directive: Directions for the Future". En: Y. POULLET; C. DE TERWANGNE; P. TURNER (ed.). "Privacy: New Risks and Opportunities". *Cahier du CRID.* Amberes: Kluwer. N.º 13, pág. 211 f.

4 Se encuentran disponibles varias recomendaciones para la protección de individuos con respecto a la recaudación y procesamiento de datos personales en las autopistas de la información en el sitio del Consejo de Europa. Ver también Recomendación 3/97 del llamado Grupo del Artículo 29: Anonimato en Internet, y la opinión de la comisión privada belga sobre comercio electrónico (N.º 34/2000 del 22 de noviembre de 2000, disponible en el sitio de la comisión: http://www.privacy.fgov.be), que apunta que existen tres modos de identificar los remitentes de mensajes sin que necesariamente se les requiera su identificación.

5 Ver la recomendación de la comisión de procesamiento de datos nacionales franceses que el acceso a páginas comerciales debería ser siempre posible sin identificación previa: M. GEORGES (2000). "Relevons les défis de la protection des données à caractère personnel: l'Internet et la CNIL". *Commerce électronique-Marketing et vie privée.* París. Pág. 71 y 72.

minadas circunstancias y siguiendo procedimientos claramente establecidos por la ley.

8. Se podrían extraer otras consecuencias de este primer principio: podría incluir la regulación exigida de equipamientos terminales, para prevenir la monitorización de la navegación, para permitir la creación de direcciones efímeras y para la diferenciación de datos de direcciones según qué terceras partes tendrían acceso al dato de tráfico o localización, y para la desaparición de los identifica-dores únicos globales mediante la introducción de protocolos de direcciones uniformes.

Finalmente, el estatus de "anonimizador", en el que aquellos que lo usan depositan gran confianza, debería estar regulado para ofrecer a los afectados determinadas barreras con respecto al estándar de servicio que proporcionan, a la vez que garantizasen que el Estado posea los medios técnicos para acceder a las telecomunicaciones en circunstancias legalmente definidas.[6]

b. Segundo principio: El principio de beneficios recíprocos

9. Donde fuese aplicable, este principio haría que aquellos que empleen nuevas tecnologías tuviesen la obligación legal de desarrollar su actividad profesional con el fin de aceptar determinados requisitos para reestablecer el equilibrio tradicional entre las partes implicadas. La justificación es simple, si la tecnología incrementa la capacidad de acumulación, procesamiento y comunicación de información sobre terceros y facilita las transacciones y operaciones administrativas, es esencial que también esté configurada y empleada para garantizar que los interesados, tanto si son ciudadanos como consumidores, disfruten de un beneficio proporcional de estos avances.

Varias previsiones recientes se han inspirado en el requisito proporcional para obligar a que aquellos que emplean tecnologías tengan que ponerlas a disposición de los usuarios para que puedan hacer valer sus intereses y derechos.

Un ejemplo es la Directiva Europea 2001/31/CE (la "Directiva de E-Comercio"), que incluye previsiones electrónicas anti-spamming. De forma

6 Se podrían establecer los requisitos para los servicios proporcionados y con respecto a la confidenciabilidad, como se propone para las firmas digitales. La aprobación oficial de un anonimizador indicaría que se cumplen los requisitos. Tal aprobación oficial podría ser voluntaria más que obligatoria, como en el caso de etiquetas de calidad.

similar, el artículo 5.3 de la Directiva 2002/58/CE sobre comunicaciones privadas y electrónicas incluye, incluso, el requisito de que *"...el uso de redes de comunicación electrónicas con el fin de almacenar información u obtener acceso a la información almacenada en el equipamiento terminal de un suscriptor o usuario tan sólo está permitido bajo la condición de que al suscriptor o usuario implicado se le haya proporcionado información clara y comprensible (...) y se le ofrezca el derecho a rechazar dicho procesamiento (...)"*. El derecho de los suscriptores, bajo el artículo 8.1, "a través de medios simples, libres de cargo alguno, eliminar la presentación de identificación de línea telefónica en términos de llamada (...) y en términos de línea" es otra aproximación potencialmente valiosa si el concepto de "línea telefónica" se amplía a diversas aplicaciones de Internet, tales como servicios web y correo electrónico.[7] Esto implica una obligación relacionada del proveedor de servicios hacia los usuarios consistente en ofrecerle las opciones de rechazar o aceptar llamadas no identificadas o prevenir su identificación (artículos 8.2 y 8.3).

10. Las legislaciones llamadas "Libertad de Información" introduce un derecho similar de transparencia con respecto al Gobierno mediante la adición de mayor información que este último tiene obligación de suministrar. Un desarrollo bien recibido en el Reino Unido es la introducción reciente de una garantía de servicio público en el manejo de datos.[8] Recientemente, una comisión sueca[9] ha recomendado una legislación que daría derechos a los ciudadanos para monitorizar sus casos electrónicamente de inicio a fin, incluyendo su archivo, y obligaría a las autoridades a adoptar una buena estructura de acceso pública, para facilitar a los individuos la identificación y localización de documentos específicos. Existe incluso un borrador de legislación que haría posible, de un modo u otro, enlazar cualquier documento oficial en el que se basasen

7 Obsérvese la conexión entre estas previsiones y el principio de anonimato.

8 Garantía de servicio público en el manejo de datos: disponible ahora para su implementación en entidades públicas. De este modo se establecen los derechos de las personas sobre cómo son manipulados sus datos personales y los estándares que pueden esperar que las organizaciones publicas suscriban. http://www.dca.gov.uk/foi/sharing/psguarantees/data.htm#2

9 P. SEIPEL (2004). "Information System Quality as a Legal Concern". En: U. GASSER (ed.). *Information Quality Regulation: Foundations, Perspectives and Applications*. Nomos Verlagsgesellschaft. Pág. 248. Véase también el informe de la comisión sueca de P. SEIPEL (2002). *Law and Information Technology: Swedish Views*. Swedish Government Official Reports, SOU. Pág. 112.

las decisiones a otros documentos del caso. En otras palabras, un servicio público que se ha tornado más eficiente gracias a las nuevas tecnologías debe ser también más transparente y accesible para los ciudadanos. El derecho de acceso de los ciudadanos se extiende más allá de los documentos que les conciernen directamente para incluir las normativas sobre las que se basó la decisión.

11. Es incluso posible imaginarse que determinados derechos asociados a la protección de datos, como el derecho a la información, los derechos de acceso y rectificación y el derecho a la reclamación, podrían ser de obligado cumplimiento electrónicamente. Se podrían proponer muchas aplicaciones:

- Debería ser posible aplicar el derecho a la información de los interesados en cualquier momento mediante un simple clic (o de forma más generalizada mediante una acción electrónica e inmediata) ofreciendo el acceso a la política de privacidad, que debería ser tan detallada y completa como permita el menor coste de la propagación electrónica. Dicho paso debe ser anónimo con respecto al servidor de la página, para evitar así cualquier riesgo de creación de archivos sobre usuarios "preocupados por la privacidad". Además, en el caso de páginas a las que se han otorgado etiquetas de calidad, debería ser obligatorio que proporcionasen un hiperenlace desde el símbolo de la etiqueta hacia el organismo que le ha otorgado la etiqueta. Lo mismo sería aplicable a la declaración del controlador del archivo hacia la autoridad supervisora. Se instalaría un hiperenlace entre una página ineludible de cualquier sitio web con procesamiento de datos personales y la autoridad supervisora relevante. Finalmente, se podría prestar atención a la señalización automática de cualquier página localizada en un país que ofreciese una protección inadecuada.

  En el futuro, los interesados deberían poder ejercitar su derecho de acceso empleando una firma electrónica. Sería obligatorio estructurar los archivos para que el derecho de acceso fuese de fácil aplicación. La información adicional debería estar sistemáticamente disponible, como el origen de los documentos y un listado de los interesados a los que se les habría suministrado determinados datos. Como se ha mencionado anteriormente,[10] de

10 Ver párrafo 3.

forma incremental, los datos personales acumulados por un gran número de público y de redes privadas no se guardan con uno o más propósitos claramente definidos, sino que se almacenan en la red para usos posteriores que sólo emergen según surgen nuevas oportunidades de procesamiento o necesidades no identificadas previamente. En tales circunstancias, los interesados deben poder tener acceso a la documentación que describen los flujos de datos en la red, los datos concernientes y los diversos usuarios –un tipo de registro de datos.[11]

- Debería ser posible ejercitar en línea los derechos de rectificación y/o impugnación a una autoridad con un estatus claramente definido responsable de mantener o considerar un listado de quejas.
- El derecho a la reclamación debería también beneficiarse de la posibilidad de derivación en línea, intercambio de solicitudes de las partes y otras documentaciones, decisiones y proposiciones de mediación.
- Finalmente, cuando los individuos interesados deseen apelar las decisiones tomadas automáticamente o notificar mediante una red (como el rechazo a otorgar un permiso de construcción tras un llamado procedimiento e-gubernamental), deberían tener derecho a la información, mediante el mismo canal, sobre la lógica subyacente en la decisión. Por ejemplo, en el sector público[12] los ciudadanos deberían tener el derecho a probar de forma anónima cualquier paquete de toma de decisiones o sistemas expertos que pudiesen utilizar. Esto se podría aplicar a los programas para el cálculo automático de impuestos o derechos a subsidios para la rehabilitación de viviendas.

11 Esta idea es el origen de dos leyes belgas recientes que requieren el establecimiento de comités sectoriales para las redes enlazadas al Registro Nacional (Acta del 8 de agosto de 1983 que establece un registro nacional de personas, según las amiendas del Acta del 35 de marzo de 2003, MB 28 de marzo de 2003, art. 12§1) y a la autoridad de registro comercial (Banque Carrefour des entreprises) (Acta de 16 de enero de 2003 estableciendo la autoridad, MB 5 de febrero 2003, artículo 19 §4).

12 Se aplica el mismo principio a los tomadores privados de decisiones, sujetos a los intereses legítimos de los controladores de archivo (especialmente relacionado a la confidenciabilidad de empresas, que podría limitar la obligación de clarificar la lógica subyacente).

c. Tercer principio: El principio al fomento de aproximaciones tecnológicas compatibles con la situación de personas protegidas legalmente o su mejora

12. Recomendación 1/99 del llamado Grupo del Artículo 29 (grupo de trabajo sobre protección de datos de la UE),[13] que se preocupa de la amenaza a la privacidad presentada por los programas y maquinaria de comunicaciones en Internet, establece el principio de que la industria de productos de programas y maquinaria debería proporcionar las herramientas necesarias para acatar las normas europeas de protección de datos. Según este tercer principio, a los reguladores se les debería otorgar diversos privilegios. Esta conclusión se ha deducido del considerando 2 de la Directiva 95/46 sobre protección de datos que prevé que los sistemas de información y los productos deben estar al servicio de la sociedad y de los individuos.

Por ejemplo, los reguladores deberían poder intervenir en respuesta a desarrollos tecnológicos que presente riesgos importantes. El llamado principio de precaución, que se encuentra bien establecido en las leyes ambientales, también podría aplicarse a la protección de datos. El principio de precaución podría requerir que el equipamiento terminal de telecomunicaciones (incluyendo los programas) adoptasen los parámetros más protectores como opción por defecto para garantizar que aquellos afectados no estén, por defecto, expuestos a los diversos riesgos de los que no tienen conocimiento y que no podrían evaluar.

De forma similar, según el principio de beneficios recíprocos, es apropiado y nada irracional equipar los terminales de telecomunicación con weblogs (blogs), como es el caso de programas tipo servidor usados por compromisos en línea y departamentos gubernamentales. Esto permitiría que los usuarios controlasen qué personas han accedido a su equipo y, cuando fuese apropiado, identificar las características principales de la información transferida.

13. Este principio puede ilustrarse con una provisión de la Directiva de la UE sobre privacidad y comunicaciones electrónicas. El artículo 14 establece que donde se requiera, la Comisión puede adoptar medidas que garanticen que el equipo terminal es compatible con las normas de protección de datos. En otras palabras, la estandarización de equipamiento terminal es otra manera, cierta-

13 Grupo del Artículo 29. Recomendación sobre el procesamiento invisible y automático de datos personales a través de Internet llevado a término mediante programas o maquinaria

mente subsidiaria, de protección de datos personales de los riesgos de procesamiento ilegal –riesgos que han sido creados por todas estas opciones de nueva tecnología. Yendo más lejos, es necesario prohibir las llamadas tecnologías para acabar con la privacidad,[14] según el principio de seguridad consagrado en el artículo 7 del Convenio 108 del Consejo de Europa. La obligación de introducir medidas técnicas y organizativas apropiadas para contrarrestar las amenazas hacia la privacidad de datos requerirá que los administradores de sitios se aseguren de que el intercambio de mensajes permanezca confidencial, y que también se indique claramente qué datos están siendo transmitidos, bien de forma automática o mediante hiperenlace, como es el caso de compañías de cibermercadotecnia.

Esta obligación de seguridad también requerirá que aquellos que procesan datos personales opten por la tecnología más apropiada para minimizar o reducir la amenaza a la privacidad. Este requisito tiene una clara influencia sobre el diseño de tarjetas inteligentes, en particular sobre tarjetas multifuncionales,[15] como las tarjetas de identificación. Otro ejemplo de la aplicación de este principio afecta a la estructura de archivos médicos a diversos niveles, como recomienda el Consejo de Europa.

14. Se podría ir más lejos recomendando, tal y como ha hecho recientemente el Comité de la UE (2 de mayo de 2007), el desarrollo de tecnologías que potencien la privacidad, refiriéndose a herramientas o sistemas que pongan mayor énfasis en los derechos de los interesados. Por descontado, el desarrollo de estas tecnologías dependerá del libre comportamiento del mercado, pero el Estado debe tomar una postura activa para potenciar productos que sean compatibles con la privacidad y que la cumplan, ofreciendo subsidios de investigación y desarrollo, estableciendo certificaciones voluntarias y sistemas de acreditación equivalentes, publicitando sus etiquetas de calidad y garantizando que

14 Expresión utilizada por J. M. DINANT en "Law and Technology Convergence in the Data Protection Field?". En: I. WALDEN; J. HORNE (2002). *E-commerce Law and Practice in Europe*. Cambridge: Woodhead Publishers. Cap. 8.2.

15 Sobre diseños de tarjetas multi-aplicación que satisfacen la privacidad, véase E. KEULEERS; J.M. DINANT (2004). "Data protection: multi-application smart cards. The use of global unique identifiers for cross-profiling purposes". Parte 2: "Towards a privacy enhancing smart card engineering". En: *Computer Law and Security Report*. Oxford: Elsevier. Vol. 20, n.° 1, pág. 22-28.

aquellos productos que se consideren necesarios para la protección de datos estén disponibles a precios razonables.

d. Cuarto principio: El principio de que el usuario mantenga pleno control sobre el equipamiento terminal

15. La justificación para este principio es obvia. Dado que estos terminales pueden permitir que otros monitoricen nuestras acciones y comportamiento, o simplemente nos localicen, deben funcionar de forma transparente y bajo nuestro control. El artículo 5.3 de la Directiva 2002/58/EC, citado anteriormente, ofrece una primera ilustración sobre este punto. Los interesados deben ser informados sobre cualquier acceso remoto a sus terminales mediante cookies, spyware u otros medios y deben tener la posibilidad de tomar contramedidas fáciles, efectivas y libres de cargo alguno. La Directiva 2002/58/EC también establece la norma de que los usuarios de líneas conectadas y emisores de llamadas puedan prevenir la presentación de la identificación de línea llamante.

Más allá de los anteriores ejemplos, podríamos argumentar que todo equipo terminal debería ser configurado de forma que garantice que los propietarios y usuarios tienen información completa sobre cualquier flujo de datos entrantes o salientes para que puedan así realizar las acciones que consideren apropiadas. De forma similar, como es ya el caso bajo determinada legislación, la posesión de una tarjeta inteligente debería estar acompañada por la posibilidad de acceder a la lectura de los datos almacenados en la tarjeta.

16. El control ejercido por el usuario también significa que los individuos pueden decidir desactivar sus terminales de forma definitiva y en cualquier momento. Esto adquiere importancia con respecto a los identificadores por radiofrecuencia (RFID). Los interesados deben tener la posibilidad de confiar en terceros[16] que garanticen que dichos medios técnicos de identificación remota han sido completamente desactivados.

Los usuarios bien podrían aplicar este principio a empresas que no se encuentran necesariamente cubiertas por las normas de protección de datos, ya

16 Con certeza se refiere a acuerdos de acreditación como los descritos ya en el párrafo 15 (regulación conjunta) o la emisión, por parte de las autoridades, de autorizaciones para realizar determinadas acciones (regulación pública).

que no son responsables del procesamiento de datos. Algunos ejemplos incluyen suministradores de equipo terminal y muchas formas de programas de navegación que pueden incorporarse a los terminales para facilitar la recepción, el procesamiento y la transmisión de comunicaciones electrónicas.

Este principio también se aplica a organismos de ordenación estándar públicos y privados preocupados por la configuración de dicho material y equipamiento.

17. El punto clave radica en que los productos suministrados a los usuarios no deberían estar configurados de tal forma que pudiesen ser usados, bien por terceras partes o por los fabricantes en sí, para propósitos ilícitos. Se puede ilustrar con varios ejemplos:

- Una comparación de los navegadores disponibles en el mercado muestra que el diálogo que intercambian sobrepasan en gran medida lo que sería estrictamente necesario para establecer la comunicación.[17]
- Entre los navegadores existe gran diversidad sobre cómo reciben, eliminan y previenen el envío de cookies, lo que implica que las oportunidades de procesamiento inapropiado también variarán de un navegador a otro. Sin embargo, parece ser imposible, al menos de modo simple, que en el navegador por defecto instalado en la mayoría de los cientos de millones de ordenadores personales bloquee las ventanas emergentes o la comunicación sistemática de referencias a artículos leídos en línea o a palabras clave introducidas en los motores de búsqueda.
- También se debe prestar atención al uso que hacen los suministradores de herramientas de navegación y programas de comunicación sobre identificadores únicos y spyware.

18. De forma generalizada, el equipamiento terminal debería funcionar de manera transparente para que los usuarios mantuviesen un control completo sobre los datos enviados y recibidos. Por ejemplo, debería ser posible establecer, sin complicaciones, la extensión precisa del diálogo en sus ordenadores, qué archivos se han recibido, sus propósitos y quién los envió o recibió. Bajo ese punto de vista, los blogs parecen ser una herramienta apropiada que es relativamente fácil de introducir.

17 Ver Jean-Marc DINANT (invierno, 2001). "Le visiteur visité". *Lex Electronica*. Vol. 6, n.° 2.

19. Además del derecho del usuario a ser informado sobre los flujos de datos entrantes, existe la cuestión sobre si las personas tienen el derecho de requerir a terceros la obtención de autorización para penetrar en su "hogar virtual". En este punto es relevante el Convenio del Consejo de Europa sobre cibercrimen, en particular los artículos 2 (acceso ilegal)[18] y 3 (intercepción ilegal).[19] En este caso, la identificación de las personas que tienen parte activa en las comunicaciones no es una precondición para la aplicación del convenio. De forma similar, el acceso no autorizado a un sistema informático no está limitado al pirateo de grandes sistemas operados por bancos o departamentos gubernamentales, sino también a accesos no autorizados a terminales de telecomunicación, estando éstos representados en la situación tecnología actual por los ordenadores.[20]

En otras palabras, mantenemos que situar un número de identificación en un terminal de telecomunicación o acceder simplemente a este número u otro identificador de terminal, constituye un acceso no autorizado. En tal contexto legal, no puede existir duda en la evaluación de proporcionalidad de dichas acciones. La autorización es un acto positivo, bastante distintivo a cualquier aceptación que pudiera ser inferida del silencio o de no expresar objeción.

Por lo tanto no se puede dar por asumido, como hizo DoubleClick,[21] que

18 Artículo 2 - Acceso ilegal: Cada parte adoptará las medidas necesarias, bien legales o de otra naturaleza, para que bajo la ley local queden establecidas como ofensas criminales el acceso a cualquier parte o a todo el sistema informático sin tener derecho, cuan do se hubiesen cometido intencionalmente. Una Parte podría requerir que la ofensa fuese cometida mediante la infracción de medidas de seguridad, con la intención de obtener datos informáticos u otra intención deshonesta, o en relación a un sistema informático conectado a otro sistema informático.

19 Artículo 3 - Acceso ilegal: Cada parte adoptará las medidas necesarias, bien legales o de otra naturaleza, para que bajo la ley local queden establecidas como ofensas criminales, cuando habiendo sido cometidas de forma intencional, la intercepción sin derecho, realizada a través de medios técnicos, de transmisiones privadas de datos informáticos, desde un sistema informático o en él, que incluyan emisiones electromagnéticas desde un sistema informático transmisor de dichos datos informáticos. Una Parte podría requerir que la ofensa fuese cometida con intención deshonesta, o en relación a un sistema informático que estuviese conectado a otro sistema informático.

20 En este contexto véase el excelente artículo de Thierry LEONARD. "E-commerce et protection des données à caractère person-nel: Quelques considérations sur la licéité des pratiques nouvelles de marketing sur internet". Disponible en: http:// www.droit.fundp.ac.be/Textes/Leonard1.pdf

21 A consecuencia de la demanda colectiva iniciada contra ellos hace varios años en Estados Unidos, la práctica actual de Double-Click es enviar a todos los terminales no identificados una cookie inicial no residual y no identificadora llamada "aceptar cookies". Si la *cookie* es retornada, DoubleClick asume que el terminal acepta las cookies, y envía una cookie identificadora que se mantiene durante unos diez años (anteriormente treinta). Si no se retorna la cookie, DoubleClick enviará indefinidamente la cookie requiriendo autorización. Está disponible una opción de exclusión que permite a los usuarios informados almacenar una cookie que tiene el significado de que no las acepta.

por el mero hecho de no activar el supresor de cookies, los usuarios hayan otorgado su autorización plena a la instalación de este tipo de información en sus terminales.

e. El principio de que los usuarios de determinados sistemas de información deberían beneficiarse de la legislación de protección al consumidor

20. El uso rutinario de tecnologías de la información y comunicación, anteriormente confinado a actividades trascendentales, y el rápido desarrollo del comercio electrónico que ha multiplicado el número de servicios en línea han conducido a una aproximación más consumista de la privacidad. Los navegantes de Internet ven incrementadas las transgresiones hacia su privacidad –*spamming*, creación de perfiles, políticas de cargos diferenciados, rechazo de acceso a determinados servicios, etc.– desde la perspectiva de los consumidores de estos nuevos servicios.

De este modo, en Estados Unidos los primeros pasos indecisos hacia la legislación de la protección de datos en el sector privado se enfocó en la protección del consumidor en línea. Ya se ha hecho referencia a la legislación califor-niana,[22] pero también deberíamos tener en cuenta la Ley de Privacidad del Consumidor de 1995 y, más recientemente, la declaración del 2000 de la Comisión de Comercio Federal,[23] que enfatiza la necesidad de legislación de privacidad para la protección de los consumidores en línea. En Europa y en América, las medidas para combatir el *spamming* se preocupan tanto de los intereses económicos de los consumidores como de los datos de privacidad de los sujetos.

21. Esta convergencia entre los intereses económicos de los consumidores y las libertades de los ciudadanos abre perspectivas interesantes. Sugiere que el derecho a recurrir a determinadas formas de acción colectiva, que ya están reconocidas en el campo de protección al consumidor, debería extenderse a asuntos de privacidad. Dicho derecho a "demandas colectivas" es particularmente relevante en un área en la que a menudo es difícil evaluar el perjuicio

22 Ver párrafo 12.

23 Ver el informe para el Congreso "Privacidad en línea: Prácticas de Información Justas" de mayo del 2000, disponible en el sitio FTC: http://www.ftc.gov/os /2000/05/index.htm. En Estados Unidos, el FTC, que es muy activo en el campo de la protección al consumidor, ha jugado un papel clave en la protección a la privacidad de los ciudadanos.

sufrido por los interesados y en el que el bajo nivel de daños concedidos es un desánimo a las acciones individuales.

Además, existen muchos aspectos de la ley del consumidor que podrían aplicarse eficazmente a la protección de datos. Algunos ejemplos serían las obligaciones de proporcionar información y asesoramiento, que podrían imponerse a los operadores que ofrecen servicios que implican esencialmente la gestión y suministro de datos personales, tales como los proveedores de acceso a Internet y servidores de bases de datos personales (bases de datos de jurisprudencia, motores de búsqueda y similares), la ley aplicable a las condiciones generales de la contratación (aplicable a política de privacidad) y medidas para combatir prácticas comerciales y competencia desleal.

Para finalizar, proporcionar datos personales como condición de acceso a un sitio web o a un servicio en línea podría ser visto no sólo bajo la perspectiva de la legislación de protección de datos –¿el consentimiento del usuario cumple los requisitos necesarios? y ¿es suficiente para legalizar el procesamiento en cuestión?– sino también bajo la legislación sobre defensa del consumidor, aunque sólo fuese en términos de prácticas injustas en la obtención de consentimiento o de obstáculos importantes surgidos del desequilibrio entre el valor de la seguridad de datos y el de los servicios suministrados.

Otro camino que hay que explorar es si la responsabilidad del producto de terminales y software puede hacerse extensiva más allá de la causación de un daño físico o económico para poder incluir la vulneración de los requisitos de protección de datos. ¿Hasta qué punto un suministrador de un navegador cuyo uso induce a vulnerar la intimidad es responsable objetivo por la violación de la normativa sobre protección de datos causada por un tercero?

Conclusiones

22. La irrupción de Internet ha creado la necesidad de una tercera generación de regulaciones sobre protección de datos. No se trata de volver la espalda a las dos primeras generaciones, sino de proporcionar un nivel adicional de protección, manteniendo inalteradas las medidas ya introducidas. La primera

generación estaba principalmente basada en la naturaleza de los datos, en esencia, en si eran sensibles y si afectaban al dominio privado de los individuos. La autodeterminación informativa fue entonces equiparada con la prohibición de procesamiento de dichos datos, y se englobó en el artículo 8 de la Convención Europea de Derechos Humanos. La segunda generación se ocupaba no sólo de la protección de datos personales, sino también del modo en la que su procesamiento podría modificar el equilibrio de poder entre los procesadores de información y los sujetos de ese procesamiento. La autodeterminación informativa fue así extendida para ajustar este equilibrio mediante la garantía de que dicho procesamiento permanecería transparente y se restringiría el derecho a procesar datos sobre terceros. Éste fue el origen de la Convención N.º 108. Tiene muchos emuladores y ha justificado su existencia ampliamente.

23. La tercera generación emergente, que esperamos se adopte con rapidez, se caracteriza por su reconocimiento de la tecnología en sí misma. El uso de las nuevas tecnologías multiplica la cantidad de datos y de los individuos capaces de acceder a ellos, incrementa el poder de aquellos que las recopilan y procesan, y rompe fronteras. Otro factor a tener en consideración es la complejidad y opacidad de esta tecnología. Un tercer implicado –sea el terminal o la red– interviene ahora entre el individuo y el controlador de datos. La autodeterminación informativa reclama una medida de control sobre este tercer implicado.

¿Cómo debería ejercitarse este control? Las sugerencias siguientes no son exhaustivas en el tema:

- "La respuesta a la máquina reside en la máquina" según Clarke,[24] en relación con los problemas que la sociedad de la información plantea a la propiedad intelectual. También podría sugerir vías de afrontar las amenazas que la misma sociedad presenta a la privacidad. Como ya se ha visto, el principio de beneficios recíprocos y la promoción de aproximaciones tecnológicas con "mentalidad privada" pueden ayudar a aquellos interesados en ejercitar un mayor control sobre la circulación y uso de su información personal.
- Este optimismo tiene sus límites. Aunque estas tecnologías podrían contribuir a lo que algunos llaman "empoderamiento" o "dar poder" al usuario,

24 C. CLARKE (1996). "The answer to the machine is in the machine". En: B. HUGENHOLTZ (ed.). *The Future of Copyright in a Digital Environment.* Kluwer. Pág. 139 f.

existe el riesgo de que a los individuos afectados se les deje hacer frente sin apoyo a los controladores de datos. En realidad, la tecnología no es neutral: aunque es ampliamente ofertada a los ciudadanos, continúa estando indirectamente financiada por las empresas y las agencias y departamentos oficiales que pagan los servidores. Inevitablemente, estos últimos están probablemente más atentos a los intereses de los controladores de datos que a los de los interesados. La llamada tecnología de protección de la privacidad transforma o podría transformar la relación entre los individuos y sus propios datos personales convirtiéndola en una relación de propiedad que, gracias a las nuevas tecnologías, se convierte en negociable. Por lo tanto es necesario destacar que la autodeterminación informativa es una libertad personal que en absoluto es susceptible de negociación y que la sociedad tiene la obligación de fijar ciertos límites al derecho de usar esos datos.

- Este enfoque sobre las herramientas tecnológicas debe también extenderse a nuevos jugadores ajenos al ámbito de la legislación de la segunda generación, principalmente a los servicios de comunicación y suministradores de equipos terminales. Su papel es crítico en cualquier intento de permitir que los usuarios de los nuevos servicios de la sociedad de la información monitoricen los datos entrantes y salientes del sistema, además de las huellas de datos que ofrecen a las redes y sus posibles usos. Se deben establecer responsabilidades estrictas en el suministro de equipamiento y servicios que cumplan con la privacidad.

24. ¿Qué quiere decir exactamente esta responsabilidad de los productores de equipos terminales y de suministros de servicios de comunicación? En nuestra opinión, los proveedores de acceso a Internet, móviles y otros operadores telefónicos son los responsables de informar al público sobre los riegos asociados al uso de sus redes, informando sobre tecnologías amenazadoras de la privacidad y de ofrecer acceso a aplicaciones apropiadas para favorecer la privacidad. Estos proveedores de acceso tienen un papel central, ya que actúan de guardabarreras entre los usuarios y la red. Por lo tanto se les pide[25] "informar a los usuarios sobre medios técnicos que puedan usar legítimamente para redu-

25 Recomendación del Consejo de Europa R (99) 5, III, 1, 2 y 4.

cir el riesgo para la seguridad de datos y comunicaciones", "emplear procedimientos apropiados y tecnologías disponibles, con preferencia a aquellos que han sido certificados, para proteger la privacidad de las personas afectadas (...), especialmente mediante la garantía de la integridad y confidencialidad de los datos, además de la seguridad física y lógica de la red" e informar a los usuarios de Internet sobre los modos de "usar sus servicios y pagar por ellos de forma anónima". Los suscriptores deberían tener acceso a una línea directa que les permitiese informar sobre violaciones a la privacidad, y los proveedores deberían suscribirse a un código de conducta que les obligase a bloquear el acceso a sitios web que no alcanzasen a cumplir con los requisitos de protección de datos, sin importar dónde esté localizada la página web.

El segundo objetivo está conformado por los fabricantes y desarrolladores de equipamiento y programas, y aquellos responsables del trazado de estándares técnicos y protocolos usados en la transmisión de información de la red. Deberían garantizar que sus productos o estándares:[26]

- cumplen la ley, por ejemplo garantizando que los navegadores de Internet transmiten la información mínima necesaria para conectar y adoptar medidas de seguridad apropiadas;
- facilitan la aplicación de los principios subrayados en la parte II, por ejemplo, permitiendo a los usuarios el acceso directo a sus datos personales y al ejercicio del derecho de objeción automático, en particular mediante el uso de blogs;
- elevan el nivel de protección de datos personales.

25. Quizás, en la misma línea, debemos ampliar el alcance de la protección con respecto a los datos cubiertos por las legislaciones de privacidad. Las nuevas tecnologías hacen progresivamente posible el procesamiento de datos en relación con individuos, no, como en el caso tradicional, mediante datos relacionados a su identidad legal como el nombre o dirección, sino mediante un punto de anclaje o incluso un objeto (llamado inteligencia ambiente) asociado. Los datos generados por cookies, al igual que los generados por las etiquetas RFID incrustadas en la ropa o en productos, no hacen necesariamente refe-

26 Ver la opinión de la Comisión Belga n.º 34/2000 sobre comercio electrónico y protección de datos.

rencia a un individuo, sino que, como permiten contactar e incluso tomar decisiones respecto de una persona, la persona tras el terminal en el caso de los cookies o la persona poseedora de la ropa o los productos en el caso de RFID, debe estar sujeta a determinada protección.

26. Los terminales, en el amplio sentido, deben convertirse en herramientas tecnológicas totalmente transparentes para aquellos que las tienen y las usen. Es más, en muchos casos en realidad pertenecen a los individuos interesados y podrían verse como parte de su hogar. Cualquier intrusión en su privacidad debe ser tratada como cualquier otra intrusión.

La opacidad y complejidad de los sofisticados sistemas de información a los que las personas someten datos requieren información adicional que ya no se centra estrictamente en el procesamiento en sí o en características individuales, sino en el funcionamiento general del sistema de información y su habilidad para generar una vasta cantidad de información, presente y futura. De ahí la necesidad de documentar los datos (origen, usuarios, justificación lógica), describir los diversos flujos de información y sentar normas que controlen cómo se toman las decisiones, quién tiene acceso y cómo se controla.

Hasta ahora, las autoridades de protección de datos tradicionalmente no han prestado atención a las herramientas tecnológicas. Raramente emplean especialistas informáticos o penetran en el sancta sanctorum de aquellos que deciden qué desarrollos tecnológicos se realizarán y cómo se configurarán los productos. Tal y como los Estados europeos han demandado el establecimiento de un Comité Asesor Gubernamental (GCA) al ICANN, un organismo privado responsable de la gestión de nombres y direcciones de dominios de Internet, podría ser igualmente necesario proponer o incluso insistir sobre un Comité Asesor de Protección de Datos al ICANN, W3C (Consorcio World Wide Web) y el IETF (Grupo de Trabajo en Ingeniería de Internet). Es necesario hacer que el sector de comunicaciones electrónicas sea plenamente consciente de la importancia de la protección de datos.

27. Para resumir, me gustaría destacar las dos necesidades principales siguientes:

- la necesidad de suministrar a los individuos todo lo que precisen para comprender y controlar su entorno informático; en particular, el medio de penetrar en sus hogares. Se les debe otorgar control sobre cualquier herramienta cuyo uso haga que se muestren a otros.

- la necesidad de dotar a la sociedad de herramientas para controlar los desarrollos tecnológicos, que de otro modo podrían amenazar la supervivencia de nuestras libertades colectivas e individuales.

La legislación vial impone a los usuarios determinadas normas no sólo para reducir los accidentes, sino también para alcanzar un equilibrio satisfactorio entre derechos y obligaciones de los diferentes usuarios de la carretera, estando las leyes inclinadas a ofrecer protección específica a los más vulnerables. Esto requiere no sólo un código vial sino legislación específica sobre la red de carreteras en sí y los vehículos que pueden usarlas, que están sujetos a determinados estándares obligatorios.

En la autopista de la información no existe una legislación que rija las normas de funcionamiento de las telecomunicaciones para la protección de la privacidad de los usuarios o requisitos para garantizar que los terminales de telecomunicación que facilitan a los usuarios navegar en esas autopistas funcionan con justicia y transparencia.

Tan sólo aplicando los principios de protección de datos tradicionales a estas nuevas tecnologías, que son implícitos pero componentes inevitables de toda telecomunicación, puede la computación dirigirnos a una sociedad de la información democrática, proporcionando progreso general para todos.

Ocho dudas razonables sobre la necesidad del voto electrónico

*Josep M.ª Reniu Vilamala**

> «La actividad política tiene en estos momentos déficits importantes de seducción de sectores importantes de la población [...]. Entiendo que no tiene sentido y que sería contrario para la política el hecho de mantenerse fuerte en unas tradiciones, por más ritualizadas que sean, como es ir al colegio electoral y votar –que estoy de acuerdo que tiene un valor ritual importante–, y no adoptar mecanismos que la sociedad está adoptando de manera creciente en multitud de otras actividades –comerciales, culturales, lúdicas, informativas, educativas...–. La política, los comportamientos y las formas de participación política deben evolucionar igual que evolucionan otros tipos de comportamientos de la sociedad.»
>
> Jordi Sánchez (2000). En: AA.VV. *La votació electrònica: un debat necessari.* Barcelona: Fundació Jaume Bofill. Pág. 27.

Una de las principales constataciones, desde una óptica sociopolítica, respecto a la creciente implementación actual de sistemas de voto electrónico es un cierto carácter de inevitabilidad. Ciertamente, la expansión de las nuevas tecnologías de la información y las comunicaciones (NTIC) a todos los ámbitos de la actividad social parecería justificar la imperiosa necesidad de abarcar también el campo de la política y, más concretamente, de los procesos electorales.

Bajo esta premisa, unida a la constatación de la existencia de crecientes procesos de desafección y desencanto democráticos (tal y como señala la cita introductoria de Jordi Sánchez), se han venido desarrollando un sinfín de iniciativas privadas, públicas y mixtas alrededor de los procesos de informatización del voto. No obstante, persisten algunos malentendidos sobre qué es o qué supone la adopción del voto electrónico.

* Reproducción del artículo publicado en *IDP. Revista de Internet, Derecho y Política,* núm. 6 (2008) <http://www.uoc.edu/idp/6/dt/esp/reniu.pdf>

Algunos malentendidos (I): el voto electrónico es sólo por Internet

El primer malentendido hace referencia a la vinculación automática que se establece entre el voto electrónico y la utilización de Internet como único canal para la emisión del voto. Desde esta concepción, exclusivamente centrada en el voto electrónico remoto, se critican sus efectos negativos en cuanto a la profundización de la brecha digital, como mínimo en el corto plazo. Se dirá que el voto electrónico remoto sólo podrá ser empleado por aquellos ciudadanos con acceso a la Red y, por lo tanto, con unos niveles socioeconómicos y culturales por encima de la media del conjunto de la población.[1] Dicha afirmación, válida en gran medida para este tipo de voto electrónico, parte de un error. El voto electrónico no sólo se ha desarrollado como una solución remota, sino que también puede tener una configuración local mediante el desarrollo de urnas electrónicas (o DRE,[2] en terminología anglosajona) así como también pueden considerarse dentro de este tipo de voto las tecnologías de reconocimiento óptico de caracteres (OCR).[3]

---

1 Las diferentes soluciones vinculadas al voto electrónico remoto se caracterizan por la emisión del voto por Internet, independientemente de la plataforma tecnológica que se utilice. Si bien el principal mecanismo es el uso de un ordenador conectado a la Red, lo cierto es que el voto remoto también puede ser emitido mediante el uso de telefonía móvil o PDA.

2 Direct Recording Electronic.

3 Somos de la opinión de que los sistemas basados en reconocimiento óptico de caracteres (OCR) tales como lectores ópticos de papeletas de votación o algunas versiones específicas de urnas como la desarrollada por DEMOTEK (Euskadi, España) presentan algunos problemas conceptuales de encaje en el concepto de voto electrónico. Si bien suponen una mejora tecnológica en el escrutinio y recuento de los votos, lo cierto es que la expresión del voto sigue desarrollándose de forma tradicional mediante el marcado o la selección de una determinada papeleta. Ello supone, cuando menos, la ausencia de intermediación tecnológica alguna, por lo que conceptualmente resulta difícil aplicar los mismos criterios de análisis empleados en el estudio de las urnas electrónicas (DRE) o del voto electrónico remoto.

Fig. 1. Esquema de los diferentes modelos tecnológicos de votación

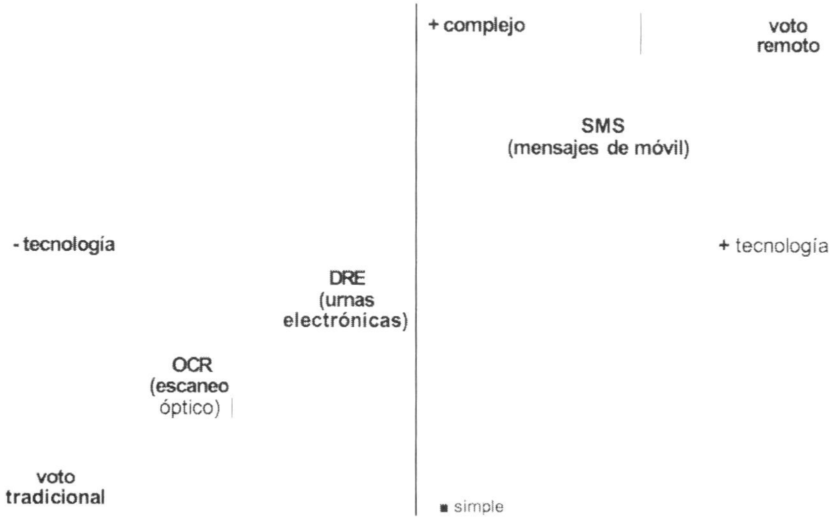

Algunos malentendidos (II): el voto electrónico es sólo para entornos no controlados

El segundo de los malentendidos, íntimamente vinculado con el anterior, es el que pone el acento en la ausencia de controles y de garantías jurídicas en el momento de la emisión del voto. A partir de la premisa del voto electrónico remoto, se critican las altas posibilidades de coacción que puede sufrir el votante al tener que ejercer su derecho de sufragio en un entorno en el que ninguna autoridad electoral vela por sus derechos.

Si bien es cierto que la posible coacción es uno de los principales peligros de la votación electrónica remota,[4] este tipo de voto no es el único escenario posi-

4 La relevancia de una posible coacción en el ejercicio del voto electrónico remoto (o «voto en pijama», como nos gusta denominarlo) puede ser reducida con la habilitación de un sistema que permita la emisión de múltiples votos por parte del mismo ciudadano, siendo así que únicamente el último de estos será el que efectivamente se computará. Como medida adicional, también puede permitirse la anulación del voto remoto mediante el voto en persona durante la jornada de votación, mecanismos ambos utilizados con éxito en Estonia. [Cf. Ülle MADISE; Tarvi MARTENS (2006). «E-voting in Estonia 2005. The first practice of country-wide binding Internet voting in the world». En: Robert KRIMMER (ed.). «Electronic voting 2006». *GI Lecture Notes on Informatics*. Vol. P-86, pág. 15-26. Bonn: Bonner Köllen Verlag.]

ble y/o deseable. Así, la práctica más habitual en estos momentos de implantación del voto electrónico es la que aprovecha los entornos controlados vinculados a los colegios electorales para la ubicación de urnas electrónicas o máquinas de votación. Más allá de la estrategia global adoptada (sustitución total del voto tradicional o bien coexistencia de las urnas electrónicas con las urnas tradicionales), lo interesante de la utilización de entornos controlados radica precisamente en el mantenimiento de idénticos o similares procedimientos de identificación y registro del votante.

Algunos malentendidos (III): el voto electrónico es sólo para elecciones políticas

Si anteriormente considerábamos los equívocos en la definición «teórica» del voto electrónico, en esta ocasión nos hallamos frente a equívocos en su concreción práctica. Probablemente fruto de concepciones democráticas reduccionistas, se ha venido vinculando el voto electrónico única y exclusivamente a los procesos electorales públicos, limitando por tanto el alcance de su desarrollo.

Así, las consideraciones sobre la generalización de las NTIC en el ámbito político-electoral no pueden limitarse únicamente a procesos públicos vinculantes. Es más, la gran mayoría de los ejercicios mundiales de voto electrónico corresponden no sólo a procesos diferentes, sino que además no revisten carácter vinculante. Nos encontramos así con que las pruebas piloto o los experimentos no vinculantes son el principal activo en el total de votaciones electrónicas y, para el caso latinoamericano en general y mexicano en particular, puede afirmarse que los procesos de votación electrónica desarrollados hasta la fecha han destacado por ser privados y vinculantes.

Efectivamente, el voto electrónico, en cualquiera de sus modalidades, debe entenderse como un mecanismo para la extensión de la cultura democrática en todo el entramado social. Procesos electorales en el seno de instituciones universitarias, asociaciones de estudiantes, asociaciones profesionales, partidos políticos, etc. constituyen espacios especialmente indicados en los que mejorar y facilitar la participación electoral. Si a ello unimos la utilización de dichas soluciones tecnológicas para la realización de consultas ciudadanas, vinculantes o no, conseguiremos avanzar en la profundización de las prácticas democráticas más allá de los procesos electorales institucionales.

Algunos malentendidos (y IV): el voto electrónico es sólo para países ricos

El corolario del conjunto de malentendidos hace referencia a la capacidad económica de las sociedades que desarrollan y/o aplican procesos de voto electrónico. Si bien intuitivamente dicha afirmación pudiera parecer cierta a tenor de los costes económicos vinculados al desarrollo o adquisición de equipos de votación electrónica, lo cierto es que un simple repaso a la distribución geográfica nos muestra lo erróneo de esta consideración. Además de buena parte de los condados de EE.UU. o de diferentes aplicaciones en la Unión Europea (Francia, Bélgica, Holanda, Suiza...), lo cierto es que encontramos procesos de votación electrónica en países tan distintos como Argentina, México, Brasil, Nueva Zelanda, Australia, Sin-gapur, España, Estonia o Kazajstán, por citar algunos. En cualquier caso, esta variedad geográfica contradice en buena medida el determinismo económico del voto electrónico, siendo posible su implementación más allá del potencial socioeconómico del país en cuestión.

¿Qué motivos justifican la introducción del voto electrónico?

Tras haber intentando deshacer los malentendidos existentes sobre la definición y características del voto electrónico, es preciso abordar cuáles son las razones que están detrás de la adopción de dichos sistemas. En este sentido, consideramos que el conjunto de experiencias hasta la fecha pueden agruparse bajo cuatro grandes motivaciones vinculadas con el desarrollo tecnológico, la profundización en los mecanismos de democracia partici-pativa, la búsqueda de mayor legitimación democrática y, finalmente, la complejidad del proceso electoral.

En el primer caso hacemos referencia a aquellas sociedades en las que se ha producido un elevado desarrollo tecnológico y que, por lo tanto, observan el ámbito electoral como una etapa más en ese crecimiento. Caracterizados por su elevada producción tecnológica, países como Japón o Suecia han iniciado procesos de desarrollo de aplicaciones tecnológicas vinculadas al voto electrónico, si bien aún no han incorporado dichas soluciones a sus respectivos sistemas electorales.

En segundo lugar, se encuentran aquellos países cuya cultura política democrática está plenamente consolidada y, además, utilizan de manera habitual mecanismos de participación ciudadana para el diseño de políticas públicas. El caso paradigmático en este sentido es Suiza, con elevados índices de voto postal para multitud de consultas y referendos sobre las más variadas cuestiones sociopolíticas. No es raro, entonces, que algunos cantones suizos sean líderes en la adopción de soluciones de voto electrónico remoto para facilitar la participación ciudadana en dichos procesos, así como para seguir profundizando en el ejercicio de estos mecanismos de democracia participativa.

Otra de las razones, no aducidas en este sentido de forma directa pero sí claramente perceptible en su desarrollo, es la que vincula la adopción de las NTIC con los procesos de legitimación democrática del sistema político. Si bien ésta es una cuestión problemática y que no podríamos abordar aquí, lo cierto es que el análisis de algunos de los países que han adoptado -migrado completamente, para ser más exactos- a el voto electrónico no destacan precisamente por sus altos niveles de consolidación democrática. Seguramente, los dos ejemplos paradigmáticos en este sentido son Venezuela y la India, aunque por motivos diferentes. En el caso del subcontinente asiático, la estratificación social imperante basada en el sistema de castas hace realmente difícil su clasificación dentro de los estándares democráticos habituales. Es por ello por lo que, junto con los motivos que a continuación se mencionan respecto a la complejidad del proceso electoral, todo parece indicar que la adopción de un sistema de voto electrónico esté operando también como mecanismo legitimador de las diferentes correlaciones de fuerzas existentes en el país. Claramente más visible dicha orientación es identificable en el caso venezolano, en el que la «revolución bolivariana» (sic) de Hugo Chávez ha optado no sólo por la migración total al voto electrónico sino que además ha incorporado elementos tecnológicos adicionales para –supuestamente– reforzar la integridad y calidad democrática del proceso y de sus resultados.[5]

Finalmente, con toda probabilidad la razón más poderosa para justificar los procesos de introducción o migración al voto electrónico es la primera de las citadas. Así, aquellos países cuyos sistemas electorales presentan diferentes grados de complejidad procedimental arguyen la necesidad de simplificar el proceso de emisión del voto por parte de los ciudadanos. ¿Y qué tipo de complejidad puede aducirse? Básicamente, podríamos establecer dos grandes tipos de dificultades en el proceso electoral: por un lado las problemáticas derivadas de la forma de expresión del voto y, por otro lado, aquellas vinculadas con el «tamaño» del proceso electoral.

Uno de los principales obstáculos potenciales a la participación electoral y, por ende, a la mejora de los procesos democráticos estriba en la opción por una determinada forma de expresión del voto. Así en España, por ejemplo, el acto de la votación es sumamente sencillo: el votante selecciona una papeleta de la candidatura del partido de su elección, con la inclusión del listado de los candidatos propuestos por dicho partido, de entre tantas papeletas como listas presentadas. Introduce la misma en un sobre opaco y, posteriormente, en la urna transparente. Como puede apreciarse en este ejemplo, el votante no precisa de la realización de ningún procedimiento adicional a la selección de la papeleta: no tiene que realizar ninguna marca o anotación en la papeleta, con lo que únicamente debe ser capaz de identificar al partido o coalición de partidos de su elección.

5. Nos estamos refiriendo a los terminales de identificación y validación previa del votante (popularmente conocidos como *cazahuellas*) en el mismo colegio electoral, basados en la captación de la huella dactilar y su validación contra la base de datos de la autoridad electoral (¿?). Los detalles relativos a su adopción y su funcionamiento han sido ampliamente criticados, así como la –cuando menos– dudosa gestión partidista de la vinculación entre los datos personales del votante y su participación o en los procesos electorales venezolanos.

Fig. 2. Tipos de formas de emisión del voto en Estados Unidos, 2004

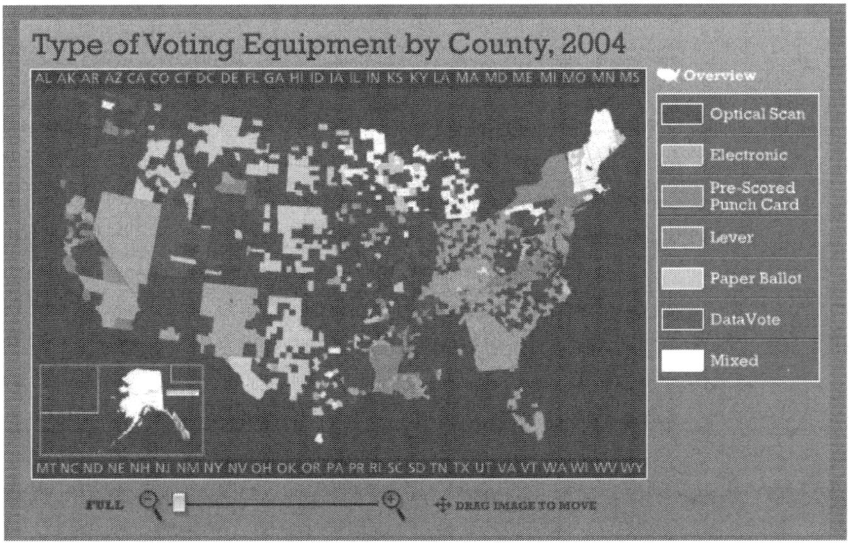

Fuente: http://americanhistory.si.edu/vote/home.html [11/10/2007]

En el otro extremo, encontramos aquellos sistemas en los que el votante debe operar sobre la papeleta electoral, sea marcando su elección con una cruz (como en el caso de México y los sistemas electorales mayoritarios), sea emitiendo un voto de partido y uno de candidato (Alemania) o estableciendo un orden de prelación de todos los candidatos según su preferencia (Irlanda).

Aun asumiendo que los grados de dificultad varían entre las diferentes formas de expresión del voto mencionadas, lo cierto es que la realización de cualquier tipo de operación sobre la boleta puede provocar en el votante –especialmente en aquellos casos de deficiente capacitación por motivo de la edad o de la condición socioeconómica del individuo– la comisión de errores que invaliden el voto. Si ello puede ya ser motivo suficiente para la incorporación de soluciones de voto electrónico que permiten la desaparición de dichos errores físicos, lo cierto es que aún encuentran mayor justificación en aquellos sistemas electorales en los que el elector puede expresar preferencias entre los candidatos. Así, no sólo la reducción de la complejidad en la emisión del voto aparece como elemento justificativo, sino que además la gestión del proceso de recuento y escrutinio de los votos emitidos es asimismo un condicionante de primera magnitud.

Por otro lado hacíamos mención, en segundo lugar, que la complejidad del proceso electoral puede venir condicionada también por el «tamaño» del mismo. Hacemos referencia a aquellos países con un elevado número de consultas electorales coincidentes en el tiempo, un alto número de población o una gran extensión territorial. Quizás uno de los ejemplos más evidentes en lo que se refiere al número de consultas concurrentes es el norteamericano, donde la capacidad de los condados y los estados de elegir diferentes sistemas de votación así como de someter al elector a cuestiones a consulta puede dar lugar a la emisión de más de cincuenta votos en un único proceso electoral, tal y como sucedió en California durante la última elección presidencial (figura 2). Otro ejemplo bien puede ser la concurrencia electoral en algunas entidades federativas mexicanas, en las que junto con el proceso electoral federal para la elección del Presidente de la República, diputados y senadores, puede coincidir también la elección de Gobernador, así como de diputados locales y presidentes municipales.[6]

Pero, además de este factor, debe considerarse la complejidad de la gestión del proceso electoral en aquellos países con elevada población, en los que además la extensión territorial y las infraestructuras de comunicación son elementos clave para el normal desempeño de los procesos electorales. Los ejemplos en este sentido son contundentes: Brasil y la India sustentan sus procesos de adopción del voto electrónico -entre otros argumentos- en la imperiosa necesidad de simplificar logísticamente sus procesos electorales debido al elevado número de votantes y a la dificultad para gestionar dichos procesos en un territorio enorme y deficientemente comunicado. Así, por ejemplo, dos de los principales activos en este sentido son la capacidad de gestionar mayores flujos de votación, como también la drástica reducción del tiempo para el traslado de las actas de escrutinio de cada casilla para la totalización y emisión de los resultados electorales.

6 Ello sucedió en el proceso electoral federal mexicano del 2 de julio del 2006, eligiéndose Gobernador y diputados locales en Jalisco, Guanajuato, Morelos y el Distrito Federal, así como diputados locales y presidentes municipales en Campeche, Nuevo León, Querétaro, San Luis Potosí y Sonora [Cesáreo R. AGUILERA DE PRAT; Josep M.ª RENIU (2007). «El proceso electoral federal mexicano de 2 de julio de 2006. Antecedentes, estrategias políticas y resultados electorales». Barcelona: Fundació CIDOB. *Documentos América Latina* n.º 17].

TABLA 1. Dudas y certezas sobre la implementación de sistemas de voto electrónico

Dudas	Certezas
• Conveniencia político-electoral + Optimismo tecnológico • Reducción de los costes generales • Capacidad de general más y mejor participación • Eliminación de los votos nulos • Brecha democrática • Seguridad y garantía del sufragio (libre, igual, universal y secreto) • Verificabilidad individual y colectiva • Aceptación ciudadana	• Modernización de los procesos político-electorales • Reducción de gastos puntuales • Incremento de la participación de determinados sectores sociales • Múltiples aplicaciones participativas • Necesidad de autoridades electorales específicas • Coexistencia con el voto tradicional • Implementación gradual (y real)

Una vez abordados los principales malentendidos así como las razones aducidas para la implementación del voto electrónico, nuestro objetivo es el de realizar una breve panorámica de las principales dudas que rodean la necesidad e idoneidad de estas soluciones tecnológicas (tabla 1).

Duda 1: conveniencia político-electoral y los efectos del optimismo tecnológico

Tal y como ya hemos comentado anteriormente al respecto de los motivos que justifican la migración a sistemas de voto electrónico, uno de los elementos que para el caso español muestra su escasa conveniencia –pero también en sistemas electorales como el mexicano o una gran mayoría de los sistemas mayoritarios– es el relativo a la simplicidad del proceso. Estaremos de acuerdo en que seleccionar una papeleta (de lista o de candidato, es indiferente) o bien marcar únicamente una opción con una cruz no supone un grado de complejidad que justifique todo lo que conlleva la introducción del voto electrónico. A ello debe unirse que, por lo general, los responsables de los procesos decisionales suelen albergar una cierta percepción ingenua: su optimismo tecnológico les lleva a afirmar que estas soluciones –en términos generales– son fiables en un 100%, por lo que la simple llamada a la utilización de las NTIC debería generar satisfacción y confianza a partes iguales. Obviamente, la realidad no siempre se corresponde con estos postulados optimistas, siendo así que no sólo los problemas tecnológicos son múltiples y variados sino que además esta ingenuidad lleva a dificultar –cuando no impedir– cualquier tipo de auditoría técnica por parte de los actores sociales y políticos.

Duda 2: reducción de los costes económicos generales

En contra de lo que habitualmente se mantiene respecto al ahorro económico que supone la implementación del voto electrónico, los datos muestran una difícil aceptación de este postulado. Cualquiera que sea el tipo de voto electrónico seleccionado –DRE o voto remoto–, lo cierto es que en su fase inicial el dispendio económico puede llegar a superar con creces el monto destinado a la gestión de los procesos de votación tradicionales. Si bien la opción por el voto remoto aparece como la más económica de las soluciones, no debe olvidarse que son precisas acciones de mantenimiento, actualización y mejora del software de votación, máxime cuando las exigencias de seguridad se incrementan exponencialmente en relación con las urnas electrónicas. Si la opción es dotarse de terminales de votación, no sólo deben considerarse los gastos mencionados sino que, además, deberemos contemplar la adquisición de dichas máquinas.[7]

Por otro lado, y en relación a los DRE, debe tenerse presente un factor adicional que encarece más si cabe todo el proceso. En aras a generar suficiente confianza entre el electorado, se recomienda de forma generalizada la adopción de un sistema de recibos de votación verificados por el votante (VVPB).[8] Si bien esta medida es altamente deseable y recomendable, no es menos cierto que contraviene los argumentos de los promotores del voto electrónico como ejercicio de responsabilidad medioambiental: aunque la reducción en el uso ingente de papel seria una realidad, la necesidad de dotar a los DRE de generadores

7 Un interesante e ilustrativo ejercicio para tomar conciencia sobre de qué estamos hablando es el de comparar el coste económico de la organización logística de unas elecciones en España o México, por poner dos ejemplos, con sólo el coste de adquisición de urnas electrónicas de diferentes proveedores para todas y cada uno de los colegios electorales. Al resultado final de dicho cóm¬puto añádansele los costes derivados de la capacitación de los interventores, sus dietas durante la jornada electoral, los gastos de desplazamiento de las urnas electrónicas y, finalmente, la infraestructura de comunicaciones para permitir igualmente la lle¬gada de los datos a los centros de cómputo.

8 Al hablar de recibos de votación verificados por el votante es obligada la referencia a su principal defensora: Rebecca Mercuri. Sus alegatos a favor de los VVPB (Voter Verified Paper Ballots) son ya un elemento indisociable al debate sobre la implementación del voto electrónico en general y de los DRE en particular. [Rebecca MERCURI (2004). Facts About Voter Verified Paper Ballots. http://www.notablesoftware.com/Papers/VVPBFacts.pdf - 11/10/2007].

de VVPB supone también un incremento considerable en ese capítulo, además del incremento en los costes generales de cada una de las urnas electrónicas. Finalmente, y común a todos los mecanismos de voto electrónico, el debate sobre la propiedad intelectual del software abre un campo de batalla sin cuartel entre los defensores del código abierto y del código propietario que obstaculiza económicamente la correcta valoración del proceso de adquisición y amortización de dichos productos tecnológicos.[9]

Duda 3: generación de más y mejor participación electoral

No tendríamos demasiados problemas para identificar uno de los principales argumentos repetidos hasta la saciedad por los ciberoptimistas defensores a ultranza del voto electrónico: NTIC = más y mejor participación. No sólo no es cierta dicha afirmación en ninguna de sus dos vertientes –mejora cuantitativa y cualitativa de la participación–, sino que además su reiteración provoca un efecto negativo tras la constatación empírica de que la introducción del voto electrónico no afecta a la participación en mayor medida que lo que suponen inclemencias meteorológicas durante la jornada de votación.

Afirmar (de forma gratuita) que la participación experimentará dichas mejoras es, simple y llanamente, desconocer los mecanismos que condicionan la acción humana. Esto es, la participación política y electoral está condicionada por múltiples factores (p. ej. el desarrollo socioeconómico o la modernización; la estructura institucional o el contexto político; los recursos grupales y la movilización; las características socioeconómicas individuales; las actitudes políticas; la percepción de la importancia del proceso electoral, etc.) entre los que la forma –tradicional o electrónica– de expresión del voto apenas tiene relevancia.[10] Así, no cabe esperar que la incorporación de un aditamento tecnológico modifique radicalmente las pautas de comportamiento político de los

9 Quizás una de las soluciones más interesantes es la empleada, entre otros, por el Instituto Electoral y de Participación Ciudadana de Coahuila o el Instituto Electoral del Distrito Federal (México): urnas electrónicas cuyo diseño, programación y fabricación competen al organismo público electoral, de manera que la propiedad del conjunto es de titularidad pública.

10 La literatura sobre el comportamiento político y electoral es abrumadora, por lo que únicamente haremos referencia a una obra académica de divulgación que consideramos altamente recomendable, la firmada por Eva ANDUIZA y Agustí BOSCH (2004). *Comportamiento político y electoral.* Barcelona: Ariel.

ciudadanos, ni en el sentido de adquirir mayor información sobre el proceso ni, por supuesto, participar más. Pero es que los datos, por otro lado, nos permiten argumentar en dirección contraria: en aquellos casos –como el español– donde la implantación del voto electrónico en el ámbito público se ha visto casi en exclusiva limitada a innumerables pruebas piloto, el resultado en términos participativos es simple y llanamente pobre. No sólo no se ha conseguido motivar a los ciudadanos para que tomaran parte en dichas iniciativas sino que, además, la ausencia de efectos vinculantes ha ido generando un poso de cansancio, frustración y desinterés que llegó a sus cotas máximas en la prueba piloto previa al referéndum sobre el tratado de la Unión Europea.[11]

Duda 4: eliminación de los votos nulos

Otra de las grandes virtudes presentadas por todos los sistemas de voto electrónico es la eliminación total y absoluta de los votos nulos. Tomando como premisa la definición del voto nulo como aquel voto causado por un error del votante al seleccionar su opción política, una de las potencialidades de los sistemas de voto electrónico es el hecho de que se diseñan para alertar y guiar al votante durante el proceso de votación. Se evita así la realización de marcas incorrectas que invaliden la selección del recuadro correspondiente o, en otros casos, la selección de un número superior o inferior de candidatos según lo establecido en la norma electoral correspondiente.

Estas actuaciones, aceptables y deseables por cuanto eliminan aquellos votos nulos inconscientes e inciden en la reducción de las controversias y la manipulación electoral resultan contraproducentes para otro tipo de votos nulos: el voto nulo consciente.[12] Efectivamente existe una variante en el comportamiento electoral que se fundamenta en el rechazo fehaciente de cualquier

---

11 La citada prueba piloto de voto remoto organizada por el Ministerio del Interior con el concurso de Indra Sistemas, S. A., se desarrolló en un municipio de cada provincia española (52 provincias), con un total de 1.974.992 potenciales votantes. Tras dos semanas de votación, la participación arrojó la cifra de 10.543 votos, esto es, el 0.54% del total.

12 No se nos escapa que uno de los mecanismos más habituales para la disputa electoral es la interpretación de los supuestos votos nulos y/o válidos en determinados sistemas electorales basados en la realización de algún tipo de marca en la papeleta o papeletas electorales. Tal y como hemos señalado, en este sentido los efectos benéficos del voto electrónico son evidentes, pero ello no invalida en absoluto la necesidad de contemplar el voto nulo como forma igual y democráticamente aceptable de expresar la voluntad política.

candidatura y, es más, en la crítica contra el proceso mismo de la elección. Si bien pudiera pensarse en el voto en blanco como vehículo de transmisión de dicho descontento, lo cierto es que la interpretación que pueda darse al voto en blanco difiere en función de los diferentes sistemas electorales.[13]

No obstante lo señalado, el voto nulo consciente implica dos grandes elementos que no pueden obviarse al considerar un proceso de introducción del voto electrónico. Por un lado, este tipo de voto supone la voluntad del elector de tomar parte en el proceso participativo, más allá de la calificación personal que cada uno pueda otorgar al hecho de anular su voto. En segundo lugar, el voto nulo consciente es además la expresión de un descontento, de una crítica política meditada y asumida por el elector, que decide mostrar su rechazo a las candidaturas, al funcionamiento del sistema político o a los actores protagonistas del mismo.[14] Los ejemplos de votos nulos masivos en las elecciones autonómicas en Euskadi como crítica a la ilegalización de Batasuna o en las elecciones argentinas en las que se criticó duramente la gestión del ex presidente Menem son ejemplos contundentes de la importancia de esta variante en la expresión del voto. En resumidas cuentas, lo anterior pone de relieve que con la desaparición del voto nulo estamos cercenando uno de los elementos que constituyen el libre ejercicio democrático del derecho de sufragio, sin mayor argumentación que la dificultad técnica de diseñar un mecanismo que permita ejercerlo con plena normalidad.

Duda 5: brecha democrática

Probablemente, la temática vinculada al voto electrónico que mayor atención ha suscitado entre sociólogos y politólo-gos sea la relativa a la accesibilidad del conjunto de ciudadanos a las NTIC. Los trabajos de Pippa Norris son el principal referente, aunque la generalización de dicha temática de análisis es ya muy

---

13 En algunos sistemas electorales, el voto en blanco se computa para el establecimiento de la barrera electoral que habrán de superar las diferentes candidaturas para el acceso al reparto de los escaños –como en el caso español, situado en el 3% de los votos válidos en cada circunscripción–, mientras que en otros el voto en blanco no afecta en forma alguna al reparto de los escaños.

14 Establecer las posibles motivaciones que hay detrás de la emisión de un voto nulo consciente es tarea quizás tan complicada como intentar hallar las razones que llevan a un ciudadano a emitir un voto válido. Como se ha señalado anteriormente, las razones de la participación política son poliédricas, incluyendo factores personales, de contexto, culturales, etc.

fecunda, por lo que aquí no nos vamos a detener en su exposición.[15] Lo que nos interesa destacar es la evolución analítica desde la consideración de la brecha digital hasta la brecha democrática: de las consideraciones sobre el acceso a la tecnología por parte de sociedades sub-desarrolladas (brecha digital) hemos pasado a una definición más amplia de dicho concepto, en el que no sólo se tiene en cuenta la dicotomía norte/sur, sino que dentro de cada sociedad existen fracturas de género, entre el medio urbano y el rural, según el estatus socioeconómico, el nivel formativo, la alfabetización digital... [16] El debate se sitúa así en términos de la capacidad inclusiva que tengan las diferentes soluciones tecnológicas empleables. La constatación de que la decisión, por ejemplo, relativa a una migración completa al voto electrónico remoto pudiera dejar fuera del proceso electoral democrático a una mayoría de la ciudadanía pone en entredicho la viabilidad de estos sistemas. Ello supone la obligatoriedad de tomar en consideración no sólo la viabilidad de la solución tecnológica en sí misma, sino sobre todo la capacidad del conjunto de la sociedad –y en especial aquellos colectivos más desfavorecidos– para acceder a su utilización. Las conclusiones a este dilema vendrán, obviamente, de la mano de algunas recetas que no por repetidas han dejado de tener valor: procesos de alfabetización digital, extensión de las infraestructuras tecnológicas y campañas de pedagogía política.

Duda 6: seguridad y garantías del sufragio

El debate sobre la seguridad del voto electrónico es uno de los elementos que, inevitablemente, deben abordarse al considerar su implantación sea cual sea el alcance del mismo.[17]

15 Pippa NORRIS (2001). Digital divide? Engagement, Information Powerty and the Internet Worldwide. Cambridge: Cambridge Uni-versity Press.

16 Una excelente visión sintética la ofrece Benjamin BARBER(2006). «¿Hasta qué punto son democráticas las nuevas tecnologías de telecomunicación?». En: «Segundo Congreso sobre Internet, derecho y política: análisis y prospectiva» [monográfico en línea]. IDP. Revista de Internet, Derecho y Política. N.º 3, pág. 17-27. UOC. [http://www.uoc.edu/idp/3/dt/esp/barber.html - 25/02/2007].

17 Desde que el equipo de Avi Rubin destapara los tremendos errores de programación de las urnas electrónicas de la firma Diebold, lo cierto es que la literatura sobre seguridad y voto electrónico no ha hecho más que crecer. Como pequeño ejemplo véanse: Aviel D. RU-BIN (2006). Brave New Ballot. The Battle to Safeguard Democracy in the Age of Electronic Voting. Nueva York: Morgan Road Books; R. Michael ALVAREZ; Thad E. HALL (2004). Point, Click & Vote. The Future of Internet Voting. Washington DC: Brookings Institution Press; Abbe Waldman DELOZIER; Vickie KARP (ed.) (2006). Hacked! High Tech Election Theft in America. Austin: Truth Enterprises Publishing.

Aunque desde nuestra posición parecería que no podemos aventurarnos a realizar análisis concienzudos de dicha dimensión, debiendo únicamente realizar un acto de fe ante su supuesta seguridad, sí podemos no obstante alertar sobre la incapacidad de garantizar la completa seguridad en el proceso de emisión del voto, su encriptado, transmisión y cómputo. Esta situación arroja, como mínimo, una derivada especialmente relevante desde el punto de vista politológico: el peligroso –por excesivo– peso que puedan tener los expertos tecnológicos en la futura implementación del voto electrónico en cuanto sucedáneos de los indispensables controles ciudadanos.

En cuanto a las garantías del sufragio, íntimamente vinculadas en gran medida a la seguridad de los sistemas de votación, debemos señalar que las principales cuestiones hacen referencia al carácter libre del sufragio, su igualdad y universalidad así como a su carácter secreto. En lo que concierne a la libertad del voto, las dudas aparecen esencialmente al considerar la utilización de soluciones de voto electrónico remoto en un entorno no controlado en el cual la coacción al votante difícilmente puede ser detectada ni mucho menos neutralizada.[18] En lo concerniente al sufragio igual y universal, dejando de lado la anteriormente tratada brecha democrática, aparece una cuestión relevante: la dificultad para garantizar –en algunos casos– la presentación equitativa de las candidaturas.[19] La presentación de las candidaturas de forma equitativa es una condición especialmente relevante si consideramos que la utilización del voto electrónico permite incluir con mayor facilidad imágenes de los candidatos contendientes así como también archivos multimedia, aunque este extremo no nos consta que lo haya tomado aún en consideración ningún ordenamiento electoral.

Finalmente, deberían considerarse además las dificultades que conlleva el uso del voto electrónico para garantizar el anonimato del votante con el obje-

18 Aunque anteriormente ya hemos hecho referencia a la solución adoptada en el caso del voto electrónico remoto en Estonia, lo cierto es que esa misma situación también se da en el ejercicio del voto postal: no tenemos ninguna garantía de que el elector haya sido (o no) condicionado para la elección de una determinada opción política.

19 Un ejemplo ilustrativo de lo señalado son las elecciones municipales en la ciudad de Barcelona en mayo del 2007: compitieron un total de 25 candidaturas, todas las cuales contaron con sus respectivos 25 candidatos de lista. En un sistema como el español podría establecerse, como posibilidad, un mecanismo de menús emergentes (pop-ups) a partir de la selección del logo o identifi-cador del partido seleccionado.

tivo de hacer imposible cualquier atisbo de trazabilidad o vinculación entre su identidad y el sentido de su voto. Aunque ello se encuentra de lleno en el ámbito genérico de la seguridad de los sistemas de votación electrónica, no es menos cierto que en la imple-mentación de algunas de estas soluciones se han añadido procesos de identificación y registro que pueden atentar contra el secreto de la participación electoral, así como ser objeto de un uso dudoso de los datos personales.[20]

Duda 7: verificabilidad individual y colectiva

Si bien algunos sistemas electorales no incluyen medidas de verificabilidad y/o auditoría individual por parte del elector, en algunos como el español el ciudadano puede permanecer toda la jornada de votación frente a la urna desde el momento en que se constituye el colegio electoral hasta que finaliza la votación y el recuento de los votos.[21] Como es fácil de imaginar, esta sencilla posibilidad cuenta con el enorme potencial de generar confianza en el elector, puesto que le permite constatar –sin la necesidad de ningún tipo de conocimiento especializado previo– que el voto que depositó no ha sido eliminado de la urna, que todos y cada uno de los votos (incluido el suyo) son extraídos de la urna para su cómputo, y que éste se realiza correctamente.

Pues bien, al considerar los mecanismos de verificabilidad y/o auditoría individual en el voto electrónico, nos encontramos con dificultades según si el entorno es controlado o no. En el primer caso, de urnas electrónicas en entornos controlados, todo parece indicar que la única medida posible para generar confianza de manera equiparable es la introducción de los recibos de papel verificados por el votante (VVPT). Aunque ello no es suficiente, habida cuenta de la necesidad de confirmar la correcta transmisión de los datos almacenados por las urnas incluso habiéndose certificado la congruencia de los datos almacenados respecto de los recibos de votación depositados en la urna. Y no lo es por dos razones: en primer lugar, porque, como ya se ha señalado

20 El anteriormente comentado caso de las cazahuellas venezolanas es un claro caso de ello.

21 No sucede así en ordenamientos electorales como el mexicano o el venezolano, sólo por citar dos ejemplos latinoamericanos, probablemente debido al temor que una presencia masiva de electores pudiera conllevar para el mantenimiento del orden público.

anteriormente, los recibos de votación deben tener un carácter meramente temporal durante el período inicial de introducción de las urnas electrónicas; en segundo lugar, porque dicho proceso de verificación debería venir acompañado por la posibilidad de realizar auditorías de cada una de las urnas electrónicas, por parte de personal competente técnicamente. No obstante, el panorama es aún peor si hacemos referencia al voto remoto en entornos no controlados, donde ni siquiera podemos contar con los VVPT sino que, a lo sumo, obtendremos un código alfanumérico que supuestamente nos permitirá posteriormente comprobar si nuestro voto ha sido recibido por el sistema, pero en ningún caso nos ofrecerá información sobre el sentido del voto ni sobre su correcto cómputo.[22]

En cuanto a la verificación y/o auditoría colectiva, siguiendo el mismo esquema, deberíamos contemplar la realización de procesos de congruencia entre los datos computados por las urnas electrónicas y los recibos de votación depositados por los electores en las urnas tradicionales. Este sistema no puede aplicarse, obviamente, a todo el conjunto de urnas electrónicas sino que debe basarse en un proceso de «catas», con una selección aleatoria de las urnas a auditar que sea además representativo del total de colegios electorales y urnas electrónicas. No obstante lo recomendable de esta medida, debe tenerse presente que su carácter es limitado en el tiempo, por lo que en un plazo relativamente breve (entre tres y cinco procesos electorales) debería reconsiderarse.

En este sentido, parece razonable incluir otras medidas que, estratégicamente, doten también de mayor confianza al proceso de votación electrónica y que, a diferencia de las catas, tienen vigencia indefinida. Por un lado, el establecimiento de protocolos claros y transparentes para la realización de auditorías técnicas de la solución de voto electrónico que se vaya a emplear. Las autoridades electorales deberían permitir la libre realización de dichas auditorías por parte de los colectivos de ciudadanos que así lo solicitaran, tuvieran o no vinculación partidista concreta.

---

22 Una versión de este sistema de verificación es el utilizado por SCYTL, publicándose con posterioridad a la jornada de votación un listado de los códigos alfanuméricos procesados por el sistema de votación. La dificultad de este procedimiento es que dicho listado, además de no ofrecer ninguna garantía del correcto procesamiento de los votos emitidos, puede ser fácilmente corrompido.

Debería, por lo tanto, permitirse el acceso al código fuente y a la inspección de todo el proceso de fabricación de las urnas electrónicas o de preparación de la plataforma remota de votación, así como también exigirse a dichos colectivos el seguimiento de un protocolo de auditoría previamente establecido.[23] Finalmente, por otro lado, debe considerarse la consolidación y desarrollo de una medida que se está revelando como de excepcional relevancia en el proceso de generalización de las diferentes aplicaciones de voto electrónico: los procesos de certificación. Así, las claves de dicho proceso se sitúan en qué agencias –públicas o privadas– deben tomar parte en dichos procesos, qué aspectos deben ser objeto de certificación, qué duración temporal debe tener dicha certificación o, finalmente, qué difusión deben darse a los resultados obtenidos.[24]

Obviamente, de la solución que se dé a estos interrogantes dependerá en gran medida la fiabilidad de las soluciones de voto electrónico y, más importante aún, su aceptación por parte de los ciudadanos.

Duda 8: aceptación ciudadana

La última de esta pequeña lista de dudas fruto del análisis del voto electrónico es, a la vez, fuente de algunas certezas posteriores. Como hemos señalado en repetidas ocasiones, los estudios y discusiones teóricas sobre la implementación de soluciones tecnológicas de voto electrónico adolecen hasta la fecha de suficientes estudios sociológicos centrados en las percepciones ciudadanas.[25]

A partir de los datos generados en diferentes procesos de voto electrónico, hemos podido constatar dos grandes conclusiones que deberían tenerse presentes al implementar dichas soluciones.

23 No estamos haciendo referencia a ningún tipo de limitación o condicionante del proceso de auditoría, sino que básicamente pensamos en la necesidad de establecer una pauta de comportamiento (o deontológica, si se prefiere así) que establezca tanto la libertad de actuación de los auditores como las cláusulas de confidencialidad respecto del código fuente o el procedimiento para la difusión pública de los resultados de las auditorías técnicas.

24 Un excelente análisis es el realizado por Jordi BARRAT (2007). «Los procesos de certificación de los sistemas electrónicos de votación». Revista General de Derecho Constitucional, n.º 4.

25 Véase «Los ciudadanos frente al voto electrónico: elementos para una evaluación sociopolítica comparada». En: Josep M.ª RENIU et al. (2007). Voto electrónico. Estudio comparado en una aproximacion jurídico-política (desafíos y posibilidades). Querétaro (México): FUNDAP. Pág. 67-113.

Por un lado, se confirman unos elevados grados de aceptación del voto electrónico, sea cual sea la solución concreta que vaya a implementarse, situándose por encima del 85%. No obstante, al mismo tiempo que es aceptado también se muestra más reticencia a su utilización en elecciones políticas vinculantes, con valores entre el 75 y el 80%. Nuestra lectura de estos datos se centra en la necesidad de implementar dichas soluciones tecnológicas bajo criterios de gradualidad y, más importante aún, coexistencia con la forma tradicional de expresión del voto.

Fig. 3. Razones aducidas en la opción por el voto tradicional frente al voto electrónico en dos procesos electorales: Consulta ciudadana <<Madrid Participa>> en el barrio de Hortaleza y a junta directiva del CETIB (Barcelona)

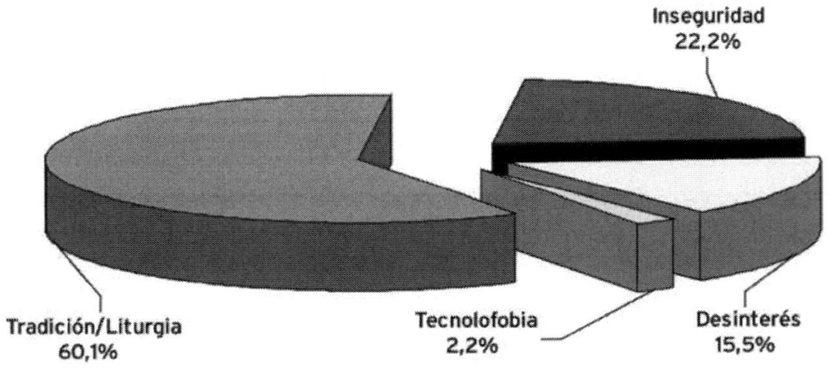

Esa coexistencia es, precisamente, la que se pone de relieve en la otra conclusión de nuestros estudios sociológicos: en aquellos procesos en los que el votante contaba con la posibilidad de elegir el canal mediante el cual emitir su voto –electrónico o tradicional– la justificación de su opción fue sorprendente. Inicialmente, nuestra hipótesis era que la gran mayoría de los votantes justificarían su decisión partiendo de su percepción de una insuficiente seguridad en el proceso de votación e incluso cierto sentimiento de tecnofobia.[26] Sin embar-

26 Una muestra de dicha reticencia al uso de las NTIC es el comportamiento de algunos ciudadanos de mayor edad en España que ni tan siquiera utilizan los cajeros automáticos de las entidades bancarias; prefieren ir personalmente cada mes para retirar sus pensiones, manteniendo así el contacto personal con el cajero. [Cf. Josep M.ª RENIU (2005). *Improving citizen participation through the use of electronic voting.* Madrid: Ayuntamiento de Madrid].

go, contraintuitivamente constatamos que estos votantes optaron mayoritariamente por usar el voto tradicional debido a lo que hemos dado en denominar la «liturgia democrática» (figura 3). El acto de votar es percibido así como una parte del proceso de socialización democrática, con lo que el votante puede sentirse parte de la comunidad política. Lo relevante de dicha afirmación es que, lejos de ser un argumento trivial propio de ciudadanos iletrados o ignorantes, deviene en prueba fehaciente de que la política nunca podrá ser confinada a un mundo virtual.

Algunas consideraciones finales (que no definitivas...)

No pretendemos cerrar estas reflexiones con una larga recapitulación de lo analizado, pero sí creemos que hay algunos elementos que merecen ser reiterados por cuanto resumen en gran medida nuestro posicionamiento frente a la implementación del voto electrónico.

En primer lugar, partimos de la asunción de que el voto electrónico, en cualquiera de sus diferentes modalidades, no es en ningún caso una panacea política. Su generalización no supondrá, *per se,* una mejora de los procesos electorales ni de la participación política, objetivos que van más allá de la introducción de un aditamento tecnológico.

En segundo lugar, la ausencia de políticas gubernamentales centradas en la potenciación y mejora de los valores cívicos y democráticos así como inversiones en infraestructuras tecnológicas y procesos de alfabetización digital, dará como resultado la persistencia estructural de la imposibilidad de superar los efectos negativos sobre la democracia derivados de la brecha digital.

Además, como tercera reflexión, el voto electrónico debe considerarse como una excelente herramienta complementaria para la mejora estructural de los procesos electorales.

Así, su implementación debería ser gradual, centrándose inicialmente en aquellos colectivos sociales con mayores dificultades para hacer efectivo su derecho de sufragio.

En cualquier caso, y para concluir, en el frontispicio de cualquier proceso de implementación del voto electrónico debería estar presente la consideración de que, aunque éste puede apoyar en la generación de una mayor legitimación democrática del sistema político, en el fondo dicha legitimación deberá descansar en la profundización de los mecanismos de información ciudadana, la promoción de una sólida cultura política, el respeto a los derechos fundamentales y, como corolario, en la rendición de cuentas por parte de los representantes.

La conservacion de los datos de tráfico en las comunicaciones electrónicas

*Stefano Rodotà**

1. La Directiva Europea 2006/24 sobre la conservación de los datos personales no puede ser considerada simplemente como una excepción, para casos específicos y particulares, de las reglas generales de la Directiva 2002/58 sobre telecomunicaciones. Puede convertirse, y éste es el sentir de muchas personas, en una anticipación del futuro, la primera etapa hacia un cambio profundo de los principios básicos de la protección de los datos personales.

No se puede negar la necesidad de adoptar medidas adecuadas para luchar contra el terrorismo, ni la necesidad de aprovechar mejor las oportunidades ofrecidas por las tecnologías electrónicas. Pero, en un sistema democrático que se precie de serlo, esto significa en primer lugar confrontar las exigencias de seguridad y orden público con el cuadro de los derechos fundamentales. Un cuadro que hoy es más rico y complejo porque ha sido integrado con la formalización de la protección de los datos personales como derecho autónomo y fundamental, directamente conectado con la dignidad y la libertad de la persona. Y ha sido precisamente España quien primero ha reconocido esta nueva dimensión institucional incorporada en el artículo 8 de la Carta de los Derechos Fundamentales de la Unión Europea con una decisión del Tribunal Constitucional de noviembre del 2000, antes de la proclamación de la Carta por el Consejo Europeo en diciembre en Niza.

Mirando la realidad concreta, debemos decir que la Directiva Europea de 2006 sobre la conservación de datos generados o tratados electrónicamente cambia

* Reproducción del artículo publicado en IDP. Revista de Internet, Derecho y Política, núm. 3 (2006) <http://www.uoc.edu/idp/3/dt/esp/rodota.pdf>

principios básicos de la proteción de las informaciones personales. Hay una lógica completamente distinta respecto de las directivas del pasado, un cambio en la manera de entender y regular la relación entre el ciudadano y el Estado, en la concepción misma de los derechos fundamentales de la persona. Así se reestructura no sólo el sistema jurídico sino también la organización social.

Por eso es preciso una reflexión crítica profunda. Nos enfrentamos a una alternativa que puede llegar a ser dramática y en todo caso decisiva para el futuro de la democracia. ¿Qué debemos esperar del futuro? ¿Que continúen las tendencias que han emergido con prepotencia durante los últimos años o una reactivación, aunque fatigosa, de la lógica que está en la base de la protección de los datos personales y que, con gran clarividencia, ha abierto una nueva época para la tutela de las libertades?

2. Vivimos en una época en la que la protección de los datos personales está caracterizada por fuertes contradicciones, por no decir por una verdadera y propia esquizofrenia social, política e institucional. Es cada vez mayor la toma de conciencia de su importancia no sólo para la tutela de la vida privada de las personas, sino también para su misma libertad. Sin embargo, también es cada vez más difícil respetar su naturaleza, porque exigencias de seguridad interna e internacional, intereses de los mercados, reorganización de las administraciones públicas empujan hacia una disminución de las garantías.

Para comprender el presente, y mirar al futuro, es indispensable ser conscientes del pasado. Europa ha reactivado y renovado el concepto moderno de privacidad como había sido elaborado en Estados Unidos. Conocemos los pasajes más importantes de esta historia. La autodeterminación informativa fue reconocida como derecho fundamental por parte del Bundesverfassungsgericht en 1983. En 1995, con la Directiva Europea número 46, se afirmó explícitamente que el acercamiento de las legislaciones no debía tener «por efecto un debilitamiento de la tutela por ellas asegurado, sino que al contrario, debía apuntar a garantizar un elevado grado de tutela». En el año 2000, con la Carta de los Derechos Fundamentales de la Unión Europea, la protección de los datos personales fue reconocida como derecho autónomo, contribuyendo de este modo a la «constitucionalización» de la persona, que el Preámbulo de la Carta pone «al centro» de la acción de la Unión. Y esta línea ha producido efectos institucionales importantes, como las dos comunicaciones con las que la Comisión Europea ha establecido que sus actos legislativos y reglamentarios deben estar sometidos siempre a un control preliminar de compatibilidad con la Carta de los Derechos Fundamentales. Además, siempre en el ámbito de la Unión Europea, la materia de protección de datos personales ha pasado del sector del mercado interno al de la libertad, seguridad y justicia, con un explícito reconocimiento del hecho de que nos encontramos en este momento frente a una materia irreducible únicamente a la lógica económica, ya que toca derechos y libertades de las personas.

El marco institucional, pues, parece alentador. Pero la realidad se aleja cada vez más, y las razones de este nuevo curso son principalmente tres. Primero: después del 11 de septiembre han cambiado muchos criterios de referencia y las garantías se han reducido, como demuestran en particular la Patriot Act en Estados Unidos y las decisiones europeas sobre la transferencia a Estados Unidos de los datos de los pasajeros de las líneas aéreas y sobre la conservación de los datos personales relativos a las comunicaciones. Segundo: esta tendencia hacia la reducción de las garantías se ha extendido a sectores, como los relativos a las actividades económicas, que intentan sacar ventajas de la mutación del clima general. Tercero: las nuevas oportunidades tecnológicas ofrecen continuos y crecientes instrumentos de clasificación, selección y control de las personas, que están determinando una verdadera y propia deriva tecnológica que no siempre las mismas autoridades nacionales e internacionales contrastan adecuadamente.

Se está determinando de este modo una erosión de algunos principios sobre los que ha sido construido el sistema de la protección de los datos personales, en primer lugar el principio de finalidad y el relativo a la separación entre los datos tratados por sujetos públicos y los tratados por sujetos privados. Se tiende a imponer, incluso con forzamientos institucionales, el criterio de la multifuncionalidad. Datos recogidos para un fin determinado se ponen a disposición para fines diversos, considerados igualmente importantes respecto de los que habían justificado su recogida. Datos tratados por un sujeto son puestos a disposición de sujetos diversos.

Prevalecen las lógicas de la reutilización y de la interconexión, casi siempre justificadas con el argumento de la eficiencia y de la economicidad. Si la Administración pública conecta todos sus bancos de datos, puede dar al ciudadano servicios más rápidos, a costes más bajos y con menores molestias para los interesados. Si Magistratura y Policía pueden acceder también a las informaciones recogidas por los sujetos privados, pueden combatir mejor el terrorismo y la criminalidad. Si pueden acceder a los datos relativos a los accesos a Internet, la industria musical y la cinematográfica pueden descubrir más fácilmente quién descarga ilegalmente música y películas.

Adoptando estas lógicas, sin embargo, no sólo se contradicen principios esenciales de la protección de los datos, sino que se rompe el pacto con los ciudadanos en una materia cada vez más decisiva para la tutela efectiva de sus libertades. A ellos se les había prometido que los datos serían tratados por los sujetos públicos para finalidades específicamente individualizadas por la ley; y por los sujetos privados sólo tras el consentimiento de los interesados, que de este modo habrían podido circunscribir con precisión las utilizaciones legítimas de las informaciones recogidas.

3. La nueva directiva es uno de los ejemplos más claros de este cambio de la lógica fundamentadora de la protección de los datos personales, que corre el riesgo de convertirse en el cuadro normativo del futuro. No se trata sólo de una invasión de la esfera privada de los particulares. Las nueva reglas están reestructurando el espacio «interior» y «exterior» del ciudadano, con referencia a una situación específica, pero con un planteamiento que puede difundirse a otras materias, llegando a una progresiva marginación de la elección que desde la Directiva 95/46 y las especificaciones contenidas en la Directiva 2002/58 se ha producido, y del artículo 8 de la Carta de los Derechos Fundamentales de la Unión Europea que ha reconocido la protección de los datos como un derecho fundamental, autónomo y distinto de la tutela tradicional de la vida privada y familiar.

En la última directiva pueden notarse tres tendencias convergentes y todas ellas restrictivas de la intensidad de la protección de los datos: tendencias hacia la totalidad, la permanencia y la disponibilidad de las informaciones recogidas. Sus normas ilustran bien las cuestiones de la totalidad (conservación del conjunto de todos los datos relativos a las comunicaciones electrónicas), de la permanencia (de seis meses a dos años, pero con la posibilidad para los Estados miembros de superar estos plazos de tiempo), de la disponibilidad total (referencia genérica a «delitos graves», desde el punto de vista objetivo, a «autoridades nacionales competentes» desde el punto de vista subjetivo). En los dos casos faltan especificaciones que podrían limitar una peligrosa discrecionalidad, que no puede admitirse cuando hablamos de derechos fundamentales.

Es de este modo evidente como se dan la erosión, o el abandono, de principios básicos de la protección de datos personales –finalidad, proporcionalidad, pertinencia y necesidad. En la Directiva 2002/58, la conservación de los datos de tráfico se limita al tiempo necesario para la facturación. Ahora, la relación entre la recogida de los datos y la finalidad comercial está borrada, se impone una finalidad distinta y ulterior, la eliminación de la separación entre los datos tratados por sujetos públicos y los tratados por sujetos privados. Se tiende a imponer el criterio de la multifuncionalidad. Datos tratados por un sujeto son puestos a disposición de sujetos diversos.

Una confirmación muy significativa del abandono de estos principios se ha recibido de la Administración americana, que ha pedido a Google datos, incluso agregados, sobre los accesos a determinados sitios con el argumento de la lucha contra la pedofilia. La lógica de esta petición es muy clara: irrelevancia de las finalidades para las cuales ha sido constituido un banco de datos; consiguiente disponibilidad de los datos para cualquier utilización que se considere importante para el alcance de un interés público y cancelación del confín entre bancos de datos públicos y privados. Se manifiesta una nueva dimensión de la vigilancia, que exalta el poder del Estado para disponer de cualquier información personal, recogida por cualquiera e independientemente de las finalidades originarias de la recogida. El conjunto de los datos tratados por los privados está considerado como un recurso a disposición de los poderes públicos.

La lógica que se manifiesta en la Directiva sobre la conservación de los datos es la misma. Se afirma un poder absoluto del Estado de poner las manos sobre el «cuerpo electrónico» de los ciudadanos, frente al que se debe reaccionar reivindicando con fuerza un *habeas data* capaz de atribuir al cuerpo electrónico la protección que el *habeas corpus*, hace ochocientos años, dio al cuerpo físico, reaccionando a las pretensiones absolutistas del rey. La constitucionalización de la persona, visible al menos en el sistema de la Unión Europea, impone que nos movamos en esta dirección.

4. La ruptura del esquema fundado en el principio de finalidad y en la fuerza del consenso es también el efecto de una tendencia más general hacia la extensión de la recogida de información a un número cada vez mayor de personas. Se pasa de la recogida con miras a la recogida generalizada. Se amplía el área de las personas sometidas a control. Ya no sólo personas solas o grupos

considerados peligrosos: en este momento la población entera está considerada como «una potencial clase peligrosa» (y también, en otros casos, como un único conjunto de consumidores) que justifica la creación de recogida «total» de datos y la incesante producción de perfiles individuales, familiares, de grupo, basados en informaciones que atañen también a la salud, a la situación financiera y a las elecciones culturales.

Esta recogida de datos personales a escala de masa ya ha determinado la transformación de todos los ciudadanos en potenciales sospechosos, frente a los poderes públicos, y la objetivación de la persona, frente al sistema de las empresas. Además, la creciente posibilidad por parte de sujetos públicos de interconectar todos sus bancos de datos y de obtener información de cualquier fuente privada produce una transparencia social sin precedentes, que cambia la posición del ciudadano en las sociedades democráticas y su relación con el Estado.

La Directiva crea así «naciones de sospechosos». La multitud ya no es más «solitaria», como la describía en los años cincuenta el sociólogo americano David Riesman. Está ahora ya «desnuda», continuamente escrutada a través de las diversas tecnologías. Y la manera como está estructurada la Directiva manifiesta claramente que no nos enfrentamos a una situación transitoria: aquí el oxímoron «emergencia permanente» manifiesta toda su potencia y la regla «excepcional» se constituye como verdadera y estable disciplina del futuro.

Esta nueva construcción social determina una situación en la cual es previsible que la existencia de enormes bancos de datos produzca presiones hacia una multifuncionalidad más y más amplia. Ya la industria musical y la cinematográfica piden acceso a los datos relativos a Internet para descubrir más fácilmente quién descarga ilegalmente música y películas.

Frente a esta situación concreta, el *considerando* 17 de la Directiva no es sólo la manifestación de una contradicción, o una verdadera paradoja, porque se dice que «la presente Directiva intenta garantizar el pleno cumplimiento de los derechos fundamentales del ciudadano, el respeto de la vida privada y de las comunicaciones y la protección de los datos de carácter personal, consagrados en los artículos 7 y 8 de la Carta de los Derechos Fundamentales de la Unión Europea». Es la señal de una incapacidad política e institucional de comprender qué significa hoy la dimensión de la libertad y de los derechos en la dimensión del cyberspace. No se hace ninguna ponderación entre la necesidad de la lucha contra el terrorismo y el conjunto de los derechos fundamentales; no se hace ninguna evaluación de las nuevas medidas en la perspectiva de los principios de finalidad, proporcionalidad, pertinencia y necesidad.

El efecto es el abandono del criterio del «alto nivel de protección», indicado en la Directiva 95/46. Ninguna indicación del Parlamento Europeo, del Consejo Económico y Social, del Grupo de Trabajo del art. 29 y del Supervisor Europeo ha sido aceptada en relación con la especificación de las categorías de datos recogidos, de «delitos graves», de los sujetos que pueden acceder a los datos. Las garantías son inadecuadas, empezando por la que quería ser la más significativa y que atañe a la exclusión de los datos relativos a los contenidos de las comunicaciones, que ha sido presentada como un éxito importante de la discusión sobre el tema.

Un ejemplo extraído de la experiencia italiana puede ayudarnos a aclarar la dimensión del problema. Cada día en Italia se hacen 800 millones de llamadas telefónicas y se envían 300 millones de correos electrónicos. El total, en un año, es de casi 400.000 millardos de comunicaciones electrónicas. Puesto que los datos se conservan por lo menos durante cuatro años (pero se puede llegar a seis), esto significa que los bancos de datos de los gestores de las comunicaciones contienen al menos un millón seiscientos mil millardos de datos personales. Incluso sólo la conservación de las direcciones del remitente y del destinatario permite reconstruir la trama de las relaciones personales y sociales (¿cuántas veces he llamado a una determinada persona?), políticas y sindicales (¿con qué organizaciones están en contacto?), económicas (¿cuáles son las empresas, los agentes de bolsa con los que mantengo relaciones?), concernientes a la fe religiosa (¿mi interlocutor es la parroquia, la sinagoga, la mezquita?). Aún más delicada, si cabe, es la conservación de los datos que atañen a los accesos a los sitios Internet, debido a la mayor elocuencia de estos accesos respecto a gustos, preferencias, inclinaciones. ¿Podemos aceptar este fichaje de masa? ¿Hay proporción entre el fin indicado y el instrumento utilizado? ¿Podemos aceptar la transformación de los ciudadanos en «networked persons», personas continuamente controladas electrónicamente en su vida ordinaria? Frente a estos datos, no es posible afirmar que el principio de proporcionalidad sea respetado.

Y la ausente conservación de los contenidos de las comunicaciones corre el peligro de volverse un boomerang, no una garantía. Si he hecho una llamada telefónica inocente a quien luego se revela un criminal, la imposibilidad de demostrar cuál ha sido el verdadero contenido de la comunicación dejará sobre mí la sombra de la sospecha. Una sospecha que incluso puede ser construida: visto que deben registrarse también los intentos de llamada no conseguidos, alguien podría llamarme en un momento en el que sabe que no me encuentro en condiciones de contestar, creando así la apariencia de una relación que me une a esa persona, que yo podría incluso no conocer.

Nos enfrentamos aquí a una situación en la cual no hay sólo una erosión de los principio básicos de la protección de los datos, sino de uno de los principios básicos de la civilización jurídica, la presunción de inocencia.

Estas nuevas, gigantescas recogidas de informaciones, además, pueden revelarse inefectivas y hacen aumentar la vulnerabilidad social. En un documento de trabajo del Parlamento Europeo, realizado por el diputado Alexander Nuno Alvaro, se recuerda que la red de un gran proveedor de Internet con las nuevas normas tiene que recoger una cantidad de datos similar a 20-40.000 terabyte, con la consecuencia de que, con las tecnologías actuales, la búsqueda podría durar hasta 50 años. Y además cada uno de nosotros se expone al riesgo de que los propios datos vayan a parar a manos de quien consigue entrar ilegalmente en estos enormes y no siempre demasiado seguros bancos de datos y que informaciones delicadas sean puestas en circulación por empleados infieles de las empresas que tienen la gestión de la recogida de información. Es un riesgo concreto. El año pasado se robaron los datos de 52 millones de clientes de Mastercard, y el Senado de Estados Unidos, consciente de estos peligros, ha aprobado una propuesta de ley que obliga a los gestores de los bancos de datos a informar a sus clientes de los peligros de «robos de identidad». Cambia la naturaleza de la protección de los datos, y con ella cambia la entera organización social.

No estamos discutiendo una directiva sectorial. Nos enfrentamos a una verdadera redistribución de poder social, una redefinicion de la posición de la persona y de la ciudadanía. El ataque del terrorismo es grande y debe ser rechazado. Sin embargo, en esta lucha la democracia no puede perder su verdadera y profunda naturaleza, que es históricamente su arma más fuerte para contrastar cualquier ataque.

5. Sin embargo, en ésta y en otras materias, no podemos limitarnos a constatar las dificultades, a buscar sólo alguna «estrategia de cazador furtivo» o incluso a resignarnos a la impotencia. Es posible, en cambio, indicar algunas estrategias posibles.

La primera atañe, obviamente, a iniciativas que tienden a ampliar el espacio de reglas comunes que tienen precisamente en la Unión Europea su lugar más significativo. Desde el año 2000, con la Carta de Venecia, las autoridades para la protección de los datos personales han indicado la vía de una convención internacional, idea que fue tomada en consideración nuevamente en la última conferencia de Montreux. El pasado mes de noviembre, en el World Forum on Information Society, organizado en Túnez por la ONU, se habló de una Carta de los Derechos para Internet. Esta hipótesis fue sometida en enero del 2006 a la Comisión de Libertades Públicas del Parlamento Europeo. En Estados Unidos se presentó a la Cámara de los Representantes, en mayo del 2005, un Global Internet Freedom Act, y la petición de reglas internacionales de tutela de la libertad de expresión se hizo más fuerte tras los recientes episodios de censura que vieron como protagonistas a Microsoft y Yahoo, por lo que se refiere a China, y que alarmaron también a Reporters sans Frontières. El camino hacia un documento global internacional es seguramente largo. Pero no debe abandonarse. Mientras, es necesario seguir con atención lo que ocurre en el área de MERCOSUR y es posible empezar a tomar iniciativas sobre temas específicos, dialogando por ejemplo con Estados Unidos sobre el tema del spamming, tal y como había empezado a hacer la pasada Comisión Europea, o sobre las nanotecnologías, tal y como sugiere la Cnil.

Es necesario retomar pues la línea adoptada por el Parlamento Europeo, que ha impugnado ante la Corte de Justicia la disposición relativa a la transferencia a Estados Unidos de los datos de los pasajeros de las líneas aéreas. Se debe empezar a tomar en consideración la impugnación de disposiciones nacionales que aplican decisiones de la Comisión que violan los derechos fundamentales de los ciudadanos. Pero es también necesario tomar en serio lo que la Comisión ha dispuesto a propósito de la necesidad de control de conformidad a la Carta de los Derechos Fundamentales de la Unión Europea, que de otra manera corre el peligro de reducirse a una cláusula de estilo. En el considerando 22 de la Directiva sobre la conservación de los datos, por ejemplo, con una argumentación paradójica se afirma que la restricción de la libertad de comunicación garantiza mejor precisamente los derechos previstos por los artículos 7 y 8 de la Carta. Ha llegado el momento de empezar a pedir a la Corte de Justicia que controle la validez del modo como se efectúa la declaración, de conformidad a la Carta, en los actos de la Comisión.

Más en general, con todos los medios disponibles y aprovechado todas las oportunidades, es urgente frenar la contaminación creciente del ambiente de las libertades civiles producida por el conjunto de normas que, con varias motivaciones, restringen la protección de los datos personales. Esto es indispensable para evitar que el recurso a las innovaciones científicas y tecnológicas favorezca la consolidación de una sociedad de control, de clasificación y de selección social. Y esto es necesario también para dar a las innovaciones tecnológicas esa legitimación social que hace nacer la confianza de los ciudadanos, haciendo posible así un mejor funcionamiento de la *business community*.

Esta labor está haciéndose cada vez más difícil, y a menudo nos preguntamos si realmente la protección de los datos personales puede sobrevivir con las esperanzas y las expectativas con las que se había creado. Sin embargo, como ha escrito Spiros Simitis, sigue siendo «una utopía necesaria». Una utopía, sin embargo, que no dirige nuestra mirada hacia un futuro lejano, sino que la obliga a considerar la realidad que está a nuestro alrededor. La protección de los datos personales es ahora ya una dimensión de la libertad de los contemporáneos. No es retórica recordarlo en cada ocasión, porque cada una de sus variaciones incide sobre la medida de democracia de la que cada uno de nosotros puede gozar.

La Directiva 2006/24/CE sobre conservación de datos del tráfico en las comunicaciones electrónicas: seguridad *v.* privacidad[*]

Mònica Vilasau[**]

Introducción

En la sociedad occidental se ha disparado la preocupación por la seguridad y la necesidad de dotar a los Estados de los máximos instrumentos para luchar contra el terrorismo. Entre estos instrumentos, se considera fundamental poder recurrir a la retención de datos del tráfico en las comunicaciones electrónicas. Así lo manifestó el Consejo europeo, en su declaración sobre la lucha contra el terrorismo, de 25 de marzo de 2004 y la misma idea se reiteró en las Conclusiones de la Presidencia, en junio de 2005.[1] Finalmente, el Consejo europeo de 13 de julio de 2005, en su sesión extraordinaria tras los atentados de Londres, declaró como una de sus prioridades la aprobación de una normativa sobre retención de datos.[2]

* Nota del editor: Esta Directiva fue traspuesta al Ordenamiento jurídico español mediante la Ley 25/2007, de 18 de octubre, de conservación de datos relativos a las comunicaciones electrónicas y a las redes públicas de comunicaciones. (BOE nº 251 de 19 octubre 2007).

** Reproducción del artículo publicado en *IDP. Revista de Internet, Derecho y Política*, núm. 3 (2006) <http://www.uoc.edu/idp/3/dt/esp/vilasau.pdf>

1 Véase las Conclusiones de la Presidencia, Bruselas, 16 y 17 de junio de 2005 (http://ue.eu.int/ueDocs/cms_Data/docs/pressData/es/ec/85347.pdf). En el punto 19, al hacer referencia al espacio de libertad, seguridad y justicia, se declaraba que el Consejo Europeo deseaba que durante el segundo semestre de 2005 se abordaran con carácter prioritario una serie de puntos entre los que figuraba «los trabajos legislativos destinados a reforzar la cooperación policial y judicial, más concretamente y en la medida de lo posible en lo que atañe al intercambio de informaciones entre autoridades policiales, al exhorto de obtención de pruebas, a la retención de datos sobre tráfico de telecomunicaciones, así como al intercambio de información y a la cooperación sobre delitos de terrorismo».

2 http://www.consilium.europa.eu/ueDocs/cms_Data/docs/pressdata/es/jha/85826.pdf

En este marco, la Comisión Europea presentó, el 21 de septiembre de 2005, una Propuesta de Directiva sobre conservación de datos del tráfico –en adelante la Propuesta–.[3] Esta Propuesta, que recibió duras críticas durante su tramitación, fue finalmente aprobada el 15 de marzo de 2006. Se trata de la Directiva 2006/24/CE del Parlamento europeo y del Consejo sobre la conservación de datos generados o tratados en relación con la prestación de servicios de comunicaciones electrónicas de acceso público o de redes públicas de comunicaciones y por la que se modifica la Directiva 2002/58/CE.[4]

Nos hallamos ante un instrumento normativo de armonización de las legislaciones de los Estados miembros, que, con el objeto de investigar, detectar y enjuiciar determinados delitos graves establece obligaciones de almacenamiento y procesamiento de datos por parte de los proveedores de servicios de comunicaciones electrónicas públicas. Ya en el 2004, cuatro Estados miembros (Francia, Irlanda, Reino Unido y Suecia) presentaron un proyecto de decisión marco sobre el mismo tema (CNS/2004/0813), iniciativa que fue rechazada por el Parlamento Europeo.

Sin embargo, como afirma el profesor Rodotà, uno de los mayores especialistas sobre la materia, «no estamos discutiendo una Directiva sectorial. Nos enfrentamos a una verdadera redistribución de poder social, una redefinición de la posición de la persona y de la ciudadanía». Esta Directiva es uno de los ejemplos más claros del cambio de la lógica fundamentadora de la protección de datos personales que corre el riesgo de convertirse en el cuadro normativo del futuro.[5]

---

3 Propuesta de Directiva del Parlamento Europeo y del Consejo sobre la conservación de datos tratados en relación con la prestación de servicios públicos de comunicación electrónica y por la que se modifica la Directiva 2002/58/CE. {SEC(2005) 1131}. Brussel·les, 21.9.2005, COM(2005) 438 final 2005/0182 (COD).

4 DO L 105 de 13.4.2006, pág. 54
http://eur-lex.europa.eu/LexUriServ/site/es/oj/2006/l_105/l_10520060413es00540063.pdf

5 RODOTÀ, Stefano (2006). «La conservación de los datos de tráfico en las comunicaciones electrónicas». En: «Segundo congreso sobre Internet, derecho y política: análisis y prospectiva» [monográfico en línea]. *IDP. Revista de Internet, Derecho y Política*. N.º 3. UOC. [Fecha de consulta: 04/08/06]. http://www.uoc.edu/idp/3/dt/esp/rodota.pdf ISSN 1699-8154.

Nota del editor: Este artículo se encuentra recogido en la presente publicación.

1. El proceso de aprobación de la Directiva

1.1. Razones de su adopción

La aprobación de esta Directiva obedece a distintas razones. En primer lugar, como ya se ha indicado, la finalidad de luchar contra el terrorismo y el crimen organizado en la medida que se considera la conservación de datos un elemento crucial para ello.

En segundo lugar la necesidad de adoptar disposiciones armonizadoras a nivel de la UE sobre la retención de datos. La Directiva 2002/58/CE establece en sus arts. 5, 6 y 9 el principio general de la destrucción de los datos del tráfico (o su anonimización) cuando ya no se necesiten para la transmisión, a excepción de los datos necesarios para la facturación o los pagos por interconexión. El art. 15.1 dispone que los Estados miembros podrán prever excepciones a los anteriores artículos.

Al amparo de este último precepto, se han dictado algunas leyes por parte de los Estados miembros, que regulan la retención de datos, estableciéndose una tipología diversa tanto respecto de los datos a retener como de los plazos de retención. Se considera que la disparidad de legislaciones supone un obstáculo para el mercado interior de comunicaciones electrónicas y de ahí la necesidad de adoptar una Directiva sobre la materia.[6]

1.2. Instrumento jurídico utilizado

A la hora de determinar cuál era el instrumento más adecuado para regular la conservación de datos, se barajaron distintas opciones: no tomar ninguna medida, dejarlo a la autorregulación, adoptar una medida del tercer pilar o una del primer pilar. Esta última opción es la que se ha considerado más adecuada.

6 Véase el documento de trabajo sobre la evaluación del impacto de la Propuesta de Directiva [Bruselas, 21.9.2005. SEC (2005) 1131]. En adelante: Documento de evaluación. http://ec.europa.eu/justice_home/doc_centre/police/doc/sec_2005_1131_en.pdf

Entre las razones que justifican su adopción, figura el hecho de que la conservación de datos de tráfico ya ha sido tratada en instrumentos legislativos previos sobre una base jurídica del primer pilar, especialmente por la Directiva 2002/58/CE. Se considera además que la fórmula de la Directiva, respecto del Reglamento, proporciona el nivel de armonización necesario a nivel comunitario y deja además a los Estados miembros un cierto margen de maniobra de cara a su implementación.[7]

1.3. Bienes jurídicos que están en juego

La adopción de una medida sobre retención de datos ha comportado la valoración de distintos intereses en juego contrapuestos. Frente al interés de las autoridades en la retención para luchar de forma más eficaz contra el terrorismo y otras formas de delincuencia organizada, se halla el derecho fundamental de los ciudadanos a la protección sus datos. Además hay que añadir los intereses de los proveedores de servicios de comunicaciones electrónicas en que no les atribuyan más cargas económicas derivadas de las nuevas obligaciones.

Frente a los intereses de los Estados de poder retener los datos durante un período de tiempo cuanto más amplio mejor, y de retener cuantos más datos, los intereses de los ciudadanos pasan porque los plazos de retención sean lo más breves posibles, se retengan cuanto menos datos mejor y no se afecte al contenido de las comunicaciones (sobre este último aspecto volveremos más adelante ya que se trata de un arma de doble filo).

Los intereses de los proveedores de servicios de comunicaciones se juegan principalmente en dos aspectos: en que los períodos de conservación sean lo más breves posibles y en el del reembolso de los costes en que incurran.[8]

---

7 Véase el documento de evaluación, pág. 9-11

8 En cuanto a los costes, véase el documento de evaluación, págs. 15-20. El problema de los costes se plantea sobre todo respecto de las compañías pequeñas, ya que el establecimiento de las obligaciones de retención puede poner en peligro su supervivencia. En cualquier caso, el establecimiento de los datos concretos a retener también incide en unos mayores o menores costes. (En la Propuesta, la existencia de un anexo sobre los tipos de datos, que podía sujetarse a revisión, daba más flexibilidad a la hora de modificar y por lo tanto determinar la incidencia concreta respecto los costes. Sin embargo ello suponía sustraer la modificación del control del Parlamento y finalmente esta solución fue rechazada).

El documento de evaluación del impacto de la Propuesta de Directiva considera que la limitación de los derechos fundamentales en juego es proporcional y necesaria para alcanzar los objetivos de prevenir y luchar contra el terrorismo y el crimen organizado, teniendo en cuenta que se limita tanto la finalidad de la retención, el tipo de datos a retener y los plazos de retención. Además, la Directiva no resulta aplicable al contenido de las comunicaciones. Por otro lado, el tratamiento de los datos retenidos está sujeto a las garantías de las Directivas 95/46/CE y 2002/58/EC y por lo tanto bajo la supervisión de las autoridades de protección de datos.[9]

1.4. Polémica aprobación de la misma: opiniones desfavorables de las distintas instancias implicadas

La aprobación de esta Directiva no ha estado exenta de polémica y recibió duras críticas por parte del Grupo de trabajo del Artículo 29,[10] del supervisor europeo de protección de datos, del Parlamento y del Comité Económico y Social, siendo la principal objeción a la Propuesta el considerar que no se tutelaban suficientemente los Derechos fundamentales en juego.

El 26 de septiembre de 2005, el supervisor europeo de protección de datos (SEPD) aprobó su Dictamen en el que manifestaba no estar convencido de la necesidad de la retención de datos.[11] El SEPD considera que la medida adoptada no aporta una respuesta adecuada y proporcionada a las necesidades de la sociedad (véase el punto 26). Así mismo considera que la Propuesta no adopta las salvaguardias necesarias para tutelar suficientemente los derechos fundamentales en juego (véase los puntos 27 y 28).

9 Véase el documento de evaluación, págs. 20-21

10 En cuanto a la creación del grupo del art. 29, su composición y cometido, vid. arts. 29 y 30 de la Directiva 95/46/CE.

11 Dictamen del Supervisor Europeo de Protección de Datos, adoptado el 26 de septiembre de 2005 (2005/C 298/01), sobre la Propuesta de Directiva del Parlamento Europeo y del Consejo sobre la retención de los datos procesados en conexión con la prestación de servicios públicos de comunicación electrónica y por la que se modifica la Directiva 2002/58/CE [COM(2005) 438 final]. DO C 298 de 29.11.2005, p. 1. http://eur-lex.europa.eu/LexUriServ/site/es/oj/2005/c_298/c_29820051129es00010012.pdf

Las conclusiones a las que llega son que debería insistirse en las medidas concretas respecto el acceso y la utilización posterior de los datos, garantizarse el ejercicio de los derechos de los titulares de los datos y añadir incentivos a los proveedores para que inviertan en una infraestructura técnica adecuada. Muchas de sus recomendaciones no han sido tenidas en cuenta, por ejemplo el acceso a los datos no ha sido suficientemente regulado y se ha dejado por completo a la implementación por parte de cada Estado. Tampoco se ha hecho ninguna mención a los costes –con lo que supone de desincentivo a la adopción de medidas de seguridad– ni se ha concretado la destrucción de los datos.

El 21 de octubre de 2005 el Grupo del Artículo 29 en su Dictamen sobre la Propuesta de Directiva (WP 113) declaraba que ésta «nos enfrenta a una decisión histórica».[12] Las conclusiones a las que llega el Grupo de trabajo en el WP 113 son que la justificación para la conservación obligatoria y general de los datos debe demostrarse claramente y apoyarse con pruebas.[13] Esto se aplica también a los períodos máximos de retención. Finalmente, el Grupo de trabajo propone establecer veinte garantías específicas, prestando especial atención a los requisitos aplicables a los destinatarios y al tratamiento posterior de los datos, a la importancia de las autorizaciones y controles, a las medidas aplicables a los prestadores de servicios, a la determinación de las categorías de datos en cuestión y su actualización, y a la necesidad de excluir datos relativos al contenido.

El Parlamento europeo también fue crítico con la Propuesta y aprobó una serie de enmiendas que trataban de tutelar los derechos de los titulares de los datos. Por ejemplo, la enmienda 82, que introduce un nuevo artículo 7 BIS que se convertirá en el art. 7 del texto definitivo y que supone poner más énfasis en la necesidad de adoptar medidas de seguridad. O bien la enmienda 88, que introduce un nuevo artículo 11 Ter que se convertirá en el art. 13 del texto definitivo y que hace referencia a los recursos judiciales, responsabilidades y sanciones.

12 Dictamen 4/2005, adoptado el 21 de octubre de 2005 (1868/05/ES. WP 113), sobre la Propuesta de Directiva sobre la conservación de datos tratados en relación con la prestación de servicios públicos de comunicación electrónica y por la que se modifica la Directiva 2002/58/CE [COM(2005)438 final de 21.09.2005]. http://ec.europa.eu/justice_home/fsj/privacy/docs/wpdocs/2005/wp113_es.pdf

13 En cambio, en el documento de evaluación, págs. 3-5 se considera que la conveniencia y necesidad de la retención de datos está suficientemente justificada.

Sin embargo el Parlamento europeo también adoptó algunas enmiendas más discutibles, como la enmienda 85, que suprime el art. 10 de la Propuesta que hacía referencia a los costes o la enmienda 87 que propone la introducción de un nuevo artículo 11 bis, que se convierte en el art. 12 del texto definitivo, relativo a las medidas futuras y a las que haremos referencia.[14]

El 19 de enero 2006, el Comité Económico y Social Europeo (CESE) aprueba el dictamen relativo a la Propuesta. Según sus propias palabras, «manifiesta su extrañeza y preocupación» por la misma en la medida que no se da un tratamiento adecuado al derecho a la intimidad. Además señala el riesgo que supone socavar la confianza de los usuarios en las comunicaciones electrónicas (frenar el desarrollo de la sociedad de la información) y discrepa de la solución de la Propuesta relativa a quién debe soportar los costes adicionales en los que incurren los operadores. La conclusión del CESE es que debe revisarse sustancialmente la Propuesta, en la medida en que no respeta en su totalidad los derechos fundamentales ni las reglas de acceso, uso e intercambio de los datos (véase punto 2.4.15).[15]

El 25 de marzo 2006, con posterioridad a la aprobación de la Directiva, el Grupo del Artículo 29 emitió el Dictamen 3/2006 relativo a su aplicación (WP 119). Dicho grupo declara de nuevo su preocupación por las previsiones contempladas en la Directiva y reitera su opinión de octubre del 2005. Considera que esta Directiva debe acompañarse de medidas que aminoren el fuerte impacto sobre la privacidad.[16]

En concreto, el Grupo del Artículo 29, en la medida que considera que la Directiva carece de algunas salvaguardas específicas, propone una aplicación

14 Véase respecto todas las enmiendas la resolución legislativa del Parlamento europeo de 14 de diciembre de 2005 sobre la Propuesta de directiva del Parlamento europeo y del Consejo sobre la conservación de datos tratados en relación con la prestación de servicios públicos de comunicación electrónica y por la que se modifica la Directiva 2002/58/CE [COM(2005)0438 - C6-0293/2005 - 2005/0182(COD)].

15 Dictamen del Comité Económico y Social Europeo, de 19 de enero 2006, sobre la «Propuesta de Directiva del Parlamento Europeo y del Consejo sobre la conservación de datos tratados en relación con la prestación de servicios públicos de comunicación electrónica y por la que se modifica la Directiva 2002/58/CE» COM(2005) 438 final - 2005/0182 (COD). (2006/C 69/04). DO C 69 de 21.3.2006, p. 16. http://eur-lex.europa.eu/LexUriServ/site/es/oj/2006/c_069/c_06920060321es00160021.pdf

16 Dictamen 3/2006, adoptado el 25 de marzo de 2006 (654/06/ES. WP 119) sobre la Directiva 2006/24/CE del Parlamento Europeo y del Consejo sobre la conservación de datos generados o tratados en relación con la prestación de servicios de comunicaciones electrónicas de acceso público o de redes públicas de comunicaciones y por la que se modifica la Directiva 2002/58/CE, adoptada por el Consejo el 21 de febrero de 2006. http://ec.europa.eu/justice_home/fsj/privacy/docs/wpdocs/2006/wp119_es.pdf

armonizadora de sus preceptos y recomienda la adopción de determinadas medidas. Entre ellas cabe destacar la necesidad de determinar claramente qué se entiende por «delitos graves», la prohibición de *datamining*, la prohibición de procesar los datos retenidos por parte de los proveedores de servicios o bien una mayor delimitación de las medidas de seguridad necesarias.

2. Contenido de la Directiva 2006/24/CE

2.1. Objetivo

La Directiva 2006/24/CE se propone armonizar las disposiciones de los Estados miembros relativas a las obligaciones de los proveedores de servicios de comunicaciones electrónicas de acceso público o de una red pública de comunicaciones en relación con la conservación de determinados datos generados[17] o tratados por los mismos, para garantizar que los datos estén disponibles con fines de investigación, detección y enjuiciamiento[18] de delitos graves, tal como se definen en la legislación nacional de cada Estado miembro. (Art. 1.1.).

El art. 1.2 establece que la presente Directiva se aplicará a los datos de tráfico y de localización sobre personas físicas y jurídicas y a los datos relacionados necesarios para identificar al abonado o al usuario registrado. No se aplicará al contenido de las comunicaciones electrónicas, lo que incluye la información consultada utilizando una red de comunicaciones electrónicas.

Esta obligación de conservación de los datos supone una excepción a los arts. 5, 6 y 9 de la Directiva 2002/58/CE.

---

17 Tanto el título de la Propuesta de Directiva de 21.9.2005, como el artículo 1.1. de dicha Propuesta, hacían referencia sólo a datos «tratados», sin contemplar los datos «generados» en relación con la prestación de servicios públicos de comunicación electrónica, por lo que el ámbito de aplicación del texto definitivamente aprobado puede parecer más amplio que el de la Propuesta. Sin embargo, el artículo 3.1. de la Propuesta, al hacer referencia a la obligación de consevar datos, contemplaba tanto los datos «tratados» como los «generados».

18 El art. 1.1. de la Propuesta de directiva hacía referencia a: prevención, investigación, detección y enjuiciamiento. En el texto definitivo se ha suprimido la finalidad de «prevención»

La primera objeción que se hace a la finalidad de la Directiva 2006/24 es que las medidas adoptadas son extremadamente vulneradoras de los derechos fundamentales de los ciudadanos y que existen otros mecanismos menos invasores. Uno de ellos es el denominado *quick freeze*, en cuyo caso no se lleva a cabo un almacenamiento general de los datos sino que en casos justificados las autoridades policiales piden a los proveedores que almacenen ciertos datos y posteriormente pueden obtener una orden judicial que les permita acceder a los mismos.[19]

El art. 1.1. de la Propuesta de Directiva al hacer referencia a «delitos graves» especificaba «como el terrorismo y la delincuencia organizada»,[20] sin embargo, el texto definitivamente aprobado ha suprimido esta concreción. El Grupo del Artículo 29 consideraba que «los datos sólo deberán conservarse con el fin específico de luchar contra el terrorismo y la delincuencia organizada, en vez de considerarse cualesquiera otras «infracciones graves» indeterminadas. Según dicho grupo, la limitación de la finalidad también debería figurar en el título de la Directiva Propuesta (WP 113, pág. 9). En vista del texto definitivamente adoptado el Grupo del Artículo 29 propone una transposición del mismo de forma que el término «infracciones graves» quede claramente definido y no sean posibles interpretaciones extensivas (WP 119, pág. 3).

2.2. Sujetos afectados

Los sujetos obligados a retener los datos son los proveedores de servicios de comunicaciones electrónicas de acceso público o de una red pública de comunicaciones.

Los datos se retienen respecto de personas físicas y jurídicas (art. 1.2 Directiva). Así lo confirma el art. 2.2.b) cuando se refiere al «usuario» como toda persona física o jurídica que utilice un servicio de comunicaciones electrónicas de acceso público.

19 En este sentido se pronuncia el Grupo del Artículo 29, véase. WP 113, pág. 7.

20 También realizaba la misma puntualización el art. 11 de la Propuesta.

Al definir al «usuario» a los efectos de la Directiva, el art. 2.2. b) realiza otra precisión. Entiende por «usuario» la persona física o jurídica que utilice un servicio de comunicaciones electrónicas de acceso público, con fines privados o comerciales, sin haberse necesariamente abonado a dicho servicio.

Esta referencia a *fines privados o comerciales* ¿comporta que se excluya del concepto de usuario para la aplicación de la Directiva a la Administración pública?

En el art. 1.2. no parece contemplarse esta exclusión, pero el interrogante se plantea a tenor del art. 2.2.b). Sin embargo, esta exclusión no tendría mucho sentido. Como veremos más adelante, entre los datos del tráfico que se retienen se hallan los necesarios para «identificar el destino de una comunicación» [art. 5.1.b)]. En el caso de excluir de la obligación de retener los datos del tráfico relativos a la administración, ello afectaría no sólo a los datos que genera la propia administración en las comunicaciones entre sus órganos o con otras administraciones, sino también aquellos otros supuestos en que la Administración se relaciona con terceros (como receptora u origen de una comunicación).[21]

Los sujetos que pueden ser destinatarios de los datos son *solamente* las «autoridades nacionales competentes» (art. 4 y 8). En parecidos términos se pronunciaban los arts. 3.2 y 8 de la Propuesta. Con el término *solamente* se pretende dejar claro, siguiendo los comentarios del SEPD, que otras personas distintas de las autoridades competentes no puedan tener acceso a los datos en cuestión (Dictamen del SEPD, punto 52). De todas formas hubiera sido necesario precisarlo más.

El Grupo del Artículo 29 consideraba, respecto de la Propuesta, que debería establecerse que «los datos sólo estarán disponibles para determinadas autoridades policiales específicamente designadas cuando sea necesario a efectos de la investigación, detección, procesamiento y/o prevención del terrorismo.

---

21 Por lo tanto, si se considera tan importante retener los datos respecto de un hipotético criminal, se desconocerían aquellos datos en los que el sujeto en cuestión se ha relacionado con la Administración. Si se predica que es tan indispensable poder retener los datos, no se justifica suficientemente que este supuesto quede excluido.
Además respecto a las administraciones, una parte de las comunicaciones que realizan los funcionarios y resto de personal (telefonía, acceso a Internet), afecta a la esfera privada. ¿Cómo se podría separar y controlar esta actividad distinta de la propia de la Administración?

Deberá publicarse la lista de estas autoridades» (WP 113, pág. 9). El Grupo del Artículo 29, en el Dictamen posterior a la aprobación de la Directiva, vuelve a reiterar la idea de la necesidad de hacer pública una relación de las autoridades designadas que puedan tener acceso a los datos (WP 119, pág. 3).

2.3. ¿Qué es objeto de conservación?

Los datos que son objeto de conservación son los datos de tráfico y de localización sobre personas físicas y jurídicas y los datos relacionados necesarios para identificar al abonado o al usuario registrado. En cambio, no se aplica la Directiva al contenido de las comunicaciones electrónicas (art. 1.2).[22]

El art. 5 establece de forma más pormenorizada las categorías de datos que serán objeto de conservación. Los datos necesarios para: i.- rastrear e identificar el origen de una comunicación; ii.- identificar el destino de una comunicación; iii.- identificar la fecha, hora y duración de una comunicación; iv.- identificar el tipo de comunicación; v.- identificar el equipo de comunicación de los usuarios o lo que se considera ser el equipo de comunicación; vi.- identificar la localización del equipo de comunicación móvil.

El art. 4 de la Propuesta recogía una relación similar de datos pero establecía una variante en cuanto a la forma. El art. 4 únicamente hacía una relación general de los datos y luego se remitía a un anexo que desgranaba cada uno de los datos dentro de las categorías previamente establecidas. Dicho anexo sería objeto de revisión regularmente, en la medida que fuera necesario, de acuerdo con el procedimiento establecido en el art. 6 de la Propuesta –la Comisión, asistida por un Comité, revisaría dicho anexo.

El Grupo del Artículo 29 no consideró adecuada la mecánica de remitir a un anexo la relación concreta de datos a retener. Por el contrario, consideraba que

22 En el mismo sentido se pronuncia el art. 2.2.a) Directiva cuando determina qué se entiende por dato a los efectos de la aplicación de la misma. El art. 5.2 reitera que «no podrá conservarse ningún dato que revele el contenido de la comunicación». Esta medida, si bien de entrada puede parecer positiva, tiene el inconveniente del efecto boomerang del que habla el profesor Rodota Rodotà «si se realiza una llamada telefónica inocente a quien luego se revela un criminal, la imposibilidad de demostrar cuál ha sido el verdadero contenido de la comunicación dejará la sombra de la sospecha.». (*Vid.* Rodotà, *op. cit.*).

la propia Directiva debía especificar directamente la lista de datos personales a conservar. Y ello para poder calibrar exactamente el impacto en los derechos y libertades fundamentales de los ciudadanos afectados, teniendo en cuenta los riesgos para su esfera personal y la garantía de la exactitud y la actualización de los datos conservados.

Asimismo, consideraba que toda propuesta de cambios en la lista de los tipos de datos a conservar debería someterse a una prueba de estricta necesidad. Por ello, la revisión de dicha lista debería realizarse sólo con la aprobación del Parlamento europeo y con la participación de las autoridades responsables de protección de datos. En consecuencia, se consideraba inadecuado realizar la revisión de dicha lista únicamente siguiendo el procedimiento de comitología, según lo previsto en la Propuesta de Directiva (WP 113, págs. 10-11). El mismo parecer expresó el SEPD, punto 60.

El Parlamento europeo también se pronunció en un sentido parecido, señalando que no era correcto establecer en un anexo los datos a retener, ya que era un tema sobre el que necesariamente debía pronunciarse el propio Parlamento y no se podía dejar a la Comisión.[23] El CESE, punto 2.4.6, expresó la misma opinión.

Finalmente el texto definitivo ha seguido las opiniones emitidas y en el art. 5 se incluye la relación detallada de los datos a conservar.

2.4. Circunstancias que rodean la conservación de datos

2.4.1. Conservación y almacenamiento

Una vez que los datos han sido retenidos, el primer elemento a tener en cuenta es cómo se produce la conservación y almacenamiento de los mismos. El

23 En este sentido se pronunció la Comisión de Industria, Investigación y Energía, que en las enmiendas n.° 18, 19 y 20 propuso sumprimir los arts. 4.2, 5 y 6 de la Propuesta de directiva. Véase (http://www.europarl.europa.eu/omk/sipade3?PUBREF=-//EP//NONSGML+REPORT+A6-2005-0365+0+DOC+PDF+V0//ES&L=ES&LEVEL=2&NAV=S&LSTDOC=Y), pág. 40-41 y 50-51
Según su parecer, «no puede aceptarse el procedimiento de comitología propuesto por la Comisión, en cuyo seno los representantes de la Comisión y de los Estados miembros podrán modificar la lista de los datos que deben conservarse sin la participación del Parlamento europeo y las empresas concernidas. Cada ampliación de los tipos de datos que deben conservarse tiene una incidencia clara en los derechos fundamentales y debe someterse a la consideración del Parlamento. Por tanto, debe suprimirse este artículo».

art. 3.1 de la Propuesta establecía que los datos «se conserven de conformidad con lo dispuesto en la presente Directiva». Sin embargo, en el resto del articulado no se hacían ulteriores referencias a las garantías de los titulares de los datos.

Esta falta de concreción fue criticada por las autoridades de protección de datos. El Grupo del Artículo 29 consideraba que «las medidas comunitarias deberán prever normas mínimas sobre medidas de seguridad técnicas y organizativas que deberán adoptar los proveedores, especificando los requisitos generales relativos a las medidas de seguridad establecidas en la Directiva CE/2002/58 (WP 113, pág. 10).

Pues bien, la Directiva, a parte de una declaración general contenida en el art. 3.1 de que los datos se deberán conservar de conformidad con lo dispuesto en la Directiva, sí que introduce un precepto que, si bien de forma muy general, se refiere a la protección y seguridad de los datos. Se trata del art. 7 que se ocupa de las garantías de los titulares de los datos (calidad, normas de seguridad, acceso y destrucción). Pero el Grupo del Artículo 29 indica la necesidad de especificar en las legislaciones nacionales, las medidas de seguridad, estableciendo unos estándares mínimos, especificando los requisitos generales sentados en la Directiva (WP 119, pág. 3).

Pero el interés de la Directiva parece focalizarse en otro aspecto. En su articulado, aparte de hacer una referencia a las medidas de seguridad, se preocupa de tutelar y garantizar otro interés: el de las autoridades receptoras de los datos. En consecuencia el art. 8 establece que los datos deben conservarse de tal forma que puedan transmitirse sin demora cuando las autoridades competentes así lo soliciten.

En términos muy parecidos se pronunciaba el art. 8 de la Propuesta y además, en dicha Propuesta no existía ninguna mención a las garantías de los titulares de los datos. Resulta preocupante que el principal objetivo de la conservación adecuada fuera facilitar el acceso a los datos a las autoridades y no el de garantizar los derechos de los afectados. Si bien este aspecto se ha corregido un poco en el texto definitivo, es revelador de la filosofía que late bajo la Directiva.[24]

24 El SEPD, en el punto 62, junto a otras consideraciones relativas a la transmisión de los datos (no revelar otros datos distintos de los datos necesarios a efectos de la solicitud), afirmaba que «los proveedores deben instalar el entramado técnico necesario, incluidos motores de búsqueda, para facilitar el acceso directo a los datos específicos». ¿Realmente esta última medida supone una tutela de los ciudadanos?

2.4.2. Acceso a los datos

El art. 3.2 de la Propuesta establecía, en términos bastante parecidos al artículo 4 de la Directiva, la necesidad de adoptar medidas para garantizar que los datos conservados de acuerdo con la Directiva solamente se proporcionen a las autoridades nacionales competentes y, en casos específicos, de conformidad con la legislación nacional, con fines de prevención, investigación, detección y enjuiciamiento de delitos graves, como el terrorismo y la delincuencia organizada.[25]

Como ya se ha señalado anteriormente al hablar de los destinatarios de los datos, una de las críticas a dicha redacción era la excesiva generalidad del término «autoridades nacionales competentes», indicando tanto el SEPD como el Grupo del Artículo 29 la necesidad de que las legislaciones nacionales identificaran claramente cuáles eran las autoridades en cuestión.

El SEPD consideraba necesario adoptar una serie de previsiones en cuanto al acceso a los datos: regular de forma más detallada el intercambio de datos entre autoridades de distintos Estados (punto 32), regular explícitamente el acceso y la utilización posterior de los datos (punto 50), especificar que los datos sólo pueden proporcionarse cuando sea necesario en relación con una infracción penal concreta, y no para búsquedas aleatorias (punto 53) y establecer que el acceso en casos específicos debería estar supeditado al control judicial en los Estados miembros (punto 56). El Dictamen del CESE va en la misma dirección y considera que el acceso a los datos debería realizarse sólo en casos específicos y bajo control judicial (punto 2.4.9).

Ahondando más en el acceso a los datos, el Grupo del Artículo 29 considera que «el acceso a los datos deberá, en principio, autorizarse debidamente en cada caso por una autoridad judicial, sin perjuicio de los países donde exista la posibilidad específica de acceso autorizado por ley, bajo supervisión independiente. En su caso, las autorizaciones deberán especificar los datos particulares requeridos para los casos concretos (WP 113, pág. 10 y WP 119, pág. 3).

25 El final de este artículo de la Propuesta, en concreto cuando hace referencia a «con fines de prevención [....] terrorismo y la delincuencia organizada.», se ha suprimido en su equivalente, el art. 4.1 de la directiva. Pese a que puede parecer una coletilla sin trascendencia, era positivo que se reiterara en qué casos concretos se podía tener acceso a los datos. Esta supresión del texto actual del art. 4.1 hay que ponerla en relación con el hecho de que en el propio art. 1 de la directiva se hace referencia a «delitos graves», sin especificar cuáles son.

También consideraba el Grupo del Artículo 29 la necesidad de registrar todo acceso a los datos (WP 113, pág. 10).

Pese a estas observaciones, la Directiva simplemente se limita a introducir un nuevo párrafo (el art. 4.2) que deja a los Estados miembros la definición del procedimiento a seguir y las condiciones que deban cumplirse para tener acceso a los datos. «Cada Estado miembro definirá en su legislación nacional el procedimiento que deba seguirse y las condiciones que deban cumplirse para tener acceso a los datos conservados de conformidad con los requisitos de necesidad y proporcionalidad, de conformidad con las disposiciones pertinentes del derecho de la Unión o del derecho internacional público, y en particular el CEDH en la interpretación del Tribunal Europeo de Derechos Humanos».

2.4.3. Plazo de conservación

A la hora de determinar el plazo que deben conservarse los datos nos hallamos ante el interés de las autoridades de garantizar un período suficientemente amplio y por el otro el de los titulares de los datos y de las empresas en que los plazos sean cuanto más breves mejor.

El art. 6 de la Directiva establece que las categorías de datos mencionadas en el art. 5 se conserven por un período de tiempo que no sea inferior a seis meses ni superior a dos años a partir de la fecha de la comunicación, sin distinguir al establecer dichos plazos, el tipo de dato de que se trate.

Por contra el art. 7 de la Propuesta establecía un plazo general de conservación de un año y uno más reducido de 6 meses para los datos relacionados con comunicaciones electrónicas que tuvieran lugar entera o principalmente a través del protocolo Internet.[26]

En el texto de la Directiva, si bien no se tiene en cuenta la circunstancia del tipo de dato para establecer los plazos de conservación, esta circunstancia sí

26 El SEPD considera adecuado tanto los plazos previstos por la Propuesta como establecer distintos plazos en función del dato a retener (véase el Dictamen del SEPD, puntos 61-62). Por el contrario, el Dictamen del CESE considera que el plazo de un año previsto en la Propuesta es demasiado largo, ya que la Comisión no acredita la necesidad de la retención por esos periodos. El Comité considera que un periodo prudencial y unificado debería ser el de seis meses, con las medidas de seguridad y confidencialidad adecuadas (véase el punto 2.4.8).

que se valora al regular la transposición de la Directiva. El art. 15 establece la posibilidad de que los Estados miembros aplacen durante un año y medio la aplicación de la Directiva respecto la conservación de los datos de comunicaciones a través de Internet.

La Propuesta de Directiva no hacía ninguna referencia a la obligación de borrar los datos al final del plazo de retención ni tampoco al procedimiento a seguir para llevarlo a cabo.[27] La Directiva contiene una referencia genérica, en el art. 7d), a que «los datos, excepto los que hayan sido accesibles y se hayan conservado, se destruirán al término del período de conservación».

2.5. Aplicación de la Directiva

La presente Directiva, que entró en vigor el 3 de mayo del 2006 (vid. art. 16), deberá transponerse por los Estados miembros a más tardar el 15 de setiembre de 2007. Como ya se ha indicado, cada Estado miembro tenía la posibilidad de decidir, en el momento de adopción de la Directiva, aplazar hasta el 15 de marzo de 2009 la aplicación de la misma en lo que se refiere a la conservación de los datos de comunicaciones a través de Internet (acceso a Internet, telefonía por Internet y el correo electrónico).[28] Sin embargo, esta moratoria no será aplicable al caso de España, ya que no ha realizado ninguna declaración al respecto.[29]

Una de las novedades de la Directiva, respecto de la Propuesta, es la necesidad de que los Estados miembros nombren una autoridad pública responsable de controlar la aplicación de la Directiva en relación con la seguridad de los datos (art. 9). Dichas autoridades, que actuarán con plena independencia, pueden ser las agencias de protección de datos ya existentes. Es lógico que se haya

27 Véase en este sentido las observaciones del SEPD, punto 62.

28 Esta posibilidad prevista en el art. 15.3 de la Directiva de aplazar su aplicación respecto la conservación de datos transmitidos a través de Internet no estaba contemplada en la Propuesta de Directiva. Ello es en parte lógico ya que la Propuesta contemplaba un plazo distinto de retención (más breve) para los datos relacionados con comunicaciones electrónicas que tuvieran lugar entera o principalmente a través del Protocolo Internet -art. 7 de la Propuesta. En el texto definitivo no se prevé esta distinción.

29 Véase las declaraciones que constan al final del texto de la Directiva.

introducido este precepto en el texto definitivo en paralelo a la introducción de las referencias a las medidas de seguridad.

2.5.1. Estadística y evaluación

El art. 10 establece que los Estados miembros velarán por que se faciliten anualmente a la Comisión las estadísticas sobre la conservación de datos generados o tratados en el marco de la prestación de servicios de comunicaciones electrónicas de acceso público o de una red pública de comunicaciones. Tales estadísticas incluirán los casos en que se haya facilitado información a las autoridades competentes, el tiempo transcurrido entre la fecha en que se conservaron los datos y la fecha en que la autoridad competente solicitó su transmisión, y los casos en que no pudieron satisfacerse las solicitudes de datos. Tales estadísticas no contendrán datos personales. En términos muy parecidos se pronunciaba el art. 9 de la Propuesta.

Estas estadísticas tienen como finalidad permitir una evaluación de la implantación de la Directiva. El art. 14 establece que tres años después de la transposición de la Directiva se presentará al Parlamento y al Consejo una evaluación de su aplicación y su impacto en operadores económicos y consumidores. Uno de los elementos a tener en cuenta para realizar esta evaluación serán las estadísticas mencionadas en el art. 10. Dicha evaluación tendrá como finalidad principal determinar si es necesario modificar las disposiciones de la Directiva en cuestión, especialmente la relación de datos a conservar y los períodos de conservación.

El art. 12 de la Propuesta tenía un contenido muy similar, con la diferencia de que lo que se planteaba evaluar era principalmente los períodos de conservación. (En cuanto a los tipos de datos, como ya se ha indicado, su revisión tenía un régimen específico ya que se dejaba a manos de una Comisión –arts. 5 y 6 de la Propuesta).

2.5.2. Responsabilidades y sanciones

A diferencia de la Propuesta, se hace una referencia expresa a la necesidad de que los Estados miembros adopten medidas para impedir accesos no debidos a los datos conservados y transferencias no permitidas por la legislación nacional, estableciendo las correspondientes sanciones administrativas o penales en caso de contravenir las normas previstas (art. 13).

2.5.3. Costes

Uno de los temas clave en la elaboración de la Directiva ha sido el de quién debía hacer frente a los costes que comporta su aplicación.[30] El artículo 10 de la Propuesta expresamente daba una respuesta al respecto y establecía que «los Estados miembros asegurarán que los proveedores de servicios de comunicación electrónica de acceso público o de una red de comunicaciones pública sean reembolsados por los costes adicionales en que demuestren haber incurrido para cumplir con las obligaciones que la presente Directiva les impone».

El SEPD subrayó la relación entre quién debe soportar los costes y la adopción de las medidas de seguridad adecuadas y consideraba positivo el reembolso de los costes previsto en la Propuesta de Directiva (punto 36, y puntos 67-70).

Por su parte, el Grupo del Artículo 29 en el WP 113 consideró que los gastos adicionales que soporten los proveedores de comunicaciones electrónicas deberán ser compensados por los Estados miembros. Según dicho grupo, debe darse una solución adecuada, de modo que no se produzcan efectos negativos en el nivel de protección de datos ni tampoco en la esfera económica de los ciudadanos, a quines se podría cargar parte de los gastos de los proveedores. Según el Grupo de trabajo, las medidas de conservación de datos deberán incluir el reembolso de las inversiones de adaptación de los sistemas de comunicaciones, de los gastos de la revelación de datos a las autoridades policiales y de las medidas de seguridad (WP 113, pág. 11-12).

Por el contrario, el Comité Económico y Social, en su Dictamen de 19 de enero de 2006, discrepaba totalmente de la previsión de la Propuesta de Directiva de reembolsar a los proveedores y consideraba que dichos costes debí-

30 Al respecto es interesante leer el documento de evaluación, págs. 14-20. Entre otros aspectos, el tema de los costes está relacionado con la duración de los plazos de conservación y los tipos de datos a retener. (Cuanto más tiempo y cuantos más datos a retener, más costes.)

an contemplarse como «una carga que los operadores deberían asumir por el mero hecho de estar en el mercado, sin que el erario público, y por ende todos los ciudadanos, tengan que soportarla».[31]

En el texto definitivo, se ha omitido toda referencia a la cuestión de los costes. La enmienda 85 del Parlamento propuso suprimir el art. 10 de la Propuesta que se pronunciaba en el sentido ya visto.[32] Ante el silencio de la Directiva sobre los costes, éste será el caballo de batalla a la hora de transponerla. Los Estados podrán pronunciarse en un sentido u otro (determinar que se reembolsará a los proveedores de servicios o que no será así). Como hemos visto, ello va muy ligado a las medidas de seguridad. Si efectivamente son los operadores quienes tienen que hacer frente a estos costes, las medidas de seguridad que se adopten probablemente no serán lo apropiadas y necesarias que deberían ser. En cualquier caso, parece que acabará pagándolo el propio usuario.

Pero además, no pronunciarse sobre los costes puede producir otro efecto negativo. Se alegaba, para justificar la adopción de la Directiva que «las diferencias en las disposiciones legislativas, reglamentarias y técnicas en los Estados miembros en materia de conservación de datos de tráfico plantean obstáculos para el mercado interior de comunicaciones electrónicas ya que los prestadores de servicios se enfrentan a requisitos diferentes en cuanto a los tipos de datos que deben conservarse».[33] Pues bien, el objetivo de unificación puede diluirse en la medida en que se deja a los Estados adoptar la solución que consideren más conveniente respecto al reembolso.

2.5.4. Medidas futuras

Donde se demuestra de forma más clara la amenaza que representa la Directiva es en el art. 12, que lleva por rúbrica: «medidas futuras». Este precepto no tenía ningún precedente en la Propuesta de Directiva. Su introducción es

31 En relación con el tema de los costes, véase el Dictamen del CESE, puntos 2.4.11 a 2.4.14 en que se concluye que la Propuesta de reembolso de costes resulta improcedente y debe suprimirse. Sin embargo este punto del Dictamen fue objeto de fuerte controversia en el seno del CESE; véase el anexo al mismo donde se encuentran las Propuestas de enmiendas al Dictamen y el resultado de las votaciones.

32 Resolución legislativa del Parlamento europeo, cit.

33 Véase Exposición de motivos de la Propuesta, pág. 2, y Considerando 6 de la Directiva.

debida a la Enmienda 87 del Parlamento que propone la incorporación de un nuevo artículo, el 11 bis, que se convertirá en el art. 12 del texto definitivo.

Este precepto dispone que «(t)odo Estado miembro que deba hacer frente a circunstancias especiales que justifiquen una ampliación limitada del período máximo de conservación recogido en el artículo 6 podrá adoptar las medidas que se impongan. El Estado miembro en cuestión informará inmediatamente a la Comisión y a los demás Estados miembros sobre las medidas adoptadas de conformidad con el presente artículo e indicará las razones que le llevan a adoptarlas» (art. 12.1).

El art. 12.2. prevé que «(e)n un plazo de seis meses tras la notificación mencionada en el apartado 1, la Comisión aprobará o rechazará las medidas nacionales en cuestión después de haber examinado si constituyen una discriminación arbitraria o una restricción encubierta al comercio entre los Estados miembros o constituyen un obstáculo para el funcionamiento del mercado interior. En caso de que la Comisión no adopte ninguna decisión en dicho plazo se considerará que las medidas nacionales han sido aprobadas.

Se confiere pues al Estado unas amplias prerrogativas y parece que las críticas que se hicieron a la Propuesta de Directiva en lugar de suavizar las medidas adoptadas inicialmente han ampliado las facultades de retención. Este precepto permite ir aún más allá de las facultades previstas originariamente.

La interpretación del art. 12 plantea una duda principal, que es la del momento en que resultan aplicables las medidas aprobadas. ¿Tras su adopción por el Estado miembro o bien cuando la Comisión las aprueba -expresamente o mediante silencio positivo?

Puede parecer que no son directamente aplicables ya que el art. 12.2 establece que la Comisión «aprobará o rechazará las medidas nacionales» tras examinarlas. Sin embargo plantea confusión la interpretación de la frase «podrá adoptar las medidas que se impongan» –art. 12.1.[34]

34 La versión inglesa de la Directiva que quizá puede esclarecer el redactado del art. 12.1 establece: «12.1. A Member State facing particular circumstances that warrant an extension for a limited period of the maximum retention period referred to in Article 6 *may take the necessary measures*. That Member State shall immediately notify the Commission and inform the other Member States of the measures taken under this Article and shall state the grounds for introducing them» –la cursiva es nuestra.
Parece que nos hallamos ante una de las cláusulas de salvaguardia previstas en el art. 95.10 TCE.

Debería quedar más claro que las medidas no podrán aplicarse hasta que no conste la aprobación de la Comisión o bien transcurran seis meses sin que esta se pronuncie.

Existen aspectos criticables del artículo 12: el término «circunstancias especiales» es demasiado genérico y puede dar lugar a arbitrariedad y el hecho de que se puedan aprobar dichas medidas por silencio positivo resulta preocupante.

Otra objeción que puede hacerse a este precepto es que mediante el mecanismo en él previsto se producirá una modificación de la Directiva sin la intervención del Parlamento. Si una de las críticas a la Propuesta era que dejaba la determinación de los datos a retener al sistema de «comitología», en el art. 12 se incurre en el mismo error. Es cierto que se intenta corregir de alguna forma mediante el art. 12.3 que establece que cuando las medidas nacionales adoptadas por un Estado miembro se aparten de las disposiciones de la presente Directiva, la Comisión examinará la oportunidad de proponer la modificación de la presente Directiva. Sin embargo, mientras tal modificación no se produzca, las medidas ya se estarán aplicando.

Además este precepto choca frontalmente con algunas de las observaciones y recomendaciones que se habían establecido en relación con la Propuesta de Directiva. Así, el Dictamen del Grupo del Artículo 29 establecía que «deberá quedar claro que los Estados miembros no tendrán que establecer períodos de conservación de datos más largos que los previstos en la Directiva, aunque tendrán libertad para establecer períodos de conservación más breves», (WP 113, pág. 8). Mediante el art. 12 se está permitiendo lo que el Grupo del Artículo 29 trataba de evitar.

Resulta un poco extraño que el Grupo del Artículo 29, en el WP 119 adoptado con posterioridad a la aprobación de la Directiva, no haga ninguna referencia ni alerta sobre el precepto en cuestión.

Conclusiones

La conservación de los datos del tráfico interfiere con el derecho fundamental e inviolable a la confidencialidad de las comunicaciones y a la protección de datos.

Mediante la Directiva 2006/24 se están socabando los principios de protección de datos sentados en la UE. En definitiva, las medidas adoptadas en la presente Directiva superan totalmente los beneficios que se puedan obtener con la misma ya que se instaura una filosofía de sospecha y vigilancia de todos los ciudadanos sin un mínimo indicio. Además, ya de forma directa, ya indirecta, son los propios usuarios quienes acabarán soportando los costes de las medidas adoptadas.

En cualquier caso, siguiendo las directrices del Grupo del Artículo 29 (WP 119), es de desear que la transposición de la Directiva por parte de los Estados se haga respetando al máximo los derechos de los ciudadanos reconocidos en los propios textos constitucionales y jurisprudencia interna que se convertirá en su última garantía.

La responsabilidad de los prestadores de servicios en Internet (ISP) por infracciones de propiedad intelectual cometidas por sus usuarios

Raquel Xalabarder Plantada[*]

La tentación de designar a los prestadores de servicios en Internet (en adelante, ISP) como responsables por las infracciones que cometan los usuarios de sus servicios en Internet es fácil de explicar. Por una parte, toda infracción (de cualquier tipo, ya sea civil, penal o administrativa) que tiene lugar en Internet, se materializa a través de sus servicios (piénsese en los servicios de acceso, de almacenaje, motores de búsqueda, y direccionadores); Internet no existiría sin los ISP. Por otra parte, los ISP son de fácil localización y tienen –normalmente– mayor solvencia para reparar el daño cometido que el infractor.

Debido a su posición de intermediarios necesarios, los ISP "contribuyen" de alguna manera a la comisión de la infracción y, por lo tanto, en base a las reglas generales de atribución de responsabilidad, podrían ser declarados responsables. La batalla para establecer un régimen especial de responsabilidad para los ISP empezó ya en 1995 en Estados Unidos, en el seno de la *National Information Infrastructure –NII*[1] (donde se concluyó que era "cuanto menos, prematuro" excluir o reducir la responsabilidad de los ISP por las infracciones de propiedad intelectual que sus usuarios cometieran) y continuó en la arena internacional, con ocasión de la aprobación de los *"Tratados Internet"*

* Reproducción del artículo publicado en *IDP. Revista de Internet, Derecho y Política,* núm. 2 (2006) <http://www.uoc.edu/idp/2/dt/esp/xalabarder.pdf>

1 Libro blanco sobre *"Propiedad intelectual y la Infraestructura de Información Nacional"*: <http://www.uspto.gov/web/offices/com/doc/ipnii/>.

de la OMPI de 1996[2] (donde los ISP volvieron a defender sus intereses, consiguiendo evitar que se les declarara responsables por las infracciones de propiedad intelectual cometidas en Internet). Al final, se alcanzó un compromiso incorporado, por primera vez, en la *Digital Millennium Copyright Act* norteamericana, de 28 de Octubre de 1998[3] (en adelante, DMCA), y dos años después en la Directiva 2000/31/CE, de 8 de junio de 2000, de comercio electrónico[4] (en adelante, DCE). En España, la DCE fue implementada por la Ley 34/2002, de 11 de Julio, de Servicios de la Sociedad de la Información y de Comercio Electrónico[5] (en adelante, LSSICE).

En este artículo, examinaremos y compararemos las soluciones legislativas y jurisprudenciales adoptadas en ambos lados del Atlántico, para eximir de responsabilidad a los ISP por las infracciones (de todo tipo) cometidas por sus usuarios.

2 En el marco de la conferencia diplomática de la OMPI que debatía (tras cinco años de reuniones) diversas actualizaciones puntuales (técnicas) del lenguaje del Convenio de Berna para la protección de las obras literarias y artísticas, y del Convenio de Roma para la protección de los llamados "derechos conexos". Los llamados "Tratados Internet" de la OMPI se pueden consultar en su página web: <www.wipo.org>; Concretamente, el Tratado OMPI Derecho de Autor: <http://www.wipo.int/treaties/es/ip/wct/index.html> y el Tratado OMPI sobre Interpretación o Ejecución y Fonogramas: <http://www.wipo.int/treaties/es/ip/wppt/index.html>.

3 La DMCA está disponible en el web de la Copyright Office : <http://www.copyright.gov>.

4 *Vid.* <http://www.europa.eu.int/comm/internal_market/en/ecommerce/index.htm>. En el momento de preparar este artículo, la DCE ya ha sido implementada en Austria (Ley 152/2001 de 21 Diciembre 2001), Bélgica (Leyes de 11 de marzo de 2003), Dinamarca (Ley 227/2002 de 22 abril 2002), Finlandia (Ley 458/2002 de 5 junio 2002), Francia (Ley 719/2000 de 1 agosto 2000 y Ley 575/2004 de 21 junio 2004), Grecia (Decreto 131/2003 de 16 mayo 2003), Islandia (Ley 30/2002 de 16 abril 2002), Irlanda (Reglamento 68/2003 de 24 febrero 2003), Italia (Decreto 70/2003 de 9 abril 2003), Luxemburgo (Ley de 14 agosto 2000), Noruega (Ley de 23 mayo 2003 y Ley de 20 febrero 2004), Portugal (Decreto 7/2004 de 7 enero 2004), España (Ley 24/2002 de 11 julio 2002, LSSICE), Suecia (Ley de 6 junio 2002), el Reino Unido (Reglamento 2013/2002 de 21 agosto 2002) y Holanda (Ley de mayo 2004, que implementa la DCE, a través de modificaciones puntuales de diversas leyes y reglamentos).

5 Ley 34/2002, de 11 de Julio, de servicios de la sociedad de la información y de comercio electrónico (LSSICE); modificada por la Ley 32/2003, de 3 de Noviembre, General de Telecomunicaciones (LGT). *Vid.* <http://www.setsi.mcyt.es/legisla/internet/ley34_02/sumario.htm>.

1. Algunos comentarios previos en relación con ambos regímenes

Una diferencia fundamental entre ambos sistemas norteamericano y europeo es la llamada aproximación vertical frente a la horizontal. Mientras que la DMCA sólo exime a los ISP de responsabilidad por las infracciones de propiedad intelectual, la DCE les exime de responsabilidad por infracciones de cualquier tipo. El motivo de la aproximación horizontal de la DCE se explica porque la divergencia normativa y jurisprudencial nacional en materia de responsabilidad de los ISP podría *"entorpecer el correcto funcionamiento del mercado interior al obstaculizar el desarrollo de servicios transfronterizos y producir distorsiones de la competencia"* (cons.40). En Estados Unidos, otras leyes sectoriales vienen a "completar" la exención parcial de responsabilidad de los ISP que hace la DMCA (por ser una ley de modificación de la Copyright Act). En este sentido, hay que mencionar la *Telecommunications Decency Act* de 1996,[6] cuya cláusula del "buen samaritano" (*Good Samaritan*) permite la exención de responsabilidad de algunos ISP por las actuaciones de sus usuarios en Internet. Aunque inicialmente estaba prevista para la responsabilidad por *"third party speech"* (difamaciones, afirmaciones falsas, etc. cometidas por usuarios de Internet), su alcance se ha ido expandiendo hasta cubrir la responsabilidad por todo tipo de infracciones civiles, salvo en los ámbitos expresamente excluidos –en concreto, la propiedad intelectual y las materias de competencia federal, especialmente las reguladas por leyes federales contra la obscenidad y la pornografía infantil. De todas maneras, la aproximación horizontal de la DCE sigue siendo más amplia que la norteamericana. Un ISP podría quedar exento de responsabilidad por infracción de una marca en la UE, pero no en Estados Unidos. Por ejemplo, Mindspring, un ISP que almacenaba una página web que ofrecía relojes de imitación, fue declarado responsable por tal infracción, ya que ni la TDA ni la DMCA eran aplicables para eximir de responsabilidad al ISP por la infracción de marca –*vid.* Gucci *vs.* Hall, 135 F.Supp. 2d 409 (S.D.N.Y. 2001). En Europa,

6 Telecommunications Decency Act de 1996 <http://www.fcc.gov/telecom.html>; *vid.* sec.230(c) : *No provider or user of an interactive computer service shall be treated as the publisher or speaker of any information provided by another information content provider.*

Mindspring podría quedar fácilmente eximido de tal responsabilidad, con el simple cumplimiento de las condiciones del *"safe-harbor"* de alojamiento de datos (*"hosting"*) del art.14 DCE y correspondientes leyes nacionales (por ejemplo, vid. art.16 LSSICE).

La segunda consideración importante, al comparar ambos sistemas, es que mientras que la DMCA sólo cubre la exención de la responsabilidad por "daños y perjuicios" (es decir, la compensación económica), la DCE exime de cualquier tipo de responsabilidad. Como tendremos ocasión de ver, esta diferencia explica alguna de las especificidades de la DCE, en comparación con la DMCA, y además será motivo de posibles interpretaciones contradictorias (o cuanto menos, diferentes) a nivel nacional, lo cual no favorece el camino hacia la pretendida harmonización.

Tanto la DMCA como la DCE se basan en una lista de escenarios, conocidos como *safe-harbors* en los que –si se cumplen unas condiciones concretas– el ISP no será responsable por la infracción cometida por su usuario. En principio, el simple incumplimiento de alguna de estas condiciones impide al ISP beneficiarse de la exención, pero no necesariamente le asigna responsabilidad por la infracción. El régimen de *safe-harbors* sólo sirve como un primer "filtro": la responsabilidad de cada ISP se establecerá de acuerdo con las reglas generales de responsabilidad, ya sea mediante la doctrina de la responsabilidad secundaria (*secondary liability*)[7] en Estados Unidos, o como colaborador necesario o respon-

7 En Estados Unidos, dos son las doctrinas para establecer la existencia de "responsabilidad secundaria" (es decir, por hecho ajeno) por infracciones de la propiedad intelectual: *vicarious liability* y *contributory infringement.* En base a la doctrina establecida en Shapiro, Bernstein & Co. vs. H.L. Green Co., 316 F.2d 204 (2d Cir. 1963), se acepta que existe responsabilidad (*vicarious liability*) por una infracción de la propiedad intelectual cometida por un tercero, cuando se cumplan dos requisitos: la capacidad (y derecho) de supervisar la actividad infractora y la existencia de un interés económico en la misma. Así pues, la decisión de si existe o no *vicarious liability* se centrará en el examen del grado de supervisión que el ISP tiene (no necesariamente, ejerce) sobre la actividad infractora y del beneficio económico que obtiene de ella (ya sea directo o indirecto).
La doctrina jurisprudencial del *contributory infringement* aparece posteriormente como una adaptación de la doctrina del *vicarious libaility*: quien, con conocimiento de la actividad infractora, induce, causa o contribuye materialmente a la conducta infractora de un tercero, puede ser declarado responsable como infractor "contribuyente" –*vid.* Gershwin *vs.* Columbia, 443 F.2d 1159 (2d Cir. 1971). Desde entonces, se considera que existe *contributory infringement* cuando se conoce y se facilita la producción de la infracción por parte de tercero. Así pues, las cuestiones que se plantean al decidir si existe o no *contributory infringement* se centran, además de en la definición de "contribuir" a la infracción, en el examen del grado de conocimiento que el ISP tiene de la actividad infractora (¿específico o general? ¿anterior o posterior a la infracción? ¿puede el ISP "cerrar los ojos" ante la infracción? etc.).

sable civil por hecho ajeno en los países del derecho civil.[8] Sin embargo, se trata éste de un tema poco pacífico y deberemos esperar a que los diversos legisladores nacionales, o los tribunales nacionales, se manifiesten al respecto. Lo que queda claro es que tanto en la DCE como en la DMCA, es necesario que exista una infracción "de base" por parte del tercero (usuario).

Por otro lado, ninguno de ambos regímenes de exención de responsabilidad afectan ni impiden la adopción por parte de los tribunales, o autoridades administrativas correspondientes, de órdenes que exijan la terminación o eviten la comisión de una infracción, incluidas la supresión de información ilegal o el desmantelamiento del acceso a la misma.[9] Más aún, si un ISP desobedece una de estas órdenes no podrá beneficiarse de la exención de responsabilidad correspondiente.

2. Supuestos de exención de responsabilidad de los ISP (safe-harbors)

La DCE establece tres *safe-harbors*: de mera transmisión, de memoria tampón (caching) y de alojamiento de datos (*hosting*), en los que la responsabilidad del ISP puede quedar exenta cuando se cumplan con las condiciones específicas que se establecen para cada uno de ellos.

> ***Art. 12. Mera transmisión***
> *1. Los Estados miembros garantizarán que, en el caso de un servicio de la sociedad de la información que consista en transmitir en una red de comunicaciones, datos facilitados por*

En el famoso caso "Betamax", Sony vs. Universal, 464 U.S. 417 (1984), la Supreme Court examinó ambas doctrinas antes de concluir que no existía responsabilidad alguna por parte de Sony por la fabricación de aparatos grabadores/reproductores de vídeo, que podían ser utilizados para copiar películas sin autorización de los titulares de derechos, por cuanto además podían se utilizados para otors usos importantes que no constituían infracción.

8 Para un estudio de derecho comparado sobre la tipología de la responsabilidad (civil y penal) por hecho ajeno en los sistemas del common law y del derecho civil, *vid.* K. Koelman, B.P. Hugenholtz, *Online Service Provider Liability for Copyright Infringement,* WIPO Workshop on Service Provider Liability, Geneva (Dec.1999), disponible en: <http://www.ivir.nl/publicaties/hugenholtz/wipo99.pdf>.

9 *Vid.* arts.12, 13, y 14 DCE: *"El presente artículo no afectará a la posibilidad de que un tribunal o una autoridad administrativa, de conformidad con los sistemas jurídicos de los Estados miembros, exija al prestador de servicios que ponga fin a una infracción o que la impida".*

el destinatario del servicio o en facilitar acceso a una red de comunicaciones, no se pueda considerar al prestador de servicios de este tipo responsable de los datos transmitidos, a condición de que el prestador de servicios:
a) no haya originado él mismo la transmisión;
b) no seleccione al destinatario de la transmisión, y
c) no seleccione ni modifique los datos transmitidos.

2. Las actividades de transmisión y concesión de acceso enumeradas en el apartado 1 engloban el almacenamiento automático, provisional y transitorio de los datos transmitidos siempre que dicho almacenamiento sirva exclusivamente para ejecutar la transmisión en la red de comunicaciones y que su duración no supere el tiempo razonablemente necesario para dicha transmisión.

3. El presente artículo no afectará a la posibilidad de que un tribunal o una autoridad administrativa, de conformidad con los sistemas jurídicos de los Estados miembros, exija al prestador de servicios que ponga fin a una infracción o que la impida.

Art.13. Memoria tampón ("Caching")
1. Los Estados miembros garantizarán que, cuando se preste un servicio de la sociedad de la información consistente en transmitir por una red de comunicaciones datos facilitados por el destinatario del servicio, el prestador del servicio no pueda ser considerado responsable del almacenamiento automático, provisional y temporal de esta información, realizado con la única finalidad de hacer más eficaz la transmisión ulterior de la información a otros destinatarios del servicio, a petición de éstos, a condición de que:
a) el prestador de servicios no modifique la información;
b) el prestador de servicios cumpla las condiciones de acceso a la información;
c) el prestador de servicios cumpla las normas relativas a la actualización de la información, especificadas de manera ampliamente reconocida y utilizada por el sector;
d) el prestador de servicios no interfiera en la utilización lícita de tecnología ampliamente reconocida y utilizada por el sector, con el fin de obtener datos sobre la utilización de la información, y
e) el prestador de servicios actúe con prontitud para retirar la información que haya almacenado, o hacer que el acceso a ella sea imposible, en cuanto tenga conocimiento efectivo del hecho de que la información ha sido retirada del lugar de la red en que se encontraba inicialmente, de que se ha imposibilitado el acceso a dicha información o de que un tribunal o una autoridad administrativa ha ordenado retirarla o impedir que se acceda a ella.

2. El presente artículo no afectará a la posibilidad de que un tribunal o una autoridad administrativa, de conformidad con los sistemas jurídicos de los Estados miembros, exija al prestador de servicios poner fin a una infracción o impedirla.

Art. 14. Alojamiento de datos ("Hosting")
1. Los Estados miembros garantizarán que, cuando se preste un servicio de la sociedad de

la información consistente en almacenar datos facilitados por el destinatario del servicio, el prestador de servicios no pueda ser considerado responsable de los datos almacenados a petición del destinatario, a condición de que:
a) el prestador de servicios no tenga conocimiento efectivo de que la actividad o la información es ilícita y, en lo que se refiere a una acción por daños y perjuicios, no tenga conocimiento de hechos o circunstancias por los que la actividad o la información revele su carácter ilícito, o de que,
b) en cuanto tenga conocimiento de estos puntos, el prestador de servicios actúe con prontitud para retirar los datos o hacer que el acceso a ellos sea imposible.

2. El apartado 1 no se aplicará cuando el destinatario del servicio actúe bajo la autoridad o control del prestador de servicios.

3. El presente artículo no afectará la posibilidad de que un tribunal o una autoridad administrativa, de conformidad con los sistemas jurídicos de los Estados miembros, exijan al prestador de servicios de poner fin a una infracción o impedirla, ni a la posibilidad de que los Estados miembros establezcan procedimientos por los que se rija la retirada de datos o impida el acceso a ellos.

A modo de resumen, un ISP se podrá beneficiar de las exenciones de mera transmisión y de memoria tampón (*caching*) cuando su participación sea de naturaleza meramente técnica, automática y pasiva, de manera que el ISP no tenga ni conocimiento ni control sobre la información transmitida o almacenada. Ello presupone, entre otras cosas, que el ISP no modifique la información transmitida,[10] que no interfiera con los mecanismos establecidos en origen,[11] y –en el caso del *caching*–[12] que actúe con prontitud para retirar los datos o impedir su acceso cuando tenga conocimiento de que los mismos han sido retirados

10 Tal como recoge el considerando 43 de la DCE, este requisito no abarca las manipulaciones de carácter técnico que tienen lugar en el transcurso de la transmisión, puesto que no alteran la integridad de los datos contenidos en la misma.

11 Por ejemplo, para el cómputo del número de visitas a la página web, o el acceso protegido mediante contraseña o páginas web encriptadas, etc.

12 En este punto, cabe mencionar el Auto de 10 de Noviembre de 2004 del Juzgado de lo Mercantil núm.2 de Madrid, en relación con una medida cautelar solicitada para obligar a Bitmailer, S.L. a cesar en la provisión del servicio de acceso a Internet a la empresa NetProvider S.A., operadora de la página web <www.weblisten.com>. El Juzgado concluye que, a diferencia de los supuestos previstos para el "*hosting*" (art. 16 LSSICE) y el "*caching*" (art. 15 LSSICE), el art. 14 LSSICE (acceso y mera transmisión) no obliga a los proveedores de acceso a Internet a la cesación o a la retirada de contenidos, propiamente. En este caso, los demandantes no aportaron pruebas suficientes para fundamentar que Bitmailer prestara, además de los servicios de acceso y mera transmisión, alguno de ambos servicios ("*hosting*" o "*caching*") para NetProvider, y el Juzgado denegó la medida cautelar solicitada.

o su acceso ha sido deshabilitado en origen, o de que un tribunal o autoridad administrativa haya ordenado su retirada o acceso. Estos *safe-harbors* han sido transpuestos en los arts.14 a 16 de la LSSICE.[13]

Basta decir que tanto los escenarios, como las condiciones específicas establecidas para cada uno de ellos, son paralelos a los *safe-harbors* de la sec.512 DMCA.[14]

Para la exención por almacenamiento (*hosting*), se establece un doble nivel de ausencia de conocimiento, por parte del ISP, acerca de la ilicitud de la información almacenada: "conocimiento efectivo" y "conocimiento de hechos o circunstancias por los que la actividad o la información *revele* su carácter ilícito". La DMCA (sec.512) también recoge este doble nivel de conocimiento, como *actual knowledge* y *awareness*, respectivamente, siendo conocido este último como el *red-flag-test*: la ilicitud debe ser "aparente". La simple existencia de circunstancias "sospechosas" de que ocurre un ilícito no es suficiente para responsabilizar al ISP. De esta manera se refuerza el principio de que el ISP no tiene obligación de supervisar ni controlar las páginas y acciones de sus usuarios, ni siquiera cuando existan circunstancias "sospechosas". Al final, pues, el nivel de (des)conocimiento exigido para la exención de responsabilidad por daños y perjuicios parecido bajo ambos sistemas: ausencia de "conocimiento efectivo" y de *awareness*. Por supuesto, para poder seguir beneficiándose de la exención por alojamiento (*hosting*), al tener conocimiento efectivo o *awareness* de la existencia de un ilícito, el ISP debe actuar con prontitud para eliminar o impedir el acceso a la información o actividad ilícita.

Sin embargo, más allá de la simple responsabilidad por daños y perjuicios, existe una diferencia importante. El art.14 DCE[15] distingue implícitamente, entre "responsabilidad" en general, por un lado, y responsabilidad "en lo que se refiere a una acción por daños y perjuicios", por otro, y las sujeta a un diferente nivel de (des)conocimiento. La vaguedad y falta de concreción jurídica de

---

13 Vid. <http://www.setsi.mcyt.es/legisla/internet/ley34_02/tit2.htm#a14>

14 Vid. sec.512 USCA: <www.copyright.gov>

15 Es posible aventurar que esta falta de precisión en el lenguaje (en definir qué tipo de responsabilidad queda cubierta por la DCE) se deba a la inseguridad de la UE sobre su propio ámbito de competencia en materia de responsabilidad penal -siendo, tradicionalmente, la legislación penal un área reservada a los Estados miembros.

este artículo deja amplio margen a los Estados miembros al interpretar para qué tipo de responsabilidad se exige la ausencia de conocimiento. Así, por ejemplo, la ley belga exige conocimiento efectivo para las acciones criminales (definiendo como tal cuando la infracción ha sido debida y formalmente notificada al ISP) y *awareness* para las acciones de indemnización (entendiendo por *awareness* cuando la infracción ha sido de alguna manera puesta en conocimiento del ISP o que las circunstancias hacen que la misma sea aparente). En cambio, en España, prescindiendo del *awareness*, la ausencia de conocimiento efectivo no sólo se exige para eximir al ISP de todo tipo de responsabilidad, ya sea civil o criminal (*vid.* art.16 LSSICE), sino que además se le añade un segundo requisito: que la ilicitud haya sido establecida por la "autoridad competente" y que el ISP haya sido debidamente notificado.

El panorama promete ser todavía más interesante a medida que la jurisprudencia decida sobre este extremo, y en especial, si se tiene en cuenta que la DCE no sólo no define cuándo existe "conocimiento efectivo" y cuándo existe *awareness*, sino que además permanece en silencio sobre en quién recae la carga de la prueba de tales extremos. Por ejemplo, bajo la ley alemana, el titular del derecho debe demostrar que el ISP tenía conocimiento de la ilicitud. En cambio, bajo la DMCA, el *onus probandi* recae sobre el ISP: deberá demostrar que no tenía conocimiento de la infracción.[16] A ello se añade que, a diferencia de la DMCA, la DCE no dispone de ningún mecanismo de aviso y retirada que podría aportar medios de prueba en este sentido.

3. Lo que no dice la DCE.

A diferencia de la DMCA, la DCE no contiene:

- Ningún *safe harbor* para motores de búsqueda y enlaces;
- Ningún proceso de aviso y retirada (*notice and take down*);

16 Lo cual, al final, puede conducir a un escenario curioso: que sea más difícil exonerar al ISP de responsabilidad por la infracción de PI –bajo la DMCA, que bajo las reglas generales del *contributory infringement*, según las cuales el *onus probandi* recaería en el titular del derecho infringido.

- Ninguna disposición sobre la posibilidad de ordenar al ISP que comunique al titular de los derechos infringidos la información relativa al supuesto infractor (que en la DMCA se conoce como *subpoena injunctions*).

En lugar de una regulación expresa –como hace la DMCA– de un proceso de "aviso y retirada", la DCE optó por encargar a los Estados miembros y a la Comisión que fomenten *"la elaboración de códigos de conducta a nivel comunitario, a través de asociaciones u organizaciones comerciales, profesionales o de consumidores"* (*vid.* art.16(1)(a) DCE). La necesidad de regular tales procesos de "aviso y retirada", así como la necesidad de introducir una exención de responsabilidad específica para motores de búsqueda e hiperlinks, será objeto de especial consideración en los subsiguientes informes sobre la aplicación de la DCE que la Comisión deberá realizar bianualmente.[17] El primer informe sobre la aplicación de la DCE (vid. 2000/31/CE, COM(2003)702 final) niega que exista la necesidad de realizar acción alguna en ninguno de los dos temas, e incluso llega a afirmar que las acciones tomadas hasta el momento por los Estados miembros pongan en peligro el pacífico funcionamiento del mercado interior.[18] Veamos si ello es así.

I. Un somero repaso a la diversidad de acciones y soluciones adoptadas en algunos países miembros no ofrece un panorama tranquilizador.

A. En primer lugar, porque el silencio de la DCE sobre una exención específica para los **motores de búsqueda e *hiperlinks***, no significa que los legisladores nacionales no puedan introducirla a nivel nacional (y establecer las condiciones concretas para beneficiarse de la misma), con lo cual poca harmonización se puede esperar en esta materia. En segundo lugar, porque si bien la mayoría de leyes nacionales de transposición de la DCE han preferido ser prudentes y no incluyen referencia alguna al tema, algunas sí lo hacen, y lo hacen de manera poco uniforme. Así, por ejemplo, la LSSICE española en su art.17[19] introduce

17 En este sentido, el art.21(2) DCE establece: *"Al examinar la necesidad de adaptar la presente Directiva, el informe analizará especialmente la necesidad de presentar propuestas relativas a la responsabilidad de los proveedores de hipervínculos y servicios de instrumentos de localización, a los procedimientos de "detección y retirada" y a la imputación de responsabilidad tras la retirada del contenido."*

18 *Vid.* Primer informe de la Comisión sobre la aplicación de la Directiva 2000/31/CE de comercio electrónico, COM(2003)702 final, #4.6 y #4.7. <http://www.europa.eu.int/eur-lex/en/com/rpt/2003/com2003_0702en01.pdf>

19 *Vid.* <http://www.setsi.mcyt.es/legisla/internet/ley34_02/tit2.htm#a17>

una cuarta exención específica para motores de búsqueda e *hiperlinks*, directamente "inspirado" de la DMCA. De forma similar, Portugal introduce una exención para motores de búsqueda e *hiperlinks* sujeta a las mismas condiciones previstas para la exención de *hosting*. Hungría optó por introducir una exención para motores de búsqueda, pero no para los hiperlinks. También Austria y Liechtenstein (país miembro del Espacio Económico Europeo) han introducido exenciones específicas para los motores de búsqueda y los *hiperlinks*, pero sujetándolas a condiciones distintas: la exención de responsabilidad por motores de búsqueda queda sujeta a las mismas condiciones establecidas para la exención por mera transmisión (art.12 DCE) y la exención de responsabilidad por los *hiperlinks* queda sujeta a las condiciones del *hosting* (art.14 DCE).

En Francia, en cambio, la responsabilidad por la provisión de motores de búsqueda y enlaces a páginas con contenido infractor ha sido tratada no por el legislador, sino por el *"Forum des Droits sur Internet"*[20] (una organización compuesta por industria y usuarios) concluyendo que quien introduce un enlace a contenido infractor sólo puede ser declarado responsable penal si se demuestra que tenía la intención de cometer una infracción o de participar en la misma y sólo podrá ser declarado civilmente responsable (indemnización por daños y perjuicios) cuando su actuación carezca de la mínima prudencia debida (y establece criterios para determinar cuándo se produce tal negligencia).

En otros países, la jurisprudencia se ha adelantado al legislador, con soluciones también dispares. En materia de enlaces, las soluciones jurisprudenciales toman prestados algunos de los criterios recogidos en la exención por hosting. Así, por ejemplo, en Bélgica, Belgacom Skynet fue declarado responsable por el alojamiento de páginas web que contenían enlaces a ficheros de mp3 ilícitos, argumentando que el ISP debería tener conocimiento del carácter ilícito de tales enlaces y los debería haber deshabilitado diligentemente (IFPI Belgium vs. SA Belgacom Skynet, Prés. Comm Bruxelles, 2 Noviembre 1999, y en apelación: Bruselas, 8ª Ch., 13 Febrero 2001); y en otro caso, se declaró que la persona que introduce un enlace a una página web con contenido ilegal (pornografía infantil) comparte la misma responsabilidad penal que el propietario de tal página

20 *Vid.* <http://www.foruminternet.org/recommandations/>

web (Affaire Ministère Public vs. VR, Trib. Corr. Hasselt , 18ª Ch., 1 Marzo 2002, y en apelación: Amberes, 10ª Ch., 7 Octubre 2003). En Holanda, el operador de una página web que contenía enlaces a escritos de grupos radicales (que eran constitutivos de delito) fue obligado a deshabilitar tales enlaces, aplicándole las mismas reglas y condiciones previstas para la exención por *hosting* (Deutsche Band *vs.* Indymedia, Tribunal de Distrito, Ámsterdam, 20 Junio 2002). En Francia, si bien el operador de una página web que contenía enlaces a ficheros mp3 ilícitos fue declarado responsable por tal infracción, no se dijo nada respecto a la responsabilidad del ISP que alojaba esa página web (SACEM *vs.* VR & VR, Trib. Corr. Epinal, 24 Octubre 2000); En cambio, *voilà.fr* no fue declarado responsable –sobre la base de las reglas generales de responsabilidad– por los enlaces resultantes de las búsquedas (efectuadas por sus usuarios a través del motor de búsqueda de *voila.fr*) a una página web que contenía fotos ilícitas de un cantante (LORIE *vs.* Wanadoo, TGI Paris, 12 Mayo 2003). Merece la pena, mencionar aquí una sentencia de los Estados Unidos, por la cual se declaró la responsabilidad por la introducción de un enlace a una página web ajena con contenido ilícito, ya que el operador del enlace conocía (o tenía motivos para conocer) la naturaleza ilícita del contenido enlazado (Intellectual Reserve Inc. vs. Utah Lighthouse Ministry, Inc., 75 F. Supp. 2d 1290 (D. Utah 1999).

B. En cambio, por lo que respecta al uso de ***metatags*** a través de motores de búsqueda, las soluciones son todavía más impredecibles. Los *metatags* son una palabra incorporada en el código html de una página web que es utilizada por los motores de búsqueda y portales para clasificarla y mostrarla al público. Aunque los *metatags* no son visibles para el usuario "normal", tienen una significación económica fundamental, ya que la clasificación y ordenación de las páginas web resultantes se realiza sobre la base de la cantidad de referencias (a esa palabra) que contenga cada página. En tanto los *metatags* sean palabras comunes, no se presenta problema alguno de infracción de propiedad intelectual o industrial. En cambio, cuando la palabra utilizada como *metatag* sea una marca registrada o un título o nombre de obra protegida, entonces su utilización no autorizada puede ser constitutiva de infracción. Es común utilizar nombres de marcas de productos ajenos para atraer a su página al usuario que realiza una búsqueda de tales productos. Se trata, pues, de identificar si el uso de una marca ajena como *metatag* de la página web propia constituye infracción y cuál es la responsabilidad del ISP que gestiona el motor de búsqueda que hace posible que el *metatag* surta los efectos previstos. En principio, el uso de una marca ajena en relación con productos y servicios en el mercado constituye infracción: la cuestión es, pues, decidir si la incorporación de un *metatag* en un espacio que no es normalmente visible para el usuario, supone utilizar la marca "en relación con productos y servicios en el mercado". Las soluciones jurisprudenciales nacionales son diversas y se debaten (incluso dentro del mismo país) entre concluir a favor de la existencia de infracción por el simple uso de una marca ajena como *metatag*,[21] o entender que no es propiamente "uso en el comercio" y que sólo constituirá infracción cuando se demuestre que se está produciendo confusión en el consumidor (que entienda que la página resultante ofrece productos de la marca deseada –utilizada como *metatag* por la página resultante)[22] o, como máximo, podrá ser considerado un acto de competencia desleal (pero no una infracción de marca).[23] En España todavía no hay jurisprudencia en la materia, siendo viables todas las opciones: infracción de marca, tanto de forma estricta (por el mero uso de la marca ajena como *metatag*, ya que la ley española no exige que la marca sea utilizada "en el comercio" sino en relación con el término más amplio de "tráfico económico" –*vid.* Ley 17/2001, de 7 de diciembre, de Marcas) como por la confusión creada en el consumidor; y acto de competencia desleal por actos de confusión y/o de imitación (arts.6 y 11 Ley 3/1991, de 10 de enero, de Competencia Desleal). Sólo el Tribunal de Justicia de la CE podría pacificar o al menos establecer algunas guías a través de la interpreta-

21 *Vid.* por ejemplo, en Francia: Distrimart, Cour d'Appel de Paris, 13 Marzo 2002; en Inglaterra: Road Tech Computer Systems vs. Mandata Ltd. 2002 ETMR 970 y Reed Exec. Plc. vs. Reed Business Information Ltd., 2002 EWHC 2772; en Alemania: Antragstellerin vs. Antragsgegnerin, Tribunal Regional de Munich, 17 HK O 10389/04 (24 Junio 2004); en Dinamarca: Melitta vs. Coffilter Internationalt, FS 2433/97 Hillerod fodgeret (17 noviembre 1997); en Bélgica: Belgacom vs. Intouch Presidential, Tribunal Comercial de Bruselas (15 diciembre 1999), BVDA Aeronata Int'l Surveys vs. NV Eurosense Belfotop, Tribunal de Apelación de Antwerp (9 octubre 2000), NV Resiplast vs. BVBA Resin, Tribunal Comercial de Bruselas, (4 febrero 2002).

22 *Vid.*, por ejemplo, en Inglaterra: Reed Exec. Plc. vs. Reed Business Information Ltd., 2004 EWCA 159; en Alemania: OLG Dusseldorf, Beschluss I 20 U 104/03 (17 febrero 2004).

23 Ésta es la postura adoptada en Italia: Genertel vs. Crowe Italia, Tribunale di Roma (18 enero 2001), Technoform Bautec Italia *vs.* Alfa Solare, Tribunale di Milano (8 febrero 2002), Philips vs. Infostrada, Tribunale di Napoli (28 diciembre 2001 y 15 Mayo 2002), y Cassina vs. Galliani Host Arrendamenti, Tribunale di Monza (16 julio 2002).

ción de las Directivas 89/104/CEE, de 21 de diciembre, sobre marcas y 97/55/CE, de 6 de octubre, por la que se modifica la Directiva 84/450/CEE de 10 de septiembre, sobre publicidad engañosa.

Otra conducta específica, el ***keyword selling***, está siendo examinada bajo las leyes de competencia desleal y de marcas. A ambos lados del Atlántico, algunos ISP (tales como Excite y Google) venden espacio publicitario en las páginas de resultados de búsquedas (realizadas a través del motor de búsqueda) de marcas específicas; es lo que se denomina *keyword selling*. Cuando el usuario realiza una búsqueda (por ejemplo, un nombre genérico "perfumes" o una marca "Estée Lauder"), en la pantalla aparecen no sólo los enlaces a los resultados de la búsqueda, sino también (en el margen superior o lateral) diversos espacios publicitarios y *banners* de productos de competidores o simplemente de almacenes o negocios que ofrecen tales productos. Es un problema semejante al de la utilización de los *metatags*, pero más "escurridizo" ya que aquí la marca no se utiliza "dentro de" la página del competidor (el competidor no aparece como resultado de la búsqueda), sino anunciado "al margen" de los resultados –de manera que hay menos probabilidades de producir confusión en el consumidor y de entender que se está utilizando la marca ajena "en el comercio". Aun así, los ISP ingresan grandes cantidades (calculadas en función de los clicks realizados) a través de estos espacios,[24] con lo cual, se aprovechan indirectamente del valor comercial de marcas ajenas. Las soluciones jurisprudenciales nacionales varían, una vez más. En Alemania, la jurisprudencia se decanta a favor del ISP:[25] el simple funcionamiento del motor de búsqueda no asigna responsabilidad al ISP (ya que no tiene obligación de comprobar si el *keyword* vendido infringe o no una marca), a no ser que el titular de la marca le avise de la existencia de infracción (a través de un anuncio tipo *keyword selling*) y el ISP se niegue a deshabilitarlo. En Francia, en cambio, se prefiere la solución opuesta, ya sea como infracción directa de marca por parte del ISP (al fin y al cabo, el ISP participa de forma activa en la selección –o aceptación– de las *keywords*) o como competencia desleal

---

24 A modo de ejemplo, Google anunció ingresos por este concepto de 1.256 billones de dólares en el primer cuarto del año 2005.

25 *Vid.* Nemetschek vs. Google Deutschland, 33 O 21461/03 y Metaspinner Media Gmbh vs. Google Deutschland, 312 O 887/03; 312 O 324/04.

(por el dinero ingresado "en relación con" la marca ajena).[26] Posiblemente en España se llegaría a los mismos resultados que en el país vecino (ya sea como infracción de marca o como acto de competencia desleal, por explotación de la reputación ajena de acuerdo con el art.12 Ley 3/1991 de 10 Enero, de Competencia Desleal), pero por el momento no hay jurisprudencia que nos permita ser más concretos. La falta de uniformidad en el panorama europeo es, pues, lamentable, pero tampoco en los Estados Unidos existe por el momento una respuesta clara en las soluciones jurisprudenciales (ni legislativas).

C. Todavía más impredecible es la responsabilidad por la provisión de servicios de **boletines y foros de discusión** (*Bulletin Board Services, chats*, etc.). La Directiva no dice nada al respecto (tampoco lo hace la DMCA), a menos –y en la medida– en que se entienda que tales actos puedan quedar subsumidos bajo las exenciones de *hosting* o de mera transmisión. Existen ya algunos casos resueltos por la jurisprudencia, y aunque la mayoría preceden en el tiempo a la DMCA y la DCE, e incluso a sus leyes nacionales de transposición, nada hace cuestionar la vigencia de sus soluciones. En Alemania, AOL-Germany fue declarada responsable por alojar un foro de discusión (chat) donde se intercambiaban ficheros mp3 ilícitos (Corte de Apelación de Munich, 8 marzo 2001; 29 U 3282/00) y MSN fue declarado responsable por alojar un foro de discusión (chat) que contenía un foto-collage no autorizado de Steffi Graf (Corte de Apelación de Colonia, 28 Mayo 2002; 15 U 221/01). En Bélgica, se concluyó que el operador de un BBS tiene la obligación de asegurar que no se distribuirá material ilegal en el mismo –en tal caso, se trataba de programas de ordenador (Novell & Min.Pub.Co vs. C., Trib. Corr. Hasselt, 16 febrero 1999, y en apelación: Amberes, 9ª Ch., 28 febrero 2002). Y en Estados Unidos, MAPHIA fue declarado responsable (sobre la base de la doctrina del contributory infringement) por operar un BBS que contenía videojuegos Sega ilegales, y por alentar a sus usuarios al intercambio de copias [Sega vs. MAPHIA, 857 F. Supp. 679 (N.D.Cal. 1994), 948 F. Supp. 923 (N.D.Cal.1996)]; a pesar de ser anterior a la

26 *Vid.* por ejemplo, Google vs. Viaticum/Luteciel, Cour d'Appel de Versailles (marzo 2005); Louis Vuitton vs. Google, Paris District Cour (febrero 2005); Accor vs. Overture, Tribunal de Grande Instance de Nanterre (enero 2005); Meridien vs. Google France, Tribunal de Grande Instance de Nanterre (diciembre 2004).

DMCA, el resultado hubiera sido probablemente el mismo, ya que resulta obvio que cuanto menos existía *awareness*, si no conocimiento efectivo, por parte del ISP sobre la ilicitud de las copias disponibles en su BBS.

II. Por lo que respecta a la ausencia de un proceso de **aviso y retirada** (*notice and take down*), la DCE apuesta por la adopción de *"mecanismos rápidos y fiables que permitan retirar la información ilícita y hacer que sea imposible acceder a ella; convendría que estos mecanismos se elaborasen tomando como base acuerdos voluntarios negociados entre todas las partes implicadas y fomentadas por los Estados miembros"* (cons. 40 DCE). Por el momento, el progreso en este campo es bastante desalentador: los acuerdos voluntarios no son (¿todavía?) realidad y sólo un puñado de leyes nacionales han optado por introducir procesos de detección y retirada, similares al de la DMCA. Así lo han hecho, Finlandia y Hungría (aunque sólo para las infracciones de propiedad intelectual); Noruega consideró inicialmente la introducción de tal proceso pero no llegó a materializarse en la ley finalmente aprobada; mientras que Francia y Bélgica han optado por la corregulación entre ISPs y gobierno. Una vez más, y teniendo en cuenta la transversalidad de las infracciones que tienen lugar en Internet, no parece que la diversidad de soluciones nacionales sea la mejor manera de afrontar el problema y, como mínimo, permite poner en entredicho la bondad del mensaje de tranquilidad que adopta la Comisión en su Primer informe (*vid. supra*).

III. Finalmente, a diferencia de la sec. 512(h) DMCA, la DCE no obliga a los Estados miembros a disponer de un proceso de *subpoena* que obligue a los ISP a **identificar a los supuestos infractores**. El art.15(2) DCE dispone que *"los Estados miembros podrán establecer obligaciones tendentes a que los prestadores de servicios de la sociedad de la información comuniquen con prontitud a las autoridades públicas competentes los presuntos datos ilícitos o las actividades ilícitas llevadas a cabo por destinatarios de su servicio o la obligación de comunicar a las autoridades competentes, a solicitud de éstas, información que les permita identificar a los destinatarios de su servicio con los que hayan celebrado acuerdos de almacenamiento"*. Merece la pena señalar que se trata tan sólo de una potestad (que no obligación) de los Estados miembros, y que la información se entregará a las autoridades públicas y no directamente al titular de los derechos supuestamente infringidos (tal como establece la sec. 512(h) DMCA). Sólo algunos países han adoptado, como obligación, la identificación de los presuntos infractores por parte de los ISP y con alcance dispar.[27]

Tampoco la Directiva 2004/48/CE, de 29 de abril de 2004, relativa al respeto de los derechos de propiedad intelectual avanza demasiado en este sentido.[28] Por un lado, asegura a los titulares de derechos de propiedad intelectual objeto de infracción la posibilidad de obtener de la mayoría de ISP (aquellos que presten a escala comercial servicios utilizados en las actividades infractoras) información para identificar y localizar a los supuestos infractores. Sin embargo, se trata –una vez más– de una potestad (esta vez, a nivel judicial): el Estado miembro tiene la obligación de garantizar que *"las autoridades judiciales competentes puedan ordenar"*, con lo cual –en la práctica– la efectividad del "derecho de información" queda únicamente en manos del tribunal que conoce del caso. Además, no olvidemos que este derecho se aplicará *"sin perjuicio de otras disposiciones legales que... (e) rijan la protección de la confidencialidad de las fuentes de información o el tratamiento de los datos personales"*, con lo cual el ámbito de decisión del tribunal es doblemente amplio.[29]

La pregunta que sigue es: ¿qué ISP? ¿todos? En el famoso caso norteamericano Verizon,[30] al titular de derechos de propiedad intelectual le fue denegada la subpoena prevista en la sec.512 DMCA para obtener de un proveedor de

27 En concreto, Austria, Bélgica, Italia y Portugal la establecen para todo tipo de acciones. En cambio, Alemania establece tal obligación sólo en los procesos penales. Ved también España, art. 12 LSSICE.

28 *Vid.* <http://www.europa.eu.int/eur-lex/pri/es/oj/dat/2004/l_195/l_19520040602es00160025.pdf> El art.8 establece un "derecho de información" a favor del titular de los derechos de propiedad intelectual (y sólo de estos derechos), obligando a los Estados miembros a garantizar que *"en el contexto de los procedimientos relativos a una infracción de un derecho de propiedad intelectual y en respuesta a una petición justificada y proporcionada del demandante, las autoridades judiciales competentes puedan ordenar que faciliten datos sobre el origen y las redes de distribución de las mercancías o servicios que infringen un derecho de propiedad intelectual el infractor o cualquier persona que ... (c) haya sido hallada prestando a escala comercial servicios utilizados en las actividades infractoras ..."*

29 Por el momento, basta apuntar que se está tramitando en España el Proyecto de Ley de transposición de esta Directiva, presentado en las Cortes el 28 de Octubre de 2005.

30 *Vid.* RIAA *vs.* Verizon Internet Services Inc., 2003 U.S.App. Lexis 25735 (19 diciembre 2003). *Vid.* también L. Guibault, *Vous qui téléchargez des oeuvres de l'Internet, pourrait-on savoir qui vous êtes ?,* Droit des Technologies de l'Information n.°18/2004, p.9-31, en la que la autora vaticina una solución similar bajo el art.15(2) DCE que bajo la lectura *Verizon* de la sec.512(h) DMCA, en el sentido de que ni los ISP proveedores de acceso y de mera transmisión no quedan sujetos a la obligación de identificación, sólo los ISP que ofrecen servicios de almacenaje quedarían sujetos a ella (en aquellos Estados miembros que la han incorporado en su legislación).

acceso a Internet –Verizon, información personal de los usuarios supuestos infractores de sus derechos. Entendió el tribunal que la *subpoena* prevista en la DMCA no es de aplicación a los servicios de mera "provisión de acceso" (ya que no es posible cumplir con el requisito de identificación del material infractor que debe ser eliminado o cuyo acceso debe ser deshabilitado, establecido para la concesión de la *subpoena*).[31] Así pues, queda por ver cómo se resolvería en Europa un caso como el de *Verizon*.

4. Los sistemas P2P

Entre los diversos temas relacionados con la responsabilidad de los ISP, merecen especial atención las infracciones de propiedad intelectual que se cometen a través de sistemas *peer-to-peer* que permiten a usuarios de todo el mundo "intercambiar" millones de ficheros (ficheros que, normalmente, contienen obras ajenas protegidas). Prácticamente todos quienes intervienen en este proceso pueden ser declarados responsables por tales infracciones.

- Los usuarios: En principio, la descarga de un fichero puede quedar cubierta por la excepción de copia privada, pero no siempre, ya que las soluciones (el alcance de esta excepción) varían de un país a otro. Así, por ejemplo, en Alemania, una reciente modificación del art. 53 de la Ley de Propiedad Intelectual requiere expresamente –para poder ser calificada de "copia privada"– que la copia no haya sido hecha "de una fuente obviamente ilegal", excluyendo así de la excepción de copia privada las copias realizadas mediante sistemas P2P. En España, el actual art. 31.2 TRLR excluye del límite de copia privada las que sean objeto de "utilización colectiva". De forma similar, en Noruega, no existe copia privada cuando se ha reali-

31 Aunque, añade: *"El Congreso no tenía motivo alguno para prever la aplicación de la sec.512(h) al intercambio de ficheros P2P, ni tampoco diseñó la DMCA con la amplitud necesaria para ir alcanzando las nuevas tecnologías a medida que llegaban. Si el Congreso hubiera sido consciente de la tecnología P2P, o hubiera anticipado su desarrollo, la sec. 512(h) pudiera haber sido redactada de forma más general. Tal como es ahora, y contrariamente a la pretensión de la RIAA, nada en la historia legislativa fundamenta la concesión de una subpoena de la sec.512(h) a un ISP que actúa como transmisor del intercambio de ficheros P2P". Vid.* RIAA *vs.* Verizon Internet Services Inc., 2003 U.S.App. Lexis 25735 (19 diciembre 2003) #II.C.

zado con la intención de ponerla posteriormente a disposición del público. En cambio, en Canadá existe desde 1997 una remuneración por copia privada –que incluye también las copias digitales– y que no requiere que la copia haya sido realizada de una fuente legal, de manera que cubre perfectamente las copias obtenidas mediante sistemas P2P –*vid.* BMG *vs.* John Doe, Corte Federal de Canadá, 2004 FC 488 (31 marzo 2004).[32] Sin embargo, en apelación –*vid.* BMG Canada Inc. *vs.* John Doe, Corte Federal de Apelación de Canadá, 2005 FCA 193 (19 mayo 2005),[33] se concluyó que el tribunal había cometido un error al decidir que el intercambio de ficheros no constituía infracción de la propiedad intelectual. Y en Estados Unidos, la copia reiterada con fines de "intercambio" con otros usuarios no podría ser calificada de *fair use* bajo la sec.107 USCA. En cualquier caso, aparte de que la descarga quede o no amparada por la excepción de copia privada, no hay duda alguna de que se comete una infracción cuando los usuarios ponen los ficheros guardados en su PC a disposición del público (del público que tiene el programa P2P instalado en su PC, claro).

- El productor del programa informático P2P también puede ser considerado responsable por los actos ilegales cometidos por los usuarios del mismo. Aunque la tecnología es "normalmente" neutral y las exenciones de responsabilidad previstos para los ISP no serían de aplicación para proteger al productor del software, éste quedará sujeto a las reglas generales de responsabilidad por hecho ajeno, que –como apuntábamos antes– varían en cada país. En Holanda se eximió a KaZaA –*vid.* Hoge Raad, 19 diciembre 2003: aunque el informe del abogado general eximía de responsabilidad a KaZaA (ya que el programa también era utilizado para fines no ilícitos), la Corte Suprema decidió el caso en base a un aspecto técnico, y no entró a examinar la cuestión concreta de si KaZaA era responsable por las infracciones de PI de sus usuarios.

  En Estados Unidos, mientras que Napster y Aimster fueron declarados responsables (por *vicarious liability* y *contributory infringement*, respectivamen-

32 *Vid.* <http://www.canlii.org/ca/cas/fct/2004/2004fc488.html>
33 *Vid.* <http://decisions.fca-caf.gc.ca/fca/2005/2005fca193.shtml>

te),[34] Grokster y KaZaA no lo fueron inicialmente, ya que tanto en instancia como en apelación[35] se entendió que ellos no ofrecían el "lugar y instalación" para la comisión de la infracción y que no tenían "derecho o poder de supervisar" las actividades infractoras de sus usuarios. Pero como decíamos, ello fue inicialmente. Sin embargo, el pasado verano, la Supreme Court[36] norteamericana concluyó que Grokster era responsable por las infracciones cometidas por los usuarios de su programa P2P, afirmando que quien distribuye un producto y promociona su uso para cometer infracciones de la propiedad intelectual es responsable de las infracciones que cometan los usuarios del mismo. En lugar de revisar –como todo el mundo esperaba– la doctrina establecida en Sony en 1984, y clarificar lo que se entiende por *"capable of commercially significant noninfringing uses"*,[37] la Supreme Court se limitó a concluir que el Noveno Circuito erró al interpretar que Sony fuera aplicable en este caso. Al parecer, pues, Sony continua vigente y simplemente se ha añadido un nuevo test para la responsabilidad por hecho ajeno: el denominado *"inducement"*.

- Finalmente, el ISP que aloja la página web desde la cual se puede descargar el programa P2P o que proporciona los servicios de acceso y de mera transmisión que permiten el funcionamiento del programa P2P, también podría ser considerado responsable por las infracciones de PI. Aquí son de aplicación las exenciones de responsabilidad previstas a favor de los ISP (de "mera transmisión" o de *hosting*). Por ejemplo, en Noruega, se exoneró de responsabilidad a un ISP por ofrecer enlaces a páginas web de software P2P, tales como *KaZaA* y *Morpheus*, pero el tribunal no examinó la cuestión de si el ISP contribuía a la comisión de la infracción de los usuarios al ofrecer enlaces a tales páginas *–vid.* Phonofile AS *vs.* ABC Startsiden, Tribunal de Oslo, 27 de octubre de 2003. En general, se trata

34 *Vid.* A&M Records *vs.* Napster, 239 F.3d 1004 (9th Cir 2001) y In re Aimster Copyright Litigation, 2003 U.S.App.Lexis 13229 (7th Cir. 2003).

35 *Vid.* Metro-Goldwyn-Mayer Studios Inc. *vs.* Grokster Ltd., 259 F.Supp. 2d 1029 (C.D. Cal. 2003), affirmed, 380 F.3d 1154 (9th Cir. 2004)

36 *Vid.* Metro-Goldwyn-Mayer Studios Inc. *vs.* Grokster Ltd., certiorari granted 380 F.3d 1154 (2005), vacated and remanded, 545 U.S. 913 (2005).

37 *Vid.* Sony *vs.* Universal, 464 U.S. 417 (1984)

esta de una vía que los titulares de derechos han preferido no utilizar por el momento.

Además de las acciones contra los productores de software P2P y los ISP, la campaña de demandas contra usuarios individuales iniciadas en los últimos años por la industria de contenidos ha sido bastante efectiva en la reducción del número de usuarios de P2P (de 60 millones en el 2002 a 20 millones en el 2004 –o al menos, menos gente se atreve a declararse usuario de tales sistemas), y en especial en la "educación" de la sociedad sobre lo que constituye infracción de la propiedad intelectual. Sin embargo, queda por ver si –y en qué términos– el "intercambio" de ficheros mediante sistemas P2P sobrevive –*vid.* la alternativa propuesta por la Electronic Frontier Foundation en favor de una licencia colectiva remunerada y voluntaria.[38]

En cualquier caso, Grokster ha cerrado por el momento sus puertas, a la espera de poder ofrecer el servicio debidamente licenciado.[39]

5. Jurisdicción y ley aplicable

Pero quizás la piedra angular de toda infracción de la PI en Internet, y la subsiguiente responsabilidad del ISP reside en sede de Derecho Internacional Privado,al determinarla jurisdicción y ley aplicable. A pesar de declarar expresamente que *"no establece normas adicionales de derecho internacional privado ni afecta a la jurisdicción de los tribunales de justicia"* (*vid.* art.1(4) DCE), la DCE establece un sistema de "control en origen" (*vid.* art.3 DCE) que puede acabar teniendo una influencia directa al decidir la ley que rige la infracción. El "control en origen" significa –entre otras cosas– que la ley del país de establecimiento del ISP decidirá si (y en qué medida) el ISP queda o no exento de responsabilidad por una infracción concreta acaecida en Internet. No sería extraño que el tribunal utilizara esta misma ley, del país de establecimiento del ISP, no sólo para examinar la existencia o no de responsabilidad del ISP, sino también para

38 Vid. <http://www.eff.org/share/compensation.php>

39 Vid. <http://www.grokster.com>

examinar la existencia o no de infracción (la cual, en principio, debería ser resuelta de acuerdo con la *lex loci delicti comissi* –cualquiera que sea esta ley en un contexto de redes digitales).

Esta posible prevalencia de la ley del país de establecimiento del ISP puede ser especialmente importante cuando se tienen en consideración los criterios de jurisdicción competente. De acuerdo con el Reglamento (CE) 44/2001[40] (conocido como Reglamento de Bruselas por incorporar el Convenio de Bruselas de 1968 relativo a la competencia judicial y la ejecución de resoluciones judiciales en materia civil y mercantil), son competentes tanto los tribunales del país donde se produce el daño (vid. art.5.3), como los tribunales del país de residencia del demandado (vid. art.2.1). Entonces, si la demanda se plantea ante los tribunales del país de establecimiento del ISP (especialmente, cuando la demanda se ejerza contra ambos, infractor e ISP), la jurisdicción competente y la ley aplicable podrán coincidir fácilmente. En cambio, si la demanda se plantea en un país distinto del de establecimiento del ISP, pero que tenga jurisdicción (ya sea en el país de residencia del infractor demandado, o en cualquier país de acceso o descarga del contenido infractor, o incluso en el país de residencia del titular del derecho infringido –al fin y al cabo, es donde se produce el daño–), jurisdicción y ley aplicable no coincidirán tan fácilmente. Y fijémonos que, a diferencia de los Estados Unidos y demás países del ámbito anglosajón (denominados del *Common Law*), los tribunales nacionales europeos –bajo el Reglamento de Bruselas– no pueden recurrir al *forum non conveniens* para rechazar su competencia en favor de otro tribunal mejor situado para enjuiciar el caso. El escenario se complica todavía más si se toma en consideración la doctrina del Tribunal de Justicia de las Comunidades Europeas en el caso *Shevill*,[41] en el sentido que no todas las jurisdicciones competentes pueden otorgar indemnización por los daños y perjuicios causados a nivel mundial: sólo la jurisdicción del país donde se origina el acto infractor puede establecer indemnización a nivel global, las restantes jurisdicciones competentes sólo podrán indemnizar por los daños producidos en su territorios respectivos.

40 REGLAMENTO (CE) 44/2001, de 22 de diciembre de 2000, relativo a la competencia judicial, el reconocimiento y la ejecución de resoluciones judiciales en materia civil y mercantil. <http://europa.eu.int/eur-lex/pri/es/oj/dat/2001/l_012/l_01220010116es00010023.pdf>

41 Sentencia de 7 marzo 1995, Fiona Shevill et al vs. Presse Alliance S. A., 1995 TJCE 415 (asunto C-68/93).

Si sumamos la existencia (al menos, en Europa) de una única jurisdicción con competencia global (la del país donde se origina la infracción) y el control en origen para establecer la exención de responsabilidad del ISP (ley del país de establecimiento del ISP), la ley aplicable al fondo del asunto (*lex loci delicti*) queda muy debilitada y no sería de extrañar que el foro acabe interpretando que el *locus delicti* es justamente el país de establecimiento del ISP (que, por ejemplo, almacena el contenido infractor), de manera que se pueda aplicar una única ley, la nacional (*lex fori*) para juzgar toda la infracción (y, si es el caso, la exención de responsabilidad del ISP) a nivel mundial. De hecho, ya existen sentencias –de países del Common Law– que llegan a la misma conclusión a favor de una única jurisdicción y ley aplicable: la del titular del derecho objeto de infracción.[42] Por supuesto, en un ámbito globalizado como Internet, estas soluciones ponen cuanto menos en entredicho los principios generales de previsibilidad y conexión (y, en fin, de conocimiento del derecho) que tradicionalmente han inspirado los ordenamientos jurídicos nacionales y las normas de derecho internacional privado, ya que convierten a todo usuario en posible infractor de alguna ley, de algún país del mundo. Basta una breve referencia al caso de Andrew Meldrum –periodista del diario inglés *Guardian*– quien fue acusado en Zimbabwe por falsedad y difamación, a raíz de la publicación de su artículo en la página web del diario Guardian en el que criticaba al gobierno de aquel país. De acuerdo con el fiscal, los tribunales y leyes de Zimbabwe son competentes/aplicables también a los editores y periodistas extranjeros cuando

42 Vid. Dow Jones vs. Gutnick: la revista electrónica Barron's (editada en Estados Unidos por Dow Jones) publicó un artículo en el que se difamaba a Gutnick, residente en Victoria, Australia. Éste demandó al editor norteamericano ante los tribunales de su residencia en Australia. Dow Jones alegó que puesto que la revista se publica en New Jersey, sede del servidor que almacena la revista digital, son los tribunales de este Estado los más apropiados para conocer del caso. El tribunal de Victoria rechazó tales alegaciones (sentencia de 28 agosto 2001), concluyendo que puesto que la revista era accesible (por subscripción) desde Victoria, la publicación (download) tenía lugar en Victoria; y añadió que, incluso en el caso de que el razonamiento de Dow Jones fuera correcto (y el lugar de publicación fuera el de la sede del servidor, upload, en New Jersey), siempre se ha entendido que en casos de difamación "tradicional", ésta tiene lugar en cualquiera de los países donde se distribuye el material infractor, y no existe motivo alguno para que esta misma regla de jurisdicción no sea también aplicable a los casos de difamación por Internet. El tribunal australiano concluyó "Gutnick vive en Victoria, tiene aquí su negocio, ... y es aquí donde quiere reivindicar su reputación, puesto que es aquí donde tiene una reputación". Dow Jones apeló, pero la High Court of Australia confirmó (sentencia de 10 diciembre 2002) la competencia de los tribunales australianos (y la aplicación de la ley australiana): <http://www.austlii.edu.au/au/cases/cth/high_ct/2002/56.html>. Finalmente, en el 2004, viendo que la aplicación de la ley y jurisdicción australiana le impedía ganar el caso, Dow Jones accedió a indemnizar a Gutnick.

sus ediciones se pueden descargar desde Zimbabwe. No parece que las leyes nacionales, ni siquiera en materia de propiedad intelectual, sean suficientemente homogéneas como para hacer posible que la aplicación de una única ley para enjuiciar la infracción cometida en Internet (a nivel internacional) sea considerada justa.

Printed in Dunstable, United Kingdom

91218255R00188